# MANUEL

# DE L'ARABISANT

# LISTE DES PRINCIPAUX LIBRAIRES

*chez lesquels*

*on peut se procurer le Manuel de l'Arabisant*

---

| | |
|---|---|
| **Paris** | CHALLAMEL. |
| **Constantine** | L. ARNOLET. |
| **Oran** | ALESSI. |
| **Bône** | CAUVY. |
| **Philippeville** | BERTIN. |
| **Blida** | MAUGUIN. |
| **Miliana** | GUILLAUME. |
| **Sétif** | MERCIER. |
| **Bougie** | BIZIOU. |

# MANUEL

## DE

# L'ARABISANT

## OU

## RECUEIL DE PIÈCES ARABES

PAR

## L. MACHUEL

**Professeur d'arabe au Lycée d'Alger,**

**Membre de la Société asiatique de Paris et de la Société historique algérienne**

## PREMIÈRE PARTIE

### LETTRES

ADMINISTRATIVES, JUDICIAIRES, POLITIQUES..., ETC.,
PRÉCÉDÉES D'UN FORMULAIRE ET SUIVIES D'UN VOCABULAIRE

## ALGER

### A. JOURDAN, LIBRAIRE-ÉDITEUR

4, PLACE DU GOUVERNEMENT, 4

## 1877

# PRÉFACE

Les personnes qui se livrent à l'étude de la langue
arabe éprouvent bientôt le désir de déchiffrer les ma-
nuscrits et de traduire les pièces usuelles, journellement
adressées par les indigènes aux différentes administrations.
C'est pour leur aplanir les difficultés de cette étude, plus
pénible qu'on ne se le figure, que nous avons entrepris la
publication du *Manuel de l'arabisant*. Cet ouvrage sera composé de trois volumes : le premier, celui que nous livrons
aujourd'hui à la publicité, renferme des lettres de toutes
sortes ; le deuxième sera composé d'actes judiciaires, et
le troisième de thèmes gradués. Aussi pensons-nous que
le *Manuel de l'arabisant* sera utile, sinon indispensable,
aux personnes qui se proposent d'embrasser la carrière
d'interprète, ou qui désirent obtenir la prime accordée
pour la connaissance de la langue arabe.

0

Ce premier livre comprend : un aperçu du cadre épistolaire, des lettres et un vocabulaire. Dans le cadre épistolaire, nous avons réuni les différentes formules de louanges, de souhaits et de compliments qu'on rencontre d'ordinaire dans les lettres, ainsi que les épithètes d'un usage fréquent. Nous y avons ajouté les noms des mois, ceux des jours de la semaine, et un certain nombre de mots français arabisés. Nous sommes loin d'approuver cette facilité avec laquelle les indigènes font passer dans leur langue les termes français. Mais lorsque ceux-ci ne peuvent être rendus en arabe par un mot précis et simple, nous pensons qu'il est préférable de suivre leur exemple. Un Arabe comprendra mieux les mots *préfet*, *télégraphe*, etc., que toutes les périphrases qu'on pourrait employer pour les traduire. Mais lorsque le terme arabe existe, il faut absolument prohiber tout mot étranger.

Les lettres sont divisées en six parties. La première renferme des pièces courtes sur des sujets variés ; la seconde ne contient que des pièces administratives ; la troisième est composée également de lettres de service, mais concernant des questions de droit, ce qui justifie le titre que nous leur avons donné de pièces judiciaires ; la quatrième partie renferme des rapports écrits par des cadis et des caïds sur différents sujets ; dans la cinquième nous avons réuni un certain nombre de lettres de particuliers à particuliers, ainsi que des lettres de compliments, et dans la dernière des pièces politiques.

On n'a qu'à jeter un coup d'œil sur la table des matières

pour se convaincre que toutes ces lettres sont essentiellement pratiques, et que les sujets qu'elles traitent se présentent journellement dans les bureaux. Toutes ne sont pas d'une correction parfaite; il en est qui laissent à désirer sous le rapport du choix des mots et de la syntaxe. Mais comme il est nécessaire qu'on se familiarise avec les différentes formes que peut revêtir la pensée sous la plume des indigènes peu lettrés, nous avons cru devoir conserver certaines tournures qui ne pourraient être admises dans tout autre ouvrage. Beaucoup d'entre elles, toutefois, sont à peu près irréprochables et constituent un excellent exercice pour les arabisants. Nous n'avons pas voulu mettre en face la traduction, car nous avons souvent remarqué que lorsqu'elle accompagne le texte, elle empêche tout effort de la part de l'étudiant qui, au moindre obstacle, y a recours immédiatement. Cependant, comme il pourrait se faire que l'étudiant fût embarrassé en certains endroits, malgré le grand nombre d'expressions que nous avons données dans le vocabulaire, nous nous proposons de publier, sous peu, la traduction de ces lettres.

Le vocabulaire ne renferme pas seulement la liste aride, par ordre alphabétique, des mots contenus dans les lettres. Lorsqu'une expression pouvait arrêter l'étudiant, nous l'avons traduite et le plus souvent analysée. Nous avons aussi donné un grand nombre d'explications courtes et simples sur différents sujets. Notre livre étant également destiné aux indigènes qui apprennent le français, nous n'avons pas épargné les synonymes pour traduire un même mot. Nous avons quelquefois négligé de donner les participes dont la formation ne peut offrir de difficulté, et nous avons, à dessein, omis beaucoup de noms propres, lorsqu'ils étaient accompagnés du mot *ben* qui permet de les reconnaître. Enfin, ce vocabulaire a été augmenté d'un grand nombre de mots qui ne sont pas dans nos textes, mais que l'on rencontre à tous moments dans les écrits algériens ; aussi pensons-nous qu'une personne qui aura étudié avec attention ce livre, sera rarement embarrassée dans la traduction d'une lettre.

15 février 1877.

# DES FAUTES

## QUE L'ON RENCONTRE FRÉQUEMMENT DANS LES LETTRES

Les fautes que l'on rencontre fréquemment dans les lettres, peuvent être divisées en deux catégories : les unes sont commises par suite de l'ignorance complète de la grammaire, les autres par suite d'une application maladroite des règles. On comprendra facilement que les premières soient innombrables, et qu'il ne soit pas possible de les indiquer. Quant aux autres, on arrivera facilement à les reconnaître, si l'on a tout d'abord étudié sur des textes bien rédigés. Voici du reste, certaines remarques qui pourront guider l'étudiant :

— Beaucoup de fautes sont commises dans les lettres, par suite d'une application erronée des règles de la grammaire, ce qui donne, aux yeux des ignorants, un certain cachet de régularité à ces sortes de pièces.

— Les mots sont fréquemment détournés de leur véritable acception.

— Les verbes ne sont pas toujours employés avec la préposition qu'ils régissent régulièrement, ni aux formes ayant le sens qu'on a voulu leur donner.

— Souvent le cas direct est employé pour le nominatif et réciproquement.

0·

— On trouve, ajoutée aux mots terminés par une voyelle, la lettre de prolongation qui lui correspond.

— Les points peuvent avoir été oubliés ou mal placés.

— Le ة est écrit comme un ت ordinaire ; il est très-souvent privé de ses points.

— La lettre *alif* est employée d'une façon abusive au commencement de beaucoup de mots : اعلي, اتـكلم, امحمد.

— Au lieu du duel on rencontre le mot زوج suivi du substantif au pluriel.

— Le mot متاع est très-souvent employé avec les différents changements qu'il subit dans le langage متع, نتاع, امتاع, انتاع, etc.

— La forme فعيل est employée pour la forme فاعل et réciproquement.

— On pourra trouver le même mot mal écrit à un endroit et correctement écrit à un autre.

— L'ordre régulier des lettres est quelquefois interverti :

جبذ pour جذب tirer.

سمش pour شمس soleil.

صنت pour نصت écouter.

واجب pour جاوب répondre.

Etc., etc., etc.

— On rencontrera les mots, les formes et les tournures employés dans le langage, par l'ignorant comme par le lettré, mais qui ne sont pas du domaine de l'arabe régulier.

— A la huitième forme de plusieurs verbes venant de racines assimilées, ou commençant par un د, on trouve quelquefois un ل ajouté devant la première lettre. Ex. : اَلْدَّعِي pour اَدَّعِى. — اَلْنَّصِح pour اَنَّصِح. — اَلْتَّبِف pour اَتَّبِف.

— Les lettres ث et ت — ذ et د — ظ et ض — ص et س sont souvent confondues. Exemple :

صور الغزلان pour سور rempart (des gazelles) Aumale.

جرس pour جرص jument.

ذهب pour دهب il est parti.

حضرة pour حظرة présence.

ظروب pour ضروب vase, pot.

معظّم ponr معضّم honorable.

نظر pour نضر regarder, etc.

— Exemples de fautes que l'on rencontre fréquemment :

ليرسلوا pour ليرسلون afin qu'ils envoient.

لم يريدوا pour لم يريدون ils n'ont pas voulu.

ما اخذوا pour لم اخذوا ils n'ont pas pris.

بليكنّ pour بليكون qu'il soit.

ما اصابني شيًّا (شَيّء pour) il ne m'est rien arrivé.

كانوا مُنافِفونَ (مُنافِفين pr) ils étaient révoltés.

دخل اخاك (اخوك pour) ton frère est entré.

رأيت ابيك ( اباك pour )  j'ai vu ton père.

قال لِذو مال (ذي pour)  il a dit au possesseur de bien.

يَليه ياليه pour  suit lui (ensuite).

ما انعمت بـه pour ما نعمت بـه  ce que tu as accordé.

في الدّارِ pour في الدّاري  dans la maison.

عن جُمْلتِ pour عن جُمْلتي  sur la totalité.

كُنت انتَ وجَمْعوك (جمعُك pr)  tu es, toi et ta réunion.

مُنْذُ pour من ذو et مِنْذو  depuis.

كلّ ما pour كلّما  tout ce que.

كلّما pour كلّ ما  toutes les fois que.

رجُل pour رجول  homme.

مُحْتَرم pour مُحْتارم  vénérable.

عافيةٌ pour عفيـة  tranquillité.

حاجةٌ pour حجّـة  chose.

حجّةٌ pour حاجـة  argument.

جهـة pour جيهة  côté.

هِـبةٌ pour هيـبة  don, cadeau.

Etc., etc., etc.

Nous joindrons à ces remarques trois spécimens de lettres remplies de fautes de toute nature :

## 1ᵉʳ SPECIMEN

الحمد لله وحده        والصلوة والسلام على رسول الله

الى من ايـده الله بالرضى (بالرضاء) (1) والرضوان وختـم لـنا ولـه

بالسعادة والرضوان الى حظرة سعدة سيدي لدندان (2) سيدى فيـيّـوا

السلام عليك من عـند حاج (الحـاج) محمد خوجة سيخ (شيخ) المسيد

واليوم يا سيدي انا ضروك (ذا الوقت) كبير واضعفت (ضعفت) ما

عندى قـوّت (قـوّة) باش نخدم انا مبـعوج (3) واليوم ثلاثين سنة

وانا شيخ انفري (نفّرى) السغار (الصغار) خمسطاش (خمس عشر)

انسنت (سنة) فبل دخول البرانسيس وخمسطاش انسنة معه وعندي

اولاد ثلاث (ثلاثة) ومرتي (امراتي) وانا وما عندي لا دار ولا جنان

ولا درهم (دراهم) ما ناكل واليوم انت مليح سفسي عليّا (عليَّ) الناس

اناية (انايّ) دايم انعلم العربية (العربية) اكثر (اكثر) من البو

اعلمتـهم انا راجل دايم مريض عمـر (عمري) ما نبرا واليوم يا سيدي

انـتـا راجل بيك الخير والناس اكّل (الكُلّ) يقولو بيك الخير

وانـتـايا تعرفـني وانـتَ حبيبي واليوم يا سيدي انـتـوما (انتُما)

عزلتوني من موضعي وانا دايم مليح في موضعي واوعدتـني بـموضع مليح

كيب موضعي وقولت لي كيب يكون عندي موضع نعطه (نعطيه)

لك واليوم سيدي علي البحار (4) راه اعطا حنوته (حانوتـه)

راه مصابر (مسافر) الى تونس تعطني (تعطيني) موضعوا (موضعه)

والسلام عليك وعل (على) جميع احبابك والسـلام * كاتب

البريه حاج محمد بن على خوجه (خوجة) شيخ السيد والسلام في يوم الجمعه (الجمعة)

(1) Nous rétablissons entre parenthèses l'orthographe des mots. Nous ne l'avons pas fait pour ceux qui ont été signalés plus haut ou qui peuvent être facilement reconnus.

(2) M. l'Intendant (M. le Directeur de l'Intérieur Guyot).

(3) Qui a une hernie.

(4) Nom propre.

## 2° SPECIMEN.

الحمد و لله واحده      الى حظرة اخن الباضلي وصادفن الكامل
ابرهم بن داود بعد السلام عليك مع الرحم والبرك من المسلم
عليك الطيب من عبد الله ياليه كيب انتا وكيب احوالك المرضيه
باذ سلت عنا بتران مزلت في البلده مرض واحد المرض
الله ايبعد على المسلمين واليوم ياخ نعلمك على سبت الفنادر
الى عند مسعوده الدميه وتهش لها تحرس عليها وتبعد سلامنا
على يوسب وعلى من يسل علينا من الاحباب والسلام

## RECTIFICATION.

الحمد لله وحده      الى حضرة اخينا الباضل وصديفنا الكامل
ابرهيم بن داود بعد السلام عليك مع الرحمة والبركة من المسلم
عليك الطيب بن عبد الله يليه كيب انت وكيب احوالك المرضية
باذا سالت عنا بترانا مازلت في البليدة مرضت واحد المرض

الله يبعده على المسلمين واليوم يا اخي نعلمك على سبتة الفنادر

التي عند مسعودة الذمية (1) ونمشي لها نحرص عليها وتعيد (2) سلامنا

على يوسف وعلى من يسأل عنا من الاحباب والسلام

(1) On appelait ذِمّي ou اهـل آلذمّة ) (gens de redevance), les habitants Juifs ou Chrétiens de la Régence. Ces expressions s'emploient encore quelquefois aujourd'hui. Le mot ذمّي a une mauvaise acception dans le langage.

(2) أعاد .f , يُعيد répéter, redire, réitérer. تعيد سلامنا vous présenterez nos salutations.

## 3ᵉ SPECIMEN.

الحمد لله وحداه وصلى لله على سيدن محمد لا راب غيراه ولا

معبود سيواه وهو الفضيل الموفضال عمن موسى بن يحيي السلام (1)

عليك ورحمة لله وبركته من لسان اخونيك صالح بن داود وحاج

بن داود وبـاكـر بن يحي ومن معه بـل تخصيص ونخبيروك بـه

يكنو خـر ان شا لله على جوبيك وصلن وفرينه وبهـنا معناه

وانـة اتين معك حـة ارطل ادهب وبص يـكـونو ملح وجيب معك

نـصب من الفرنجـل والدهبيه لا بـود ولا بـود كوتب يـ ٢١ شهـر

الله دو الفعذ وسلام على عـمـن الحـاج عيسى وحمو بن دحمن من

لسان المذكورن وسلام

(1) Ce mot a été écrit ainsi sans mauvaise intention. Il n'en est

pas toujours de même. Les Arabes dans le but de ne pas souhaiter le *salut* au Chrétien ou au Juif auquel ils s'adressent, écrivent la formule السلام عليكم de telle façon qu'elle puisse être lue que la mort soit sur vous! — En écrivant à des individus non musulmans, ils emploient aussi la formule السلامُ على مَنِ اتَّبَدَى (que le salut soit sur ceux qui suivent la bonne voie!) Les Arabes de l'Algérie tendent de plus en plus à laisser de côté ce genre de fanatisme.

## RECTIFICATION.

الحمد لله وحده وصلى الله على سيدنا محمد لا رب غيره ولا
معبود سواه وهو الفاضل المفضل عمنا موسى بن يحى السلام
عليك ورحمة الله وبركته من لسان اخوانك صالح بن داود والحاج
بن داود وباكر بن يحي ومن معه بلا تخصيص (1) نخبرُك به
يكونُ خيرًا ان شآء الله على جوابك وصلنا وفريناه وفهمنا معناه
وإنت آتِينا معك حتى رطل ذهب وبصة يكونوا ملاح وجبْ معك
نصيب من الفرنبل (2) والذهبية (3) لا بُدَّ ولا بُدَّ كُتِبَ فِى ٢١ من شهر
الله ذي الفعدة والسلام على عمنا الحاج عيسى وحمو بن دحمان من
لسان المذكورين والسلام

(1) بلا تخصيص sans exception.

(2) Clou de girofle.

(3) Orpiment.

# VOCABULAIRE

DES

## MOTS CONTENUS DANS LES TEXTES ARABES

أ

أ (interr.) Est-ce que ?

أَبَّدَ II, rendre éternel. | أَبَد éternité, perpétuité. أَبَدًا jamais.

إِبْرَة, pl. اباري aiguille.

إِبْرَهِيمُ Ibrahim, Abraham.

اِبْن Voy. بنى

إِبَّان temps.

أَبَى f. I, A, refuser.

أَب, pl. أَبَاء père. (Nom. ابو, cas dir. أَبَا, cas indir. أَبِي.)

أَتَى f. I, (n. d'act. إِتْيَان). Venir. Aller. | آتٍ pour آتِيّ venant, prochain.

أَثَاث coll., meubles, effets.

أَثَّرَ II, laisser des traces. | أَثَر, pl. آثَار marque, trace, vestige.

تَأَجَّجَ V, s'enflammer.

أَجَر f. I, O, récompenser ; donner un salaire. X, prendre à gage. | أَجْر, pl. أُجُور récompense, salaire ; cadeau. | أُجْرَة récompense, salaire ; cadeau.

أَجَل f. I, O, mettre un terme, une limite à qq. chose. | أَجْل cause, raison. لِأَجْل A cause de, vu… | أَجَل, pl. آجَال terme, délai. إِلَى أَجَل A terme.

أَحَد, fém. إِحْدَى un, quelqu'un. | يوم الاحد Dimanche.

اخت, pl. اخوات sœur.

أَخَذَ f. O, prendre, s'emparer de... VIII, اتّخذ prendre, s'emparer de... Être pris, défait.

أخّر II, retarder, différer. V, tarder. Être différé. | آخَر, pl. آخِر, fém. أُخَر autre. | أُخرى fém. آخِرَة dernier, fin. إلى آخِرِه et, par abrév., آلخ Jusqu'à sa fin, et cœtera; pl. أُواخِر les dix derniers jours du mois. | أخير dernier. | أخيرًا En dernier lieu, à la fin. | الاخِرة (s.-ent. الحيوة) La vie future.

أخ frère, ami. Duel أخوان, pl. إخوان, إخوة. (Ce nom fait au nominatif déterminé أخو, au cas dir. أخا, et au cas indir. أخي).

أدب f. I, être bien élevé, civilisé. II, élever. | أدَب, pl. آداب bonne éducation, politesse. | اديب, pl. أُدبآء poli, bien élevé. | مُؤدّب qui donne de l'éducation. | مُؤدّب bien élevé.

ابن ادم Adam. pl. بني آدم homme. آدم homme.

آدى II et IV, ادى payer. Conduire. | أدَآء paiement.

إذ Voici, voilà. إذ جآء voici qu'arriva, lorsqu'arriva. إذّاك ou إذ ذاك alors, à cette époque.

إذا lorsque..... إذا voici que; tout-à-coup.

اذن permettre, autoriser. | إذن, pl. اذان autorisation, permission. بإذنٍ sur l'ordre. | مُؤذّن muezzin, qui appelle à la prière. | أذان appel à la prière. | أُذُن, fém. oreille.

أذى f. A, éprouver un dommage. IV, causer du tort. | أذيّة dommage, préjudice, tort. | إذاية dommage, préjud., tort.

إرث héritage (Rac. ورث).

تَأَرَّجَ répandre une odeur agréable.

أَرَّخَ II, dater, mettre la date.

أُرِّخَ (Cette lettre) a été datée...

تَأْرِيخ, pl. تَوَارِيخ date. في التاريخ بِتَأْرِيخ à la date du. في التاريخ à la date actuelle, actuellement.

مُؤَرَّخ daté, portant la date de.

أَرْض, fém., pl. أَرَاضِي terre, terrain.

أَرْنَب, pl. اَرَانِب lièvre.

إِزَار, pl. اَزُور rideau.

بِإِزَاء en face de, auprès de.

أَسَّس II, fonder. Établir sur des bases solides. V, Être fondé, se baser, être établi sur des bases solides.

أَسَد, pl. أُسُود lion.

إِسَّر II, faire prisonnier. | أَسِير, pl. أَسْرَاء prisonnier.

أَسُو Être triste. II, attrister V (n. d'act. تَأَسُّو), s'affliger, se chagriner.

آسْم (Voy. سمى) nom.

إِسْمِعِيل Ismaël.

أَصْل, pl. أُصُول racine, base, origine. أَصْلًا aucunement, pas du tout.

أُفُق, pl. آفَاق contrée, univers.

أَفَنْدِي Effendi (mot turc).

إِقْلِيم, pl. أَقَالِيم province, climat, région.

أَكَّد II (n. d'act. تَأْكِيد), corroborer, affermir.

أَكَل f. O, manger, dépenser. Commettre des dégâts.

أَلَا est-ce que ne... pas..?

وَإِلَّا فَلَا إِلَّا ou si-non, non ; sans quoi, la chose n'aurait pas lieu, ne pourrait se faire, etc. إِلَّا si ne n'est.

أَلَّا pour أَنْ لَا afin que ne... pas...

آلَّذِي fém. آلَّتِي pl. آلَّذِينَ, fém. آللَّتِي et آلَّذَانِ duel آللَّذَيْنِ, et آللَّتَانِ et آللَّتَيْنِ, qui, lequel, laquelle, celui qui, celle qui, ceux qui, etc.

ألو f. A, s'habituer. II, faire un livre; part. prés. مؤلّف auteur (désigne presque toujours, dans les actes, Sidi-Khelîl). مألوف habituel. ألف, pl. الاف et ألوف mille, millier. الو الوف million.

ألم f. A, souffrir. II, faire souffrir; part. pas. مؤلّم douloureux. IV, آلَم causer de la douleur, peiner. V, souffrir. | ألم, pl. آلام douleur, mal. | متألّم souffrant, douloureux.

الآن maintenant (Voy. آن).

إله et الاه pl. آلهة Dieu, Divinité. اللّه Dieu. اللّهمّ o mon Dieu !

إلى prép. à, vers, إلى أن jusqu'à ce que.

أم ou bien; répondant à أ ou. أصمّ أم يسمع est-il sourd ou entend-il ?

أمّ, pl. أمّهات mère (s'emploie souvent dans les noms composés de plantes, d'animaux et autres ; dans des expressions métaphoriques, dans des noms propres, etc.).

أمام devant, par devant, en présence de...

أمّا (comp. de أ et de ما) Est-ce que... ne pas..?

أمّا quant à.

إمّا (comp. de إن et de ما) soit que.

أمد fin, terme, limite.

أمر f. O, (imp. مُر et الأمر), ordonner qq. chose à qq. | امرني بالجلوس il m'ordonna de m'asseoir. امره باربعين فرانك il lui fit donner quarante francs. | أمر, pl. أمور affaire, pl. أوامر ordre, injonction. | أمير, pl. أمراء prince, chef, émir. | إمارة gouvernement ; trace, marque, vestige.

أمس, الأمس بالامس hier. امس اول hier. امس تاريخه avant-hier.

أمل f. O, espérer. V, regarder avec attention, considérer. Réfléchir à qq. chose. | أَمَل, pl. آمال espoir.

أمِن être en sûreté, se fier à, avoir confiance. II, protéger qq. Confier. IV, croire. Protéger. Confier. | أمِين amen, ainsi soit-il. | أمِين, pl. أَمَنَاء amine, honnête, dépositaire. | أمان et أَمْن et أمِينة Amina. | paix, sécurité, confiance. | أمَانة loyauté, bonne foi; dépôt. | مُؤمِّن croyant; qui tranquillise.

أَمَة, pl. إِمَاء et أَمَوَات es-clave, servante. أمة الله la ser-vante de Dieu (ces deux mots se mettent souvent avant le nom d'une femme.)

أَنَّ que, لِأَنَّ parceque. | كَأَنَّ comme si.

إِنَّ certes, إِنَّمَا seulement, mais.

أَنْ que, إِلَى أَنْ jusqu'à ce que.

إِنْ si.

Le mot ان peut se lire de quatre manières différentes:

| | Devant des noms | Devant des verbes |
|---|---|---|
| Au commencement d'une proposition | إِنْ | إِنْ |
| Sous la dépendance d'une proposition | أَنْ | أَنْ |

أَنَا moi.

أَنْتَ fém. أَنْتِ toi; duel أَنْتُمَا vous deux; pl. masc. أَنْتُمْ, fém. أَنْتُنَّ vous.

إِنَاث, pl. أُنْثَى femelle.

أَنِسَ s'habituer à qq. Tenir compagnie à qq. | إِنْس coll., genre humain, homme. | إِنْسَان, pl. أُنَاس homme.

انطريط retraite.

أَنْف nez. | pl. أُنُوف أَنَفَة amour-propre. | آنِفًا tout d'a-bord, en premier lieu.

أَنَام créatures, hommes.

إِنَاء, pl. آنِيَة, pl. de pl. أَوانٍ vase.

تَأَهَّب V, se préparer.

اِسْتَأْهَلَ X, mériter, être digne. | أَهْل, pl. أَهْلُونَ famille, femme, gens. | أَهْلًا d'origine. أَهْلٌ لِشَيْءٍ digne de qq. chose, apte à... | أَهْلًا بِكَ sois le bienvenu. | أَهْلِيَّة aptitude.

أَوْ ou bien, à moins que.

آفَة, pl. ات calamité, malheur.

آلَ - أَأَل f. O, arriver, aboutir. | آلَ الأَمْرُ إِلَى أَنْ l'affaire en arriva à ce point que.

آلَة, pl. ات instrument, ustensile.

أَوَّل, fém. أُولَى premier, commencement, pl. أَوَائِل les dix premiers jours du mois. فِي أَوَّلِ الأَمْر tout d'abord, en premier lieu. أَوَّلًا d'abord, premièrement, en premier lieu. |

تَأْوِيل arrangement, moyen. |

مَآل résultat, avenir, issue.

آن temps, moment. | الآنَ maintenant. إِلَى الآنَ jusqu'à ce jour. | أَوَان temps, âge, saison.

أَيّ quoi? que? quelle chose? | أَيّ شَيْء quoi? que? c'est-à-dire, à savoir.

إِيّا (mot qui sert à appuyer les pronoms affixes) إِيَّاهُ lui. إِيَّاكُمْ vous. إِيَّاكَ أَنْ garde-toi de.

أَيُّها ٥. أَيَّتُها, fém. أَيُّها السيد monsieur, cher monsieur.

أَيَّدَ II, aider, fortifier.

أَيِسَ désespérer.

أَيْضًا également.

إِيَالَة division, département.

أَيِّم masc. et fém., qui n'a pas d'épouse ou de mari (à la suite d'un divorce ou d'une mort).

مِنْ أَيْنَ... أَيْنَ où... d'où.

ب

بـ avec, par, à, dans بالجزائر à Alger.

بارود poudre.

بابور bateau, vapeur.

بِئْر, fém. (vulg. masc.), pl. بِشَار puits.

بَأْس, pl. بُؤُوس courage, force; mal. لَا بَأْس pas de mal, ce ne sera rien.

باش mot turc que l'on rencontre devant certains mots et qui indique un chef, maître, celui qui est à la tête. Ex. : بـاش تـرجـمـان , بـاش عـدل , باش اغـا , etc.

بان cassie.

بَايْلَك gouvernement, état.

بَتّ f. O, I. بَتَل f. O, couper, retrancher. بَاعَ بَيْعًا بَتًّا بَتْـلًا il a vendu d'une vente définitive et absolue.

بَثّ f. I, O. disperser, disséminer.

بَجّل II, respecter, vénérer; partic. pass. مُبَجّل honorable, respectable.

بَحَث f. A, faire des perquisitions, prendre des informations, interroger, avec عن. | بَحْث perquisition, enquête. فاضي البحث juge d'instruction.

بَحْر mer. | pl. بِحَار , بُحُور | marin. | بَحِيرة , pl. بَحَايِرُ | بَحْرِيّ jardin potager.

بَخْت bonheur, chance.

بَخّر II, lancer de la vapeur, parfumer.

بَخْس vil prix, bas prix. ثَمَن بَخْس

بَخِيل f. A, être avare. | بَخِيل , pl. بُخَلَاء avare.

بَدّ O, séparer. II, dissiper, séparer. | بُدّ séparation; dispense. لَا بُدّ (pas de dispense) il faut absolument, de toute

nécessité. مِنْ كُلِّ بُدِّ absolument, de toute nécessité.

بدأ f. A, et VIII, commencer.
اِبْتِدَآء | بدآء commencement. |
commencement. | مَبْدُوٌ com-
mencé, commencement.

بدر f. O, et III, s'empresser
de, se hâter de. | بدر, pl. بدور
lune, pleine lune.

يبدع f. A, et VIII, inventer.
| بديع nouveau, étonnant,
rare.

بدل et II, changer, altérer.
| تَبْديل changement. | بَدَل
échange, remplacem^t. بَدَلًا مِنّي
à ma place, pour me remplacer.

بَدَن, pl. ابدان corps.

بدا f. O, paraître. IV, faire
voir, montrer.

بَوَادِي, pl. بَادِية campagne.
بالبادية au dehors. | بَادٍ pour
بَادِى, pl. بادُون nomade, qui
est dans les champs; bédouin.

بذر f. O, semer. II, dissiper.

بذل f. I, O, faire des efforts
(n. d'act. بذْل)

بَرّ, pl. بُرور terre ferme,
continent. بَرّا sur terre; de-
hors (arabe parlé). | بُرّ fro-
ment. | بُرور vénération. |
بَرّي terrestre, champêtre. |
بَرّانِي campagne. | بَرّية du
dehors, étranger. | أَبَرّ très-
pur, très-vertueux.

بَرَأ f. A, être absous, être
libéré. IV, donner quittance,
décharger qq. de.. V, être ac·
quitté, se mettre en dehors de..,
se délivrer de... تَبَرّأوا مِنْه ils dé-
clarèrent n'avoir rien de com-
mun avec lui. | بَرَأة quittance,
acquit. | براوات pl. براءة lettre
missive.

بُرج, pl. أَبْراج fort, forteresse (désigne aussi la demeure
d'un caïd, d'un chef. Se trouve
dans des noms de localités.)

ما بَرَح f. O. s'éloigner
il n'a pas cessé d'être. II, (n.

برانيس .pl برنوس burnous.

بصق cracher. | بسق id.

بُسْتان, .pl بَساتين jardin.

بسَط f. O. Étendre. Rendre joyeux. | بَسْط joie, plaisir, aisance. | بِساط, .pl بُسُط tapis. | مَبْسوط joyeux.

تبسَّم V, sourire.

بشَر I, annoncer une bonne nouvelle. II, id. | باشر bâcher, celui qui fait retrouver un animal perdu ou volé, contre récompense. | بِشارة nouvelle; somme payée à celui qui fait retrouver un animal volé. | بَشير Bachir.

بصَر f. O, voir clair. | بصَر, .pl أبْصار vue, pénétration. | بَصير clairvoyant, | بصيرة manière de voir.

بضَع et بَضْعة part, fragment. | بَضايع, .pl بِضاعة marchandise.

بطَأ f. O, être lent, tarder.

---

d'act. (تَبْريح) publier, proclamer. | أوّل البارحة hier. | البارحة avant-hier.

برَد f. O, être froid. Limer. II, refroidir. | بَرّد froid. | بارِد froid.

بَرادِع, .pl بَرْدعة bas.

برَز (بُرُوز .n. d'act) sortir, provenir. Émaner de. Attaquer.

برَع surpasser quelq. en science. V, faire don de qq ch. à qq. | بَراعة supériorité.

برَق f. O. briller. | بَرْق éclair.

برَك s'agenouiller. III, bénir. | مُبارَك béni, n. propre, Mobarek. | بَرَكة, .pl ات bénédiction. | مَبْروك béni, heureux.

بَرَم tordre, rouler.

بُرْهان preuve, évidence.

بِيرو et بيرو عرب bureau. bureau arabe.

بريبي Préfet.

بَيْطار, pl. بَياطِرة vétérinaire.

بِطاقة pl. بَطايِف lettre, missive.

بَطَل f. O, être vain, nul. IV, (n. d'act. إِبْطال), faire cesser, annuler. | بَطَل, pl. أَبْطال héros. | باطِل vain, injuste, arbitraire ; injustice.

بَطْن, pl. بُطون et أبطان ventre, intérieur. | باطِن, pl. بَواطِن intérieur, intime. باطِنًا et فِي آلْباطِنِ en secret.

بَعَث f. A, envoyer. | بَعْث envoi.

بَعُد être éloigné. II et IV, éloigner. | بَعُدَ وَبَعْدُ après, ensuite. بَعْدَدَمَا après que. | بَعيد, pl. بِعاد lointain, éloigné. | بُعْد distance, éloignement. فِي آلْبُعْد dans le lointain.

بَعير, pl. أَباعِر chameau,

بَعْض pl. أَبْعاض portion, certain, quelque. فِي بعضِ الايّام un مع بعضِهِمْ بعض certain jour. ensemble.

بَعْل, pl. بِعال époux.

بَغْتَةً à l'improviste, subitement, soudain.

بغِض f. A, être haï, détesté. IV, haïr, détester. | بُغْض haine. بُغْضًا par haine, par inimitié.

بَغْل, pl. بِغال fém. بَغْلة mulet, mule. | بَغّال muletier.

بَغى f. I, être injuste. Chercher, vouloir. VII, convenir, falloir. يَنبغِي il convient, il faut. | بَغْيُ tort, injustice.

بَقَر coll., pl. بُقور bœufs, race bovine. | بَقَرة vache.

بُقْعة tâche. | بُقْعة endroit, fraction de tribu.

بَقِى rester. II et IV (n. d'act. إِبْقاء), faire rester, garder, conserver, | بَقاء durée, existence. | بَقِيّة reste, restant, reliquat. | بافي pour بافي restant, reste.

بكر, pl. ابكار vierge. | بُكْرَة et بُكْرًا de grand matin.

تَبَكَّمَ V, se faire, devenir muet. | أبْكَمُ, pl. بُكْمُ muet.

بكى f. I, pleurer. | بُكَاء pleurs, larmes.

بَلْ au contraire, bien plus, (Est souvent employé pour revenir sur ce qui vient d'être dit; ex.: الجزايري بَلْ البليدي مَسْكَنَا demeurant à Alger, je voulais dire à Blida.

بَلّ f. O, mouiller.

بِلَا sans (comp. ب et de لا.)

بِلَان plan.

بُلْبُل, pl. بَلَابِلُ rossignol.

بَلَد, pl. بُلْدَان et بِلَاد ville, pays. | بِلَاد pays, territoire, terrain. — بُلَيْدَة (proprement petite ville). Blida.

بلاصة place.

بَلُّوط chêne, gland.

بلع avaler.

بلغ f. O, parvenir, arriver, atteindre. II, faire parvenir, arriver, atteindre. | بالغ pubère. | بُلُوغ arrivée; puberté, majorité. | مَبْلَغ somme, montant.

بالى III, prendre garde, se soucier de... VIII, آبْتَلَى mettre à l'épreuve. Être éprouvé. | بَلِيَّة, pl. بلايا et ات calamité, épreuve.

بْن. Voy. بني fils.

بِنْت, pl. بَنَات fille.

بندقية, pl. بنادق fusil.

بنصر, pl. بناصر doigt annulaire.

بنى f. I, bâtir. Avec ب consommer le mariage. | بِنَاء construction. | آبْن et entre deux noms propres اِبْن, pl. بنين et بنون suivi d'un complément et بنو et بنى fils, enfant. Beni. (Les mots بن et بني entrent dans la formation de beaucoup de noms propres d'hommes ou de tribus, et dans des mots composés, tels que بن نعمان coquelicot, etc.).

بهت | بهت calomnier. | بُهت et بهت Être stupéfait. | بُهتان calomnie.

بهج et IV, égayer. | بَهْجَة gaieté, beauté.

بهدل maltraiter, mortifier.

باهر brillant, resplendissant; éminent.

بهيّ | بهآء beau, brillant. | beauté, éclat.

بو pour أبو père. Ce mot est très-souvent écrit de cette manière, surtout dans les noms propres où l'on néglige de le décliner. Il se trouve dans un grand nombre de mots composés, et peut être traduit par L'HOMME A ; exemple : بوعكّاز Bou Akkaz, c'est-à-dire l'homme au bâton.

بيبان et أبواب .pl, باب porte.

ياح f. O, divulguer. IV, permettre, autoriser.

بور terre inculte.

بوشطة poste aux lettres.

بال uriner. | بال cœur, pensée, esprit, attention, idée. ما بالك لا... qu'as-tu à ne pas...?

بوليص et بوليصيّة police.

بونة Bône.

بات f. A, I, passer la nuit, coucher. | بيّت, .pl بيوت tente, maison, chambre; pl. ابيات vers. | بيت المال bit el-mal (Trésor public, Domaine).

بيَض | ابيض ,coll., œufs. fém. بيضاء, 'pl. بيص blanc. | بياضة épée, sabre. | بيص blancheur.

باع f. I, vendre à (avec من). VIII, ابتاع acheter. | بيّع vente. | بايع vendeur. | مبتاع acquéreur. | مبيع chose vendue.

بَاغ f. I, périr, mourir.

بَان être séparé, être évident, clair. II, expliquer, déclarer. V, être éclairci, se distinguer. | تَبْيِين explication, éclair- cissement. | بَيِّنة preuve (éta- blie par un témoignage).

بَيْنَـمَا entre بَيْن tandis que.

بَيَان explication.

بَاه, f. I, connaître, remarquer

ت

تَبِع f. A, suivre. IV (n. d'act. إتْبَاع) id. Atteindre. Faire suivre. | VIII (n. d'act. إتّبَاع), suivre. | اتّبَاعًا لِلْقَانون con- formément au règlement, d'a- près le règlement.

تِبْن paille.

تَجَر f. O, faire le commerce. | تِجَارَة commerce. | تَاجِر pl. تُجَّار négociant.

تَحْت sous. | تَحْتَانِيّ infé- rieur.

تُحْفَة pl. تُحَف cadeau, présent.

تُرَاب terre, poussière ; terri- toire.

تَرْجَم traduire. | مُتَرْجِم in- terprète, traducteur. | تَرْجِيم et تَرْجَمَة traduction. | تَرْجُمَان pl. تَرَاجِيم interprète.

تَرَّاس, pl. تَرَارِسَة piéton.

تَرَك f. O, laisser, quitter. | مَتْرُوك chose laissée en héri- tage, succession. | تَرِيكَة, pl. تَرَائِك id.

تَاسِع neuf. | تِسْع fém., تِسْعَة neuvième. | تِسْعُون quatre- vingt-dix. | تُسْع neuvième (fract.).

تَعِب f. A, être fatigué. | تَعَب fatigue.

تَفِل f. I, O, cracher.

إتـقان soin. في غايـة الاتـقان très-soigné, très-bien travaillé.

تـلّ le Tell.

تَلّيس pl. تلاليس sorte de grand sac double en laine ou en poil de chameau pour mettre les grains.

تـلـف s'égarer. II, perdre. IV, id. (n. d'act. إتـلاف).

تِلـك cette, celle-là.

تِلـميذ pl. تلاميذ disciple, élève.

تـلا f. O, lire.

تَمّ f. I, finir, achever. II, id. IV, compléter, terminer. X, id.

être parfait. | تَمّ fin, terme. | تامّ complet. | تَمام fin, accomplissement; la fin, le comble de.. | أتَمّ plus complet.

تَمـر coll., datte.

تَهـم accuser, soupçonner; part. prés. مُتّهـِم. VIII, accuser quelqu'un. Voy. وهـم.

تاب f. O, revenir à Dieu. Renoncer à avec الى. Pardonner avec على. | تَوبَة Repentir.

تـوت coll., mûres.

تاج pl. تيجان diadème, couronne.

تونس Tunis.

تيلـغراف télégraphe.

## ث

ثَأر talion, vengeance. أخذ بـثارِه il l'a vengé.

ثَبَت être établi fermement, être certain. Au passif, ثُبِت il a été établi, constaté. II, affirmer, certifier. IV, Établir, prouver. | مُثَبَت affirmé, avoué, certifié. | إثـبات constatation, établissement d'un fait. ثابت étant établi, constaté | ثَدي sein, pl. ثِدي et ثُدى.

ثَقـب f. O, trouer, percer. | ثَقـب pl. أثـقاب trou.

prix, valeur. | ثامِن huitième.

ثمانية huit. | ثمـنون quatre-vingts.

ثـنَى f, A, plier, ployer. IV, faire l'éloge de qq. avec على. ثـانِي second pour ثـانٍ | deuxième. ثانِيًا secondement. اثنتان fém. أثـنان | deux. يـوم الاثـنـين lundi. | أثـنـاء milieu, moitié. وأثـناء الطريق au milieu du chemin.

ثَوب vêtement. ثياب et أثواب pl. | ثواب récompense.

ثار f. O, être soulevé, se soulever, occasionner. | ثـوّر, pl. ثيران taureau, bœuf de labour.

ثَـيّب femme veuve ou divorcée.

(ثـفيو n. d'act.) ثـفو arrêter, retenir, séquestrer.

ثـفُل être lourd, pesant. | ثفيل lourd. | جرح ثفيل blessure grave.

ثالِث trois. | ثالثة troisième. | ثلاثون trente. | ثُلُث tiers. | يوم الثلاثاء mardi.

ثَـلـج neige.

ثَمّ là, là-bas.

ثُمّ ensuite, puis.

ثَمَـر f. donner des fruits. IV, id. | ثَمَر, pl. أثمار fruit. | ثامرة qui donne des fruits.

أثمان pl. ثُمُن et ثُمْن un huitième. | أثمان pl. ثَمَن |

## ج

جبر f. I, contraindre. جبّر خاطره il le consola. | contrainte. جبرًا de force, par contrainte. | جبّار puissant, tyran.

جذب Voy. جبذ | جابذة, pl. جوابذ charrue, ce que peuvent labourer deux bœufs dans une saison.

جـبـحـة, pl. أجباح ruche.

جَبَل, pl. جِبَال montagne. | جِبِلَّة nature, naturel, constitution.

جُثَّة corps, cadavre.

جبين front, syn. جبهة.

جحد taire, nier.

جدّ f. I, O, agir avec zèle et assiduité, s'efforcer de..; part. prés. جادّ. II (n. d'act. تجديد), renouveler, réitérer. جددنا له على ما كان عليه nous lui renouvelons les fonctions qu'il exerçait. | جِدّ effort, zèle, énergie. جِدًّا beaucoup, très, grandement. | جَدّ, fém. جَدّة, pl. جُدُود et أَجْداد grand père, grand'mère. | جَديد nouveau, récent, neuf.

جدل III, querelle.

جَدْوَل, pl. جَداوِل état, liste; colonne de compte.

جذب f. A, tirer.

جرّ f. O, tirer. | جرّة trace.

جرب avoir la gale. II (n. d'act. تجريب), éprouver, mettre à l'épreuve. | جَرَب gale.

جرح blesser. Récuser un témoignage avec في. Infirmer. | جُرْح, pl. جُرُوح et أَجْراح blessure. | جَرْحَة récusation. | جَريح, pl. جَرْحَى blessé.

جرد f. I, dépouiller. II, id. Dresser une liste, faire l'inventaire de..; part. pas. مجرّد. | جَراد coll., sauterelles. | جَريدة, pl. جَرائد liste, inventaire. | تجريد inventaire, liste. | بِمُجَرّد وصول à l'arrivée de, dès qu'il fut arrivé.

جرم commettre un crime. | جَريمَة crime, délit. | مُجْرِم coupable, criminel.

جرى f. I, courir, couler, avoir lieu. كَيْفَ جَرى بِكَ comment se fait-il que...? تجري عليه خطّة il sera passible d'une amende. II, faire courir. IV, id. Exécuter. | جَرى

cours. | جَارِيَة, pl. ات et جَوَارى fille, servante.

جَزّ tondre. | جَزَّة, pl. ات et أَجْزَاز tonte, toison.

جُزْء pl. أَجْزَاء partie, portion.

جَزَّار boucher. | جزِيرَة, pl. الجَزَائِرُ île (au pl. جَزَائِرُ Alger).

جَزِع être effrayé, inquiet.

جَزِيل grand, considérable.

جَزَى f. I, récompenser, rémunérer. III, récompenser. — Au passif جُوزِيَ. جُوزِيت خَيْرًا puissiez-vous être récompensé par le bien! IV, suffire, satisfaire. | جَزَاء rétribution, récompense.

جاسوس, pl. جَوَاسِيس espion.

جَسَد, pl. أَجْسَاد corps (syn. جسم).

جَسَر f. O, oser.

جَسِيم considérable.

جَعْبَة, pl. جعاب tuyau, canon de fusil.

جَعَل f. A, placer, mettre, se mettre à, occasionner. جَعَلَ حُكْمًا rendre un jugement. جَعَلَ خطية imposer une amende.

جلّ f. I, être grand, majestueux. جَلَّ ثَنَاؤُهُ que sa louange soit proclamée! | جُلّ la plus grande partie. جُلّ الطُّرُف la plupart des routes. | جُلَال grandeur, gloire, majesté. | جَلِيل grand, sublime. | أَجَلَّ plus grand, plus illustre.

جَلَب f. O, tirer, attirer. X, attirer à soi, se concilier; procurer. استجلب عافية البلاد il a cherché à faire régner la tranquillité dans le pays. ( N. d'act. جَلْب | , إِسْتِجْلَاب) action de tirer, attraction.

جِلْد, pl. جُلُود peau, cuir.

جَلَس f. I, (n. d'act. جلوس), s'asseoir; part. prés. جالس. | مَجْلِس, pl. مَجَالِس assemblée, commission, medjelès.

الجيلاني Djilâni (n. propr.).

جليـنار général.

جَمّ نبمبيير nombreux. جم غبيير grand nombre, multitude.

جمر coll., braise.

جمع f. A, réunir, rassembler; part. pas. مجموع. II et IV, id. VIII (n. d'act. إجْتِماع), se réunir, se rassembler. | جامع, pl. جوامع mosquée. | جَمع réunion, assemblée. | جميع tout, totalité. جميعًا en totalité, ensemble. | جماعة réunion, djemâa. رَئيـس الجماعة président de la commission, de la djemâa. | جُمْعَة semaine. | يوم الجمعة vendredi.

جمل f. O, rassembler. II, rendre beau. Embellir. | جَمَل, pl. جِمال chameau. | جُمْلَة somme, total, totalité. بالجملة en résumé, en un mot. | جُمال beauté. | جميل beau, bonne action; faveur; comp. أَجْمَلُ.

جمهور république.

جنّ couvrir, envelopper. فَلَمّا جنّ الليل (nuit obscure) lorsque la nuit survint. | جَنّة, pl. جنايس et أَجنّة jardin, campagne. | جنّان jardinier. | جنين embryon, fœtus. | مجنون fou, possédé.

جنب f. I, se mettre à l'écart, s'écarter. V, id. | جَنْب, pl. جنوب côté. | جانِب, pl. أجناب côté, part, respect. | جَوانِب pays; considération; Majesté; Altesse; Seigneurie, etc. | جَناح, pl. أَجْنِحَة aile.

جنرال, جنيرال et جنينار général.

جِنْس, pl. أَجْناس genre.

جنى f. I, cueillir. Commettre un crime. | جان pour coupable, criminel. | جناوة pl. جنوي, poignard.

جَهَد f. A, faire des efforts. VIII, id. | جَهْد effort, zèle. | مجاهد id. | مَجْهُود qui combat pour la foi. | جهاد guerre sainte.

جَـهَـر révéler, divulguer. IV, déclarer publiquement. | جَـهَـر public. | جَـهْـرًا de vive voix, clairement.

جَـهِـل f. A, ignorer.

جَهَـنَّـم enfer.

جِـهَـة, Voy. وجه.

جاوب III, répondre. IV, répondre, (surtout favorablement). Acquiescer, consentir. | جَواب, pl. أَجْوِبَة réponse.

جاد f. O. être généreux, excellent; avoir la bonté de... جُـدْ علـيّ بنصيب من الدراهم soyez assez bon pour m'accorder quelque argent. | جُود générosité. | جـيّـد, pl. جياد excellent.

جَـوْر injustice, oppression. جار, pl. جـيـران voisin. | جِوار voisinage. | مجاور avoisinant, habitant.

جـاز f. O. passer, être admissible. II, faire passer, passer, subir des examens. III, dépasser. | جائـز passable, admissible.

جاع f. O, avoir faim. | جُوع faim. | جائـع ayant faim, affamé.

جَـوْف ventre, creux; nord. pl. اجواف | جوفي qui est au nord.

جال f. O. tourner, faire des évolutions. Parcourir. جـال فِكْـري je me suis perdu en conjectures. | جَـوَلان action de tourner; évolution.

جاه honneur. بِـجَـاه par les mérites de.

جَـاء f. I, venir; avec بِـ amener, apporter. | جاىْ et vulgairement ماجي à venir, prochain.

جَـيْش, pl. جُـيُـوش bande, troupe, armée.

ح

حبّ , f. I, aimer, vouloir, désirer. IV, أَحَبّ id. | حُبّ amour, amitié. | حَبيب , pl. أَحْباب, أَحِبّاء, أَحِبّة ami. | أَحَبّ très-aimé, très-cher. | مُحِبّ aimé, aimable. | celui qui aime, ami. | مُحَبّ aimé, ami. | مَحَبّة amitié, affection, attachement.

حَبْر , pl. أَحْبار docteur, savant.

حبس f. I, emprisonner, retenir. II, constituer hobous. | مَحْبوس emprisonné, incarcéré, interné. المحبوس في دين مصطفى emprisonné pour dette envers Moustapha. | حَبْس, pl. أحباس prison. | حُبُس , pl. أَحْباس legs pieux, hobous.

حَبْل , pl. حِبال corde.

حِباء don, présent.

حَتَّى jusqu'à... jusqu'à ce que, afin que...

حَتَم f. I, imposer, fixer qq. chose à qq. | حَتْم , pl. حتوم arrêt, obligation.

حجّ f. O, faire le pèlerinage. | حِجّ pèlerinage de la Mecque. | حاجّ , pl. حُجّاج pèlerin. | حُجّة , pl. حُجَج argument, preuve ; prétexte, prétention (est souvent employé improprement dans le sens de: *affaire, ce qui regarde qq.*).

حجَب f. I, cacher.

حجَر , pl. أَحْجار pierre, grêle (vulgairement). | حِجْر protection, tutelle.

حدّ f. O. délimiter, borner. | حَدّ , pl. حُدُود limite, démarcation. بَلَغَتْ حَدّ التزويج elle a atteint l'âge de mariage. بَلَغ حَدّ السّياف il était à l'article de la mort.

حدث survenir. II, raconter, parler. | حادِثًا récemment. |

حَادِثَة, pl. حَوَادِث accident, événement fâcheux.

حِذِر prendre garde, se garder de... | كُنْ عَلَى حِذَر garde. | حِذَرَك sois sur tes gardes.

بِحِذَاء id. | حِذَاء en face de... | مُحَاذٍ, pour مُحَاذِيّ qui avoisine, limitrophe.

حَرَّر II (n. d'act. تَحْرِير) affranchir, donner la liberté. Ecrire, être écrit. | حُرِّرَ (cette lettre) a été écrite. | حُرّ, pl. أَحْرَار homme de condition libre, fém. حُرَّة (s'emploie souvent devant le nom d'une femme, et est alors suivi habituellement de الْجَلِيلَة l'illustre. | حَرِير soie. | حَرَّار passementier. | حُرِّيَّة condition d'homme libre, liberté. | حَرّ chaleur.

حَرَب faire la guerre. III, id., combattre qq. | حَرْب, pl. حُرُوب guerre. | حَرْبِيّ de guerre, qui tient à la guerre. | مُحَارَبَة action de combattre, attaque.

حرث f. I, O, labourer.

حرز garder. VIII, se méfier.

حرس f. I, garder, veiller sur. IV, id. | حَارِس, pl. حُرَّاس gardien.

حرش II, exciter, pousser qq. contre.

حرص f. I, désirer vivement. s'appliquer à... II, encourager, exhorter. | حِرْص avidité, activité, ardeur.

حرض II, encourager, exciter à avec عَلَى.

حِرْفَة, pl. حِرَف métier, profession. جَنَّان الْحِرْفَة ou حِرْفَته جَنَّان exerçant la profession de jardinier.

حرف f. I, brûler. IV (n. d'act. إِحْرَاف), id. VII, être brûlé, se brûler. | مَحْرُوف brûlé, incendié. | حَرِيفَة, pl. حَرَائِف incendie.

حرك II (n. d'act. تَحْرِيك) remuer, agiter.

حرم f. I, défendre, rendre illicite. VIII, respecter, vénérer. | اِحْتِرام hommage, respect, vénération. | مُحْتَرَم vénérable. | حَرَم vénération, respect. | أوصينا بحرمه واحترامه nous recommandons de le respecter et de le vénérer. | حُرُم pl. حُرْمَة honneur, vénération, respect. | حَريم (proprement ce qui est sacré), femmes. | حَرام ce qui est illicite ; péché.

نَحْرِيًّا بالتحري ou environ, approximativement, à peu près.

حزب II, rassembler. V, se rassembler. | حِزْب, pl. أَحْزاب rassemblement, corps, troupe, contingent ; fraction du Koran. (Le Koran est divisé en trente djez جُزْء, pl. اجزاء ; chaque جزء en deux حزب et chaque حزب en quatre ربع).

حَزَم f. I, serrer, sangler. VIII, être sanglé, se ceindre. | حِزام, pl. حُزُوم ceinture, sangle.

حزن être triste, affligé. II, attrister, IV, id. | حُزْن, pl. أَحْزان tristesse. | حَزين triste.

حَسّ f. A, sentir. | حِسّ bruit.

حسب f. O, compter. حسب f. A, I, regarder comme, croire, se figurer ; part. pass. مَحْسُوب compte. | حِساب compte. | حَسْبَمَا suivant ce que, comme, d'après ce que. | بِحَسَب ذلك à cause de cela. | حَسْب العَادَة conformément à l'usage. | على حَسَب d'après.

حسد f. I, O, envier.

حسُن être beau. IV, embellir. Être bienveillant, combler de bienfaits, de faveurs. Savoir bien faire qq. chose. يُحَسِّن السّباحة il est habile nageur. (Ce verbe, à cette forme, indique une supériorité, une habileté en qq. chose). | إِحْسان bienveillance, bienfait, grâce, faveur. | حَسَن beau, bon ; Hassan. |

حُسْن bonne action. | حَسَنَة beauté. | أَحْسَن meilleur, excellent. | حُسَين Hoçein.

حشم f. I, O, faire rougir. Être confus. II, confondre, faire rougir, conjurer de...

حاشا si ce n'est, excepté. حاشاك sauf votre respect. | حاشى أن يخيب il ne saurait être déçu dans son attente.

حصد f. I, O, moissonner. | حصاد moisson. | حصّاد moissonneur. | حصيدة champ moissonné où il reste encore de la paille sur pied.

حصر f. O (n. d'act. حَصْر), presser, assiéger, bloquer; part. pas. محصور. VII, être assiégé, concentré. | حصرة ou mieux حصار siége. | حَصْر compte, calcul. حصرُ ما وقع من الرسوم le compte des actes qui ont été passés.

حصل f. I, arriver, résulter. II, faire obtenir, arriver, provenir. V, revenir, arriver.

ما يحصّل لبيت المال من النبع les bénéfices qui reviennent au Domaine. | حاصل résumé, conclusion. الحاصل enfin, en dernier lieu.

حِصْن, pl. حُصون forteresse. حصين fort, solide. | حصان, pl. حُصُن cheval.

حَضّ f A, exciter, avec عَلى. II, id. (n. d'act. تحضيض), excitation, émulation.

حضر f. O (n. d'act. حُضُور), se présenter, comparaître, être présent. IV, faire comparaître. Présenter (n. d'act. إحضار, comparution). | حاضر présent, assistant. | حَضْرَة présence, seigneurie. | حاضر et حضرى, pl. حُضّار qui habite une demeure fixe (opposé à بدوي).

حطّ f. O, poser, placer.

حطب bois à brûler.

حُطام qui se casse facilement. حطام الدنيا vanités, futilités de ce monde.

حَظٌ, pl. حُظُوظ part, lot.

حَبِيد, pl. حبدان neveu. petit-fils.

حَفَر f. I, creuser.

حِفظ f. A, garder, protéger. X, id. Prendre soin. | حِفْظ attention, garde. تَكُونُونَ حِفْظًا vous protégerez, défendrez. | مَحْفُوظ gardé, conservé.

حقّ f. I, O, rendre nécessaire. II, vérifier, constater. V, être avéré, être certifié, être sûr, se convaincre. X, mériter. | حقّ, pl. حُقُوف droit, raison, part, portion, vérité. | حَفًّا à juste titre, avec raison. مَنْ لَهُ حقّ يتّصل بِهِ on donnera raison à qui de droit. | أَحَقّ plus digne, qui a plus de droit que. الحقّ أحقّ ان يُتَّبَع le bon droit doit toujours être écouté de préférence. لَا بُدّ أَنْ نَأخذ بحقّي il faut absolument que vous me fassiez rendre justice. عِنْدِي التَّحْفِيف أَنّ je suis persuadé que...

حصد f. I, haïr.

حصر f. I, mépriser. | حفير vil, humble.

حكَم f. O, rendre un jugement, avec لِ en faveur de qq., avec على contre qq., c'est-à-dire condamner. Juger, décider. حَكَم بِه لَهُ il le lui accorda, il le lui donna par jugement. | حُكْم, pl. أَحْكَام jugement, commandement, autorité. | حاكِم, pl. حُكّام chef. | مَحْكَمَة tribunal, cour, mahkama. | مَحْكُوم jugé. المَحْكُومُ لَهُ celui en faveur duquel le jugement a été rendu. المَحْكُومُ عَلَيْه celui contre lequel le jugement a été rendu. | حُكُومَة commandement.

حِكَايَة f. I, raconter. | حَكَى récit, histoire.

حَلّ f. I, O, dénouer, arriver, avoir lieu. Être permis, licite. أَتَى شَاكِيًا بِمَا حَلّ بِأُخْتِه il vint se plaindre de ce qui était arrivé à sa sœur. | مَحَلّة, pl. أَمْحَال colonne expéditionnaire.

| مَحَلّ endroit, localité. | حَلال chose permise, licite.

حلف f. I, jurer.

حلف f. I, raser.

حلا f. O, être doux. | حلاوة, pl. ات douceurs, sucreries.

حمد f. A, louer, glorifier, faire l'éloge de... Remercier quelqu'un. | حَمْد louange, éloge. | حَمود Hamoud. | حَميد digne d'éloges, illustre. | حميدي Hamîdî. | حميدة Hamida. | مَحْمود loué. Mahmoûd. | حمدان Hamdâne. | مَحْمَدة, pl. محامد action louable. | مُحَمّد loué. Mohammed. | مُحَمّد Mehammed. (Cette forme est anormale; elle est employée comme nom propre, et les Arabes négligent rarement, dans ce cas, de mettre le fath'a sur le م, pour que le lecteur ne puisse pas confondre ce mot avec مُحَمّد. Ces deux noms propres ne doivent donc pas être pris l'un pour l'autre.) | مُحَمّدي maho-

métan, qui appartient à la religion musulmane.

حُمَر, fém. حَمْراء, pl. أَحْمَر rouge. | حمير, pl. حمار âne.

حَمَش II, exciter, avec على.

حَمَل f. I, porter. Se jeter sur avec عَلى. V, se charger de... | حامل part. prés. porteur, الحَامِل إِلَيْكَ celui qui vous remettra cette lettre. | حامل ou حاملة grossi (rivière) ; enceinte, en état de grossesse. | بِالحَمْل id.

حَمى f. I, défendre, protéger. VI, se réunir contre, se jeter sur (avec و). VIII, s'abstenir de. Chercher protection auprès de... | حام, pour حامى défenseur, protecteur. | مَحْمِيّة protégée, gardée. | حِمّية chose défendue. | حماية protection.

حَنّ f. I, avoir pitié de.. | حنانة pitié, compassion. | مُحَنّة id. | حنين compatissant, doux.

حانوت, pl. حوانيت bouti-
que, magasin.

حنيفة Hanifa (nom du fon-
dateur de l'un des quatre rites
orthodoxes ; les autres sont :
(شافعي , حنبل , ابن مالك). |
حنفي Hanéfi, fém. ة, appar-
tenant à la secte des Hanefis.
(La plupart des habitants des
grandes villes de l'Algérie, les
Turcs, suivent le rite des Hanefis ; les Arabes du dehors
appartiennent au rite Maleki).

حنك, pl. أحناك intérieur
de la bouche, palais.

احتاج VIII, avoir besoin de..
Falloir ; part. pass. محتاج ce
dont on a besoin. | حاجة, pl.
حوائج et ات besoin, chose,
affaire, effets, objets. قضى
حوايجهم il a réglé ses affaires.

حاز f. O, prendre pour soi.
Passer. Prendre possession.
VII, انحاز se serrer, se retirer.
حوز, pl. احواز prise de posses-
sion ; possession. | حيازة id.

حوّس II, (vulg.) se promener,
chercher, faire des perquisi-
tions.

حوش pl. أحواش ferme,
maison de campagne.

حاص f. O, prendre, accapa-
rer. | حوص prise, saisie.

حاط f. O, garder. IV (n. d'act.
(إحاطة), ceindre, entourer ;
part. prés. محيط | حائط, pl.
حيطان mur.

حايك, pl. حياك haïk.

حال f. O, changer, séparer,
intervenir, s'interposer. V,
changer de demeure, déména-
ger. | حال, pl. أحوال état, si-
tuation, position, condition,
circonstance ; temps. والحال
et والحالة et la réalité, en
réalité, du reste ; maintenant. في الحال présentement.
حالا sur-le-champ, aussitôt.
على أحسن حال dans la situation la plus prospère. وعلى كل
حال en tous cas. | حالة état,

situation ; حالة كونه vu qu'il était... | حَوْلَ puissance. | autour de... | لا مُحالةَ sans faute ; sans aucun doute.

حومة quartier.

اِحْتَوَى VIII (n. d'act. اِحْتِواء), rassembler, comprendre, embrasser ; cerner.

حَيّى II, ranimer, faire revivre. X, avoir honte, rougir. | حَيَوة ou حَياة vivant. | حَيّ vie, âge, existence. | حَياء honte. | تَحِيّة, pl. ات bénédiction, grâce, salutation. | يَحْيَى Yahia.

حَيْثُ vu que, puisque, tandis que. بِحَيْثُ en sorte que.

حاد I, s'écarter de... | VII,

id. بدون انجياد عنها sans s'en écarter.

حار f. I, être stupéfait, interdit. حرنا في تطبيقها nous n'avons pas su comment nous y prendre pour les plier. V, id. Être inquiet, chagrin, peiné, embarrassé.

حَيْن injustice, inimitié.

تَحَيّل V, employer une ruse contre, chercher un moyen pour... VIII, id. | حيلة, pl. حِيال ruse, artifice.

حِين, pl. أَحْيَان temps, moment, heure. حِينًا ou في الحِين à l'instant, sur-le-champ | حِين lorsque, dès que... | حِينئِذٍ alors, à ce moment.

## خ

خَبّأ cacher. II, id.

خَبُث être mauvais. | خَبِيث, pl. خُبَثاء méchant, mauvais, pervers. | خَبِيثة, pl.

خَبائِث turpitude. Mauvaises actions.

خَبَر f. O, être bien informé, savoir. II et IV (n. d'act. إِخْبار),

informer, faire savoir, avertir. VIII, s'informer, s'enquérir. X, s'informer, demander des nouvelles, des renseignements. خَبَر, pl. أَخْبَار nouvelle, renseignement.

خُبْز pain. | خَبَّاز boulanger.

خَبِش et II, égratigner.

خَبَط f. I, frapper.

خَتَم f. I, cacheter, sceller. خَاتَم, pl. خَوَاتِم bague, sceau, cachet. | اِخْتِتَام, n. d'act. de la VIII, fin. بَدَآءً وَاخْتِتَامًا au commencement et à la fin. | خِتَام fin ; terre sigillée qui sert à cacheter.

خَتَن f. I, circoncire.

خَجِل rougir, avoir honte.

خَدّ, pl. خُدُود joue.

خَدَع f. A, tromper, trahir.

خَدَم f. I, O, servir. Travailler. Faire sa soumission. II, soumettre. Faire travailler. | خَادِم, pl. خُدَّام serviteur, né-gresse. | خَدِيم serviteur. | خِدْمَت service, travail ; soumission.

خَرّ f. I et O, tomber, se prosterner خَرّ سَافِطًا il tomba évanoui.

خَرَب f. I (n. d'act. خَرْب), saccager, dépeupler. أَصْلَحَ ما خَرَبَ من القَنَاطِير il a fait réparer les ponts qui avaient été dégradés. II et IV, id. Détruire, dévaster. | خَرْب destruction, dévastation.

خَرَج f. O, sortir, avec على, attaquer, assaillir. II et IV (n. d'act. إِخْرَاج), faire sortir, retirer, extirper. | خَارِج sortant. خَارِجَ البَلَد à l'extérieur de la ville. | مَخَارِيج, pl. مَخْرُوج débours, charges. | مَخْرَج sortie, issue ; action d'aller à la selle.

خَرِيف automne. | خَرُوف, pl. خِرْبَان agneau.

خَرَف f. I, O, déchirer, trouer.

**Left column:**

خَزّ (vulgairement) trotter. |
خَزّ soie écrue.

خزن serrer, enfouir, mettre en magasin. | مخزن, pl. مخازن magasin, écurie. Le mot مخزن désignait du temps des Turcs et désigne encore aujourd'hui le Gouvernement, l'Etat, l'Administration, d'où le mot مخازني employé, pl. مخازنيّة, et surtout cavalier au service du Gouvernement. | مخزنيّ du Gouvernement, qui appartient au Gouvernement. | خزانة, pl. خزاين trésor, armoire. | خزناجي trésorier, caissier.

خسر f. I, perdre, être en perte. Dépenser. II et IV, id. Causer du tort, faire perdre, faire payer des dommages-intérêts. | خُسر perte, dommage. بالخسر à perte, avec perte. | خسارة perte, dommage; indemnité.

خشب, n. d'unité خشبة bois.

**Right column:**

تخشّع V, s'humilier.

خشن, pl. خشين et mieux خشان grossier, épais.

خشي, f. A, craindre. | خشية crainte. خشية أن de crainte que.

خصّ être particulier à, attribuer particulièrement à qq. Manquer (vulg.). VIII, être particulier à, se signaler. | خصوص ce qui est spécial. خصوصا surtout, en particulier, à plus forte raison. | خاصّ particulier. الخاصّ والعامّ les grands et le peuple. | خاصّة seulement, rien que. | خصوصيّ particulier. | مختصّ particulier, spécial.

خصب (C'est par erreur que ce mot a été imprimé ainsi à la page 103 des lettres : il faut lire قصب chaume).

اختصر VIII, abréger. | بالاختصار abrégé. | إختصار en abrégé, sans entrer dans les détails, comp. بالتفصيل.

خِصال ou خَصَائِل pl. ,خَصْلَة nature, mérite, qualité.

خاصم III, disputer, contes- ter. VI, se disputer, s'intenter un procès. | خَصْم, pl. خصوم adversaire. | خِصام, pl. خُصُومَة procès, litige. | مُخَاصَمَة id.

خُضْر fém. خَضْرَاء, pl. أَخْضَر vert.

خَضَع A, être humble, s'hu- milier.

خَطَّ f. O, tracer. | خَطّ, pl. خُطُوط trait, sillon, écriture. | خَطّ اليد signature.

خَطَأ ,se tromper. II, mettre à l'amende. | خَطَأ accident, maladresse, erreur, faute. خَطَأً et على آلخَطَا à tort, acci- dentellement. | خَطِيَّة et vul- gairement خَطِيَّة, pl. خَطَايَا amende.

خَطَب f. O, demander en mariage. Prononcer un sermon. | خَطَّاب, pl. خاطِب celui qui demande en mariage; préten- dant. | خِطَاب allocution, dis- cours, adresse.

خَطَر f. O, I, se présenter à l'esprit. | خاطِر, pl. خَوَاطِر es- prit, pensée; foule, monde (vulg.). | خَطِير considérable, élevé.

خَطَف f. A, enlever, ravir. VIII, id. | خَطْفَة enlèvement.

خَطْوَة ,pl. ات pas.

خَفّ f. I, être léger | خِفَّة légèreté. | خَفِيف, pl. خِفَاف léger.

خَفِي f. A, se cacher, être caché. (part. prés. مُخْفِي). | لا يَخْفَاك vous n'ignorez pas, vous savez. VIII, se cacher. | خُفْيَة en cachette, en secret.

خِلّ, pl. أَخْلَال ami intime. | خَلِيل, pl. خُلَّان id.; Khalil.

خَلْخَال, pl. خَلَاخِل anneau de pieds.

خَلَد f. O, durer. IV, faire

durer, perpétuer. V, être constitué, être à la charge de (dette); ما تخلّد بذمّته ce qu'il doit.. | خالد Khâled.

خلّص II, délivrer, payer; faire payer. | خلاصة, pl. ات perception de l'impôt. | إستخلاص action de faire payer, recouvrement.

خلط f. I, mêler. II, id. III, fréquenter, avoir des relations, se fortifier. لا يخالطني في ذلك شكّ aucun doute à ce sujet, n'a pénétré dans mon esprit. VIII, se mêler, se compliquer.

خلع A, ôter. Épouvanter.

خلف f. A, I, venir derrière. II, laisser en arrière, après soi. III (n. d'act. مخالفة), contredire, désobéir, être d'un avis différent. V, rester en arrière, négliger. | خلف derrière. | إختلاف opposition, variété, contradiction. | خلاف id. | على خلاف contrairement à; en contradiction avec. | خليفة,

pl. خلفاء celui qui remplace, kalife, kalifa, adjoint d'un bureau.

خلق f. O, créer (Dieu). V, être imprégné d'un parfum. | الخالق le Créateur (Dieu). | خلق création, créatures.

خلا f. O, être vide. II, laisser vide. | خلوّ vacation. | خال vide, pour خالية fém. خالي vacant. خالية من الزواج non mariée, célibataire.

خمّ II (vulg.), réfléchir. (n. d'act. تخميم), réflexion.

خمج être corrompu, se corrompre.

خمسة cinq. | خمسون cinquante. | خامس cinquième. | خمس cinquième (fract.). | خمّاس jeudi. | يوم الخميس khammas (qui cultive une terre et fait la récolte moyennant le cinquième du produit). | خماسة engagement comme khammas.

خمّل II, ranger, arranger.

خَنْجَر, pl. خَنَاجِر poignard.

خَنَف étrangler.

خَوجة ou خوجا, pl. خواجة secrétaire, khodja (qq. fois nom propre).

خاص, f. O, plonger dans l'eau. II, troubler.

خاف f. A (prét. act. خِفْت), craindre, avoir peur. | خَوْف crainte, peur. خَوْفًا مِن par crainte de... | مخافة crainte, frayeur, peur.

خال, pl. اخوال oncle maternel. | خالة tante.

خان f. O, trahir sa promesse; violer ses engagements. Voler, part. prés. خائن.

دأب habitude, coutume.

دابة, pl. دوابّ bête, animal; ânesse.

دبدبة bruit, tapage.

دبر f. O, tourner le dos. II, mener une affaire, diriger; donner un conseil. | مدبّر directeur. | متدبّر qui agit avec discernement.

خاب f. I, être déçu, ne pas réussir. II, décevoir. | خائب déçu, frustré. | خيبة déception.

اختار II, choisir. VIII, id. | خيّر bien, ce qui est bon. | بخير en bonne santé. | خيّر, pl. خيار, أخيار bon, meilleur. | خير منه meilleur que lui. | خيرات pl. bienfait, bonté.

خيط II, coudre. | خياط tailleur.

خيّل V, s'imaginer. | تخيّل pl. خيول chevaux.

خيمة, pl. خيام tente (a aussi le sens de femme, famille).

دبوس, pl. دبابيز bâton, gourdin. | دبوس id.

دبيش dépêche.

دَبَغَ, f. A, I, O, tanner. | دَبّاغ tanneur.

دحمان Dahman.

دَخَل f. O (n. d'act. دُخُول), entrer, consommer le mariage avec على de la personne. II, et IV, faire entrer, introduire. III, s'emparer de l'esprit de quelqu'un. | مَدْخُول entré. Revenu. | داخِل dans l'intérieur de. | إِدْخال insertion, introduction. | مَدْخَل entrée. لا مَدْخَل له في هذه النازلة il n'a pas à se mêler de cette affaire.

دُخَّان fumée ; tabac. | دخاخني marchand de tabac.

دُرّة, pl. دُرّ perle.

دَرَجة, pl. ات degré, marche, grade, rang.

دَرَس, f. O, battre les grains. II, enseigner. | دَرْس, pl. دُروس enseignement, leçon. | مَدْرَسة, pl. مدارس collège, lycée, medraça, école de droit musulman.

دَرّع II, cuirasser, par suite protéger. | دِرْع, fém., pl. دُروع cuirasse.

دَرَك f. I, atteindre qq. IV, id. Vouloir atteindre, obtenir, دِرْهَم, pl. دراهم dirhem (pièce de monnaie) au pl. argent.

دَرى f. I, savoir.

دَسّ f. O, cacher.

دَشْرة, pl. دُشُر village.

دَعا f, O, I, appeler ; avec لِ faire des vœux pour .., invoquer Dieu en faveur de ; avec على faire des vœux contre qq., maudire ; prier, inviter. VIII, اِدَّعَى pour اِدْتَعَى prétendre, revendiquer. X, appeler à soi, faire venir. اِسْتَدْعَى عافية البلاد rechercher la tranquillité du pays. | دُعَاء appel, vœux, prières. | دَعْوة et دَعْوَى, pl. دَعَاوِي prétention, affaire. | داعٍ pour داعِي qui nécessite, qui est la cause ; qui requiert, qui pousse à. | مُدَّعٍ pour مُدَّعِي prétendant. المُدَّعِي le deman-

deur, celui qui intente le procès. المُدَّعَى عليه le défendeur,
celui contre lequel le procès
est intenté. المُدَّعَى بِيه ce qui
fait l'objet de la prétention, du
procès.

دُغم, pl. دَغْمَاء, fém. أَدْغَمُ
noir.

دَفْتَر, pl. دَفَاتِرُ (dans l'arabe
parlé نبتار) registre.

دفَع f. A (n. d'act. دَفْع),
pousser. Payer. Régler. Re-
mettre. VII, être poussé, se
payer. انْدَفَعَ وجْمُ البارود le
coup partit. | مَدْفَع opposition.
إنْ كان لهُ مَدْفَع في شهادتهم
s'il a quelque moyen de repousser leur témoignage; ca-
non. | مُدَافَعَة action de re-
pousser, d'éloigner.

دَقَّفَ f. II, répandre, verser.

دفن f. I, enterrer.

دَقَّ f. I, casser, piler.

دقلة sorte de dattes d'une
qualité supérieure.

دَلَّ f. O, montrer, signaler,
indiquer. | دَلَّال crieur public,
commissaire-priseur. | دَلَالة
criée, encan. | دَلِيل, pl. دَلَائِلُ
preuve, indice.

دمّر II, anéantir.

دَمْعَة, pl. دُموع larme.

دَم pour دَمَو, pl. دِمَاء sang.

دِينَار, pl. دَنَانِيرُ dinar (pièce
de monnaie).

دنا f. O, s'approcher de.. |
أدنى, fém. دُنْيَا le plus proche.
الحَيَاةُ الدَّنْيَا الدنيا ou simplem.
le monde, ce bas monde.

دَهَر, pl. دُهُور temps, siècle,
malheur, vicissitudes du temps.

دهش f. A, être épouvanté,
stupéfié. Rester interdit. |
دَهْشَت épouvante, stupéfaction.

دهن f. O, enduire, graisser.
| دُهْن graisse, huile.

داخ f. O, être étourdi, avoir
le vertige.

دار f. O, tourner. Chercher

(avec على). II, arrondir. | دار,
fém., pl. ديار maison, demeure.
الدّارَين les deux demeures
(cette vie et la future). | دائرة,
pl. دوائر cercle ; cavalier atta-
ché au service d'un caïd, d'un
cheik, etc. | دورو, pl. دورية
douro, pièce de cinq francs. |
دوار, pl. دواور douâr.

تداول VI, se succéder. Faire
à tour de rôle. تداول الكلام بينهم
ils échangèrent des paroles. |
دولة, pl. دول Gouvernement.
Etat.

دام f. O, durer, rester, continuer d'être. ما دام مريضا
tant qu'il sera malade. II et IV,
faire rester, durer, conserver.
دائمًا continuant. | دائم con-
tinuellement, toujours. | دوام
continuité, durée. على الدّوام
éternellement, pour toujours.

دومين et دومينو le Domaine.

دون excepté, à l'exclusion
de. En deça. | بدون sans.
بدون مهلة sans délai, à l'ins-
tant. | دون اصحابي contraire-
ment à mes compagnons, sans
faire comme mes compagnons.
دون الغير autrement que les
autres, contrairement aux au-
tres. | ديوان Conseil du Gou-
vernement. Divàn. اهل الديوان
ceux qui composent le Conseil.

داوى III, soigner, traiter un
malade (n. d'act. تداو pour
تداوي). | دواء, pl. أدوية re-
mède, médicament.

دين, pl. اديان religion. |
دَين, pl. ديون créance, dette.
رب الدين le créancier. لي دين عليه
je lui dois. لي دين عليّ
il me doit.

ذَبَحَ f. A, égorger; part. prés. ذابِح | ذَبَّاح égorgeur, bou- cher. | مَذْبَح, pl. مَذابِح endroit où l'on égorge, abattoir.

اذَّخَــر VIII, mettre en ré- serve.

ذِراع, pl. أَذْرُع et ذُروع bras, brasse; force. | ذَريع large, ample. أَنْجرح جرحًا ذريعا il a reçu une blessure grave.

ذِرْوَة, pl. ذُرًى sommet, apo- gée.

ذُرِّيَّة, pl. ذراري postérité, enfant.

ذَكَر f. O, mentionner, rap- porter (au passif ذُكِرَ). مَذْكــور mentionné. | مِمَّنْ ذُكِرَ de la part des personnes sus dési- gnées. V, se rappeler. | ذِكْر mention. | ذَكَر, pl. ذُكُور mâle. | تَذْكِرَة, pl. تَذاكِرُ billet. |

ذَلَّ f. I, être bas, vil. | ذليل bas, vil.

ذَلِكَ celui-là. عَلَى ذَلِكَ ou à cause de cela. | لِذَلِكَ كَذَلِكَ ainsi, de même. ولـهّا كان ذَلِكَ كَذَلِكَ les choses étant ainsi; puisqu'il en est ainsi.

ذَمَّ f. O, blâmer. | ذِمَّة charge, dette. فِي ذِمَّتِهِ لَهُ il lui doit.

ذَنْب, pl. ذُنُوب péché, cri- me. | مُذْنِب coupable, crimi- nel. | ذَنَب pl. أَذْناب queue.

ذَهَب f. A, partir, s'en aller. ذهبَتْ عليهم الجبّرةُ ils perdi- rent de vue les traces; ils ne purent plus reconnaître les traces. | ذَهَب or. | مَذْهَب secte.

ذِهْن intelligence.

ذِي, cas dir. ذَا, cas ind. ذُو

possesseur, maître. ذو حقّ celui qui a droit. ذو عقل intelligent. ذو عدل homme équitable. ذو مال propriétaire, homme riche.

ذاب f. O, fondre.

ذات essence, âme, personne, seigneurie. | ذات يوم un certain jour.

ذاق f. O, goûter; part. prés. ذائق.

ذاك pour ذلك cela. إن رجع الي التي وذاك s'il revient à moi, très-bien, tout ira bien, etc.

ر

رأس, pl. رؤس vulg. ريسان tête, commencement. رأس العام le premier janvier. رأس الشهر le premier du mois. | رئيس, pl. رؤساء chef, président. | رياسة supériorité, habileté.

راصيون le mot français ration.

رأى fut. يرى voir, apercevoir. Penser, décider. اذا رأوا ما رأوا lorsqu'ils ont pris une décision quelconque. IV, آرى, impér. أر faire voir, montrer. رأى, pl. آراء opinion, avis, | manière de voir. | رؤية vue. البشتاق الى رؤيتك celui qui désire vous voir. | مرآة miroir.

رب, pl. أرباب maître, seigneur, possesseur, propriétaire. رب الدين mon Dieu. ربي créancier, pl. ارباب الديون. ربيب, pl. ربائب beau-fils. | رب souvent.. combien de..! ربّما souvent, peut-être que.

ربح f. A, gagner, vaincre. Réaliser des profits. | ربح profit, bénéfice. | رابح Rabah.

ربص attendre, épier. V, id.

ربط f. I, O (n. d'act. رَبْط,), lier, attacher. | مَربوط lié, prisonnier. | رِباط lien. | مُرابط marabout.

أَربَعة quatre. | أَربَعُون quarante. | رُبع, pl. أرباع quart. | رابع quatrième. | رَبيع printemps. | يَوم الأربعاء mercredi.

ربّى II (n. d'act. تربية,), élever un enfant.

رتّب II, arranger, organiser, fixer. V, se constituer, être constitué. Être disposé. يترتّب بذمة علي لمحمّد عشرون فرانك Ali doit à Mohammed 20 francs. | ترتيب rang, position. | رتبة arrangement, ordre, régularité, règlement. | راتب, pl. رواتب mandat, appointements. | مرتبة, pl. مراتب degré, rang, emploi, grade.

رثا f. I, faire l'éloge de qq. qui est mort, dans une élégie; prononcer son oraison fu-nèbre. | مرثية éloge funèbre.

رجع f. I (n. d'act. رجوع,), revenir, retourner; part. prés. راجع. X (n. d'act. استرجاع,), restituer, reprendre. انعمت علينا باسترجاع املاكنا vous avez eu la bonté de nous faire restituer nos propriétés.

ترجّل V, mettre pied à terre. | رجل fém., pl. أرجل pied. | رجل, pl. رجال homme.

رجم f. O, jeter des pierres, lapider. | رجيم lapidé, (épithète du diable).

رجا f. O, attendre, espérer; part. pas. مرجو. V, id. | رجاء espoir, attente. | رجاء أن dans l'espoir que..

رحب f. O, être large. II, souhaiter la bienvenue à qq., lui dire مرحبا بك sois le bienvenu. | رحبة marché, halle.

رحل f. A, déménager, émigrer. II, faire partir. | رحّل

et رَحْلة selle ; chevalet pour mettre les selles.

رحم f. A, être clément, faire miséricorde. رَحِمَهُ اللّه que Dieu le reçoive dans le sein de sa miséricorde ! | رَحْمَة miséri-corde. | رَحِيم clément, miséri-cordieux. | رَحْمان miséricor-dieux. | عبدُ الرَّحْمان Abd'errah-man. | مَرْحُوم feu, défunt.

رحى f. I, moudre. | رحًا fém., pl. ارحِيَة et رَحِيّ moulin.

رخص diminuer de prix (mar-chandise). II, baisser le prix. | رخيص bon marché.

رَخِيَ être mou. II et IV, amollir. Relâcher. VI (n. d'act. تَراخٍ pour (تَراخُيَ), agir avec lenteur, négligence.

رَدّ f. O, rendre, restituer ; part. prés. مَرْدُود. II, repousser. X, réclamer. هُمْ هِبَاتٌ تُسْتَرَدّ ce sont des présents qui peu-vent nous être réclamés.

رَدَّف II, prendre en croupe. III et IV, id.

رِداء, pl. أَرْدِيَة manteau. | رَدِيّ mauvais, méchant.

رَذِيل vil, ignoble.

رزف pourvoir de qq. chose. Combler de biens. | رِزْف, pl. أَرْزَاف gain, richesse. | الرَّزَّاف le dispensateur (Dieu).

رسَل envoyer. IV, id. expé-dier. | رِسالة lettre, missive. | رَسُول, pl. رُسُل envoyé, messa-ger. رسول الله l'envoyé de Dieu, le Prophète, Mahomet. | مُرْسِل, pl. ون envoyé, messager. | مُرَاسَلة correspondance.

رسَم f. O, tracer, marquer. | رَسْم, pl. رُسُوم titre, acte ; trace, limite.

مَرْسَى, pl. مَراسِي port.

رشّ arroser.

رشَد f. O, suivre la voie droite. IV, diriger dans la bonne voie. | رُشْد émancipa-

tion. Connaissance de ses de-
voirs. | رشيد orthodoxe. | أَرْشَدُ
très-juste, très-orthodoxe.

رشم marquer, tracer.

رِشْوة cadeau fait à q.q. pour
le corrompre.

رصاص plomb. | رصاصة balle.

رصَد f. O, guetter, observer.

رضَع f. I, A, téter. II, allai-
ter. | رَضاعة nourrice.

رضِى f. A, consentir accepter.
IV, satisfaire. | رضاء consente-
ment, satisfaction. | رِضْوان id.
bonté, faveur. | مَرْضِيّ (Voyez
le formulaire), favorisé de la
grâce divine, qui contente,
rend content, agréable, satis-
faisant. سيرته مَرْضِيّة sa conduite
est digne d'éloge.

رطُب être doux, frais, ten-
dre. | رطْب doux, frais,
tendre.

رطْل, pl. أَرْطال livre (poids).

رعَب f. A, faire peur, avoir
peur. VIII, s'effrayer. | رُعْب
peur.

رعَد f. A. O, tonner. VIII,
trembler, frémir, grelotter. |
رعْد tonnerre.

رعَى f. A, garder, protéger;
part. pas. مَرْعِيّ, Faire paître,
paître. III, observer, considé-
rer; garder. | رِعايَة garde,
protection. | رَعِيّة sujets, ad-
ministrés. | راع, pl. رُعاة et
رُعْيان qui fait paître, berger.
| مرعى, pl. مراعي pâturage.

رغِب f. A, désirer, vouloir;
part. prés. راغِب; part. pas.
مَرْغوب. | رَغْبَة, pl. ات désir,
souhait, zèle. رَغْبة في طَلَب العِلْم
zèle pour l'étude.

رغيد agréable, prospère;
compar. أَرْغَدُ.

رغَم رَغْمًا عَلَيْه répugnance.
على رَغْمِ أنْفِهِ malgré lui, en ou
dépit de lui, de force. | إِرْغام

contrainte. إِرْغامًا عليه malgré lui.

رود (vulg.) porter, charger, soulever.

رَفَض f. I, O, laisser, quitter, renoncer à.

رَفَع f. A, lever, porter, présenter. VI (n. d'act. تَرافُع), se présenter en justice. | رَفيع élevé, auguste; compar. أَرْفَع. | رُفْعَة élévation, honneur. considération. | إِرْتِفاع élévation.

رُفُق f. O, accompagner. Être compagnon de qq. III, id. | رَفيق, pl. رُفَقاء compagnon. رُفْقَة compagnie, société. | مَرْفِق, pl. مَرافِق coude. | مُرافَقَة action d'accompagner.

رَفّ f. I, être mince. Être compatissant, avoir pitié de.., avec لـ. | رَفيف, pl. رِفاف mince.

رَقَب f. O, observer, atten-dre. VIII, id. | رِقاب, pl. رَقَبة cou. | رَقيب qui observe.

رَقَد f. O, dormir.

رَقَع II, réparer, raccommoder. | رَفايع et ات pl. رُقَعَة champ, parcelle de terre.

رَقَم (n. d'act. رَقْم écrire). | رَقَم chiffre.

رَقى f. A, monter. VIII, id. إِرْتِقاء élévation, avancement.

رَكِب f. A (n. d'act. رُكوب), monter à cheval ou à dos d'une autre bête. S'embarquer; part. prés. راكِب. VIII (n. d'act. إِرْتِكاب), commettre un crime. | رِكاب, pl. ركابات étrier. | مَرْكَب, pl. مَراكِب navire.

ركيزة, pl. ركايز montant de tente.

رَكَع f. A, s'incliner, se prosterner (dans la prière).

رُكْن, pl. أَرْكان soutien, appui; colonne, pierre angulaire,

رَمَف f. O, jeter un regard sur, apercevoir; part. prés. رَامِف.

رَمْل, pl. رِمال sable.

رَمَى f. I, jeter, lancer; part. pas. مَرْمِيّ. (Le substantif qui indique à qui l'objet est jeté, se met au cas direct, et le nom de l'objet jeté s'accompagne de la prépos. بِ. Ex.: il a jeté une pierre à ton frère رَمَى أَخَاكَ (بِحَجَرَة). VIII, se jeter. | رَامٍ pour jetant. | رَمِيّ jeté, frappé.

رَهَن mettre en gage. | رَهْن, pl. رِهان gage. | مَرْهُون, pl. مَرَاهِين donné en otage.

رَاح f. O, aller, partir, s'éloigner; part. prés. رَائِح. VIII, se reposer. | رَاحَت repos, tranquillité. | رُوح, masc. et fém. âme, personne. بروحه lui-même. Voy. نفس. | رِيح, masc. et fém., pl. أرياح vent. | مَرَاح cour extérieure.

رَاوَدَ III, solliciter, engager à,

أَرَادَ fut. يُرِيدُ IV, عن. avec désirer, vouloir; part. prés. مُرِيد (se construit avec أَنْ comme presque tous les verbes qui signifient *désirer, vouloir, espérer, souhaiter*, etc.) | مُرَاد chose désirée, désir. | مُرَادِي أَنْ mon intention est de.. | رُوَيْدًا doucement.

رَوْع frayeur, effroi.

رَائِف, pl. رُوف clair, beau, brillant.

رَام f. O, désirer, vouloir. | مُرَام désir. | رَوْم désir.

رُومِي Chrétien (Régulièrement Grec.)

رَاب f. I, inspirer des doutes. | ارتاب VIII, douter. | رَيْب doute, soupçon. | رَائِب douteux, incertain.

رِياسة Voy. رَأْس.

رِيش, coll., n. d'unité رِيشة, pl. أَرْياش et رِياش plumes.

رِيال réal, pl. ات et اريلة (pièce de monnaie).

ز

زُبْدة beurre.

زبر f. O, parler, copier, é-crire; part. prés. زابر | زابره celui qui a écrit cette lettre. | مزبور susdit, susmentionné, susnommé. | زبارة Zebara, n. propre.

زبط (vulg.) forcer, contraindre.

زبل ordures, fumier.

زبلح (vulg.) tromper, duper.

زجر f. O, éloigner, chasser. réprimander, punir. IV, id.

زحزح ôter de sa place, remuer. II (n. d'act. تزحزح), s'éloigner, changer de place. | | تزاحم VI et VIII, ازدحم pour se presser en foule. | ازتحم foule. | زحام foule.

زرب (vulg.) se presser, se hâter. | زرب, pl. زروب haie. | زربة (vulg.) empressement, promptitude.

زرع semer, ensemencer. | زريعة semence. | زرع, pl. زروع semence, pain. | أبو زريعة Bouzaréa (nom d'une montagne près d'Alger).

زرف, pl. زرفاء, fém. أزرف bleu, gris.

زرا f. I, gronder, IV, id. | VIII, ازدرى mépriser.

زعزع remuer, agiter.

زعف f. A, crier.

زعم f. O, prétendre, alléguer; part. prés. زاعم. زاعما أن pré-tendant que.. | زعم prétention, parole, opinion. (زعما منه pré-tention de sa part). prétendant que..

أزفة masc. et fém., pl. زفاف rue, chemin.

زفى f. I (vulg.), crier, appeler.

زكر II (vulg.), nier, désavouer.

زهـر f. A, briller. IV, faire briller, fleurir. | زهّـر, pl. أزهار fleurs, fleur d'oranger ; chance (vulg.). | زهـرة beauté. Zohra.

زوّج II, marier, donner en mariage. زوّجهُ منها il la lui a donnée en mariage. V, se marier. | زوْج, masc. et fém., pl. أزواج époux, mari, fém. زوْجة épouse, couple. زوْج من une couple de... | زواج mariage. | زويجة paire. Zouidja, charrue, ce qu'une paire de bœufs peut labourer dans une saison. Chaque khammas laboure avec une zouidja. Voy. ونرد.

زوّد II, approvisionner, ravitailler. | زاد provisions, vivres. | مزود, pl. مزاود sac en cuir pour les provisions.

زار f. O (n. d'act. زورة), visiter. | زيارة visite.

زال f. O, quitter un lieu. IV (n. d'act. إزالة), faire cesser, ôter. | زوال fin, terme, déclin du soleil. بعد الزوال après-midi.

زكى f. O, être pur. | زكيّ, pl. أزكياء pur. | زكوة et زكاة aumône religieuse. Impôt sur les animaux. Voy. عشور.

زلج (vulg.) tromper, duper.

زلف f. O, glisser (syn. زلّ).

زمام, pl. زمائم registre, quartier.

زمّورة n. prop. Zammoura.

زمالة, pl. زمول smala, campement d'une tribu.

زمان ou زمان temps. في زمان du temps de.... من زمان depuis longtemps. في الزمان jadis, autrefois. له زمان qui s'est passé depuis longtemps, qui a traîné en longueur. طال الزمان او قصر prochainement ou tardivement, que ce soit sous peu ou dans l'avenir.

زفد, pl. زناد poignet; bas. | زناد briquet, batterie de fusil.

زنى f. I, commettre l'adultère. | زنا adultère.

زَيْت huile. | زَيْـتُون coll. olive, olivier.

زاد f. I, augmenter, ajouter. تَـزيـدُ عَلَى qui dépasse... de plus de... VIII, ازداد pour ازْتَادَ s'accroître, s'augm. Redoubler. ازْدَدْتُ بذلك فَرَحًا ce qui a augmenté ma joie. | زائِد augmentant, superflu. لا مزيدَ ou لا زائِدَ il n'y a rien à ajouter. | أَزْيَـدُ davantage, plus de.. | زيادة augmentation, accroissement. | مزيد id. |

زاغ f. I, dévier. | زَيْغ déviation, injustice, doute.

زَيْـفـة bande; raie.

زال f. A, cesser. لَمْ يَـزَلْ il ne cessa pas de.. لم يـزل مريضًا شهرًا كاملًا il resta malade tout un mois. Se rend souvent par l'adverbe *encore*. ما زِلْتَ مُتَّـبِعًا مَعَهُ tu n'as pas cessé de t'entendre avec lui, tu l'entends *encore* ou toujours avec lui. | زَوائِـلُ pl., زائِلَة bête de somme, mule.

زَيَّـن II, embellir. | زِيَـن beauté, ornement. | مُزَيَّـن paré, orné. | مُزَيِّـن barbier.

س

سَـ (particule qui se met devant l'aoriste et qui lui donne le sens du futur), certes. سَأَذْكُـرُ je mentionnerai.

سَأَل f. A, interroger, demander, questionner. | سُؤال information; demande de nouvelles de la santé. | مَسَائِل pl., مَسْأَلَة demande, question.

سَبّ f. O, insulter. II, occasionner; être cause de.. V, id. Prétexter; être cause de.. | سَبَب pl. أَسْباب motif, cause, raison. بِسَبَب ذَلِكَ à cause de cela, par suite de cela. | سبّـة id.

سَبْت jour de repos, samedi, sabbat.

سبَّح f. A, louer Dieu. II, id. | سُبْحان louange de Dieu. سُبْحانَهُ que sa louange soit proclamée.

سبع, fém. سَبْعَة sept. | septième. | سبعون soixante-dix. | سابع septième. | أُسْبوع pl. أسابيع semaine.

سابغ, fém. سابغة abondant, copieux ( pluie, bienfait ), pl. سوابغ. سوابغ الإنعام les bienfaits les plus abondants.

سبق f. I, O, devancer, précéder. II (n. d'act. تسبيق), payer d'avance. | سابق précédent. | و السابق سابقًا et précédemment.

أسبَل IV, verser en abondance. | سبيل, pl. سُبُل voie, route, moyen. | إذا وجد سبيلًا lorsqu'il trouve l'occasion, le moyen. سبيل العاقل ce que doit faire un homme sage, intelligent. | على سبيل à titre de... sous la forme de. على سبيل الزناء

en concubinage. | سبيل le mot français *civil*.

ستّون | ستّ, fém. ستّة six. | soixante.

ستر f. O, couvrir, cacher. Protéger. IV, id. VIII, se cacher. | ستر, pl. ستور voile, protection. | سُتْرَة ce qui protège, bouclier, rideau.

سجد f. O, se prosterner, adorer. | مسجد, pl. مساجد mosquée.

سجّل II, enregistrer, inscrire. سُجّل عليه ذلك cela ( cette dette ) a été enregistré contre lui. | سجِلّ, pl. سجال registre. | سجل, pl. سجال sceau.

سجن (n. d'act. سجن), emprisonner. II (n. d'act. تسجين), id. إذ تسجينهم مع الأعداء car, avoir été emprisonnés avec leurs ennemis.... | سجن, pl. سجون prison.

سحب f. A, traîner. VII,

être traîné, se traîner. أنْسَحَب | عَلَى تِلْكَ السِّيرة je persévérerai dans cette conduite. | سَحاب pl. سُحُب nuage.

سَحَرًا point du jour. | سَحَرُ de grand matin. | سِحْر magie.

ساحِل, pl. سواحِل bord, côté, littoral ; Sahel.

سَخَّر f. A, être de corvée. | سُخْرَة, pl. سَخَاري corvée, réquisition (dans l'Est, on emploie le mot سُخَّار). | حلاس homme de corvée.

سَخَط f. A, se mettre en colère. Frapper qq. d'un malheur (Dieu). Maudire.

سَخُن être chaud. II, chauffer. | سَخْنَة chaleur.

سَخَاء générosité.

سَدَّ f. O, boucher (n. d'act. سَدّ, pl. سُدود barrage, obstacle (سَدّ). | سَديد droit, juste ; compar. أَسَدّ.

سُدُس pl. أسداس un sixième. | سادِس sixième (adj.).

اسدى IV, disposer la trame. Combler qq. de faveur. | سَدَاةٌ trame (vulg. سداوة et سدَاء).

سَرَّ f. O, réjouir. | سِرّ, pl. أسرار secret. | سُرور joie, contentement, bonheur. | مَسَرَّة joie, contentement, bonheur.

سَرَّج II, seller. | سَرْج, pl. سُروج selle. | سَرَّاج sellier.

سَرَّح f. A, faire paître, paître. II, mettre en liberté. Permettre, donner un congé. | تَسْريح permission, congé. | سَرَاح mise en liberté, congé.

سَرُع être prompt, se hâter. IV, id. | مُسْرِعًا en se hâtant, promptement. | سُرْعَة promptitude.

سَرَف f. I, voler. | سَرَقَت vol, larcin. بالسرقة en cachette. | سَريقة, pl. سَرائق vol, larcin. | سارِق, pl. سُرّاق voleur. | سَرّاف voleur.

سَرْمَد éternel. سَرْمَدًا éternel-lement.

سَرَى f. I, voyager de nuit. S'étendre, se communiquer.

سَطَر f. O, écrire, tracer. | مَسْطُور susdit.

سطل, pl. سطال petit chaudron.

سَطْوة impétuosité, puissance.

سَعُد être heureux. III, aider, favoriser. IV, rendre heureux. | سَعْد, pl. سُعود bonheur. | سَعادة bonheur, fortune. Saada (n. propre). ابو سعادة Bou-saada. | سَعيد heureux, fortuné. Saïd ; compar. أَسْعَد | مُساعَدة aide, assistance. المُراد منك مُساعدتنهما nous vous prions de les aider à...

سِعْر, pl. أَسْعار prix, taux, taxe.

أَسْعَف IV, terminer qq. cho-se, aider qq. اسعفت لمطلوبه j'ai accédé à sa demande.

سَعَى f. A, courir, faire des efforts. S'appliquer à. Posséder (vulg.). | سَعْى effort, zèle.

ساهر III, voyager. IV, briller. | سَفَر .pl أَسْفار voyage. | مُسافِر voyageur.

سُفْلَى, أَسْفَل, pl. أَسافِل qui est au bas. Le bas. أَسْفَلَهُ ci-dessous.

سَفيه .pl سُفَهاء insensé ; grossier.

سفصى ou سفسى (vulg.) pour اسْتَفْصى interroger, s'enquérir, s'informer de.

سَفَط f. A, tomber. II, annuler. Faire tomber, infirmer. IV, id. | ساقط tombant, abattu, infirmé.

سَقْف, pl. سُقوف plafond.

سَقَم II (vulg.), réparer, raçommoder (Ce mot est l'alté-ration de اسْتِفْهام).

سَقَم, pl. أَسْقام maladie.

سَفى f. I, arroser, irriguer. | ساقِية pl. سَواقي ruisseau, rigole.

سِكَّة, pl. سِكَك monnaie, argent monnayé. Soc de charrue.

سَكَت f. O, se taire; part. prés. سَاكِت silencieux.

سَكِر f. A, s'enivrer, être ivre. | سكران ivre.

سَكَن f. O, être tranquille, habiter, demeurer. | ساكِن, pl. سُكّان habitant. | سُكْنَى demeure, habitation. | مَسْكَن, pl. مَساكِن id. | سُكون repos. | مِسْكين, pl. مَساكِينُ pauvre.

سَلّ dégaîner le sabre.

سَلَب dépouiller, enlever.

سِلاح, pl. أَسْلِحَة armes.

سَلَخ f. O, écorcher.

سِلْسِلَة, pl. سَلاسِلُ chaîne.

سُلْطان, pl. سَلاطِينُ roi, prince, empereur, sultan. | سُلْطانِي royal, impérial.

سَلّف II, prêter, emprunter. | سَلَف, pl. أَسْلاف prêt. |

سالِف qui a précédé, passé. في الايّام السالِفة ces jours-ci, ces jours passés.

سَلَك être délivré (vulg.). II, délivrer, payer. | سِلاك délivrance, salut, paiement.

سَلِم f. A, être sain et sauf. Échapper à.. II, saluer, livrer, renoncer, abandonner ; part. prés. سالِم sain, sauf. | مُسَلّم | مُسَالَمَة action d'échanger des salutations. | سَلام salut. | مُسْلِم, pl. ون Musulman. | إِسْلام religion mahométane; Islamisme. | إِسْلامِي musulman, qui a rapport à la religion musulmane. | سَلامَة santé, salut.

سَلا f. O, se consoler. V, id.

سَمّ, pl. سُموم poison.

سَمَح pardonner. Excuser. III, id. VI, se pardonner réciproquement.

سِمْسار, pl. سَماسِير courtier.

سَمِع f. A, entendre. | سَمْع

audition. | سماع id. | مِسْمَع،
pl. مَسامِع oreille, entende-
ment.

سمِن f. O, être gras. | سمين
gras. | سَمْن beurre fondu.

سمّى II, nommer; au passif
سُمِّي être appelé, être nommé;
part. pas. مُسَمّى appelé, nom-
mé. | سامي pour سامٍ haut,
élevé. | سَماء, pl. سَماوات ciel.
| سَماوِيّ bleu de ciel, azuré. |
اسم, pl. أسماء et أسامي nom. |

سُنّة loi. Sounna, recueil
de lois traditionnelles.

سِنّ âge, année, pl. أسْنان
dent. كبير السِّن âgé.

سِنْجَف, pl. سناجِف éten-
dard, drapeau.

سند f. O, s'appuyer à. IV,
appuyer, s'appuyer. | سَنَد
appui. | مَسْنَد, pl. مَسانِد ap-
pui, aide.

سَنَة, pl. سُنون an, année.

سَنِيّ élevé, sublime; comp. |
أسْنى.

سهُل être facile. II, faciliter.
| سَهْل facile.

سَهْم, pl. سِهام flèche; part,
écot.

ساء f. O, nuire à qq. IV,
أساء (n. d'act. إساءة), faire du
tort. Rendre mauvais. | أساء
الادب manquer de respect;
part. prés. مُسِيّ. | سُوء, pl.
أسْواء mal, malheur, méchan-
ceté. | أسْوأ plus mauvais, pire.
في أسْوء حال dans l'état le plus
piteux, dans la situation la
plus critique.

سُود, fém. سوداء, pl. أسْوَد
noir. | مُسَوّد qui noircit.

سادة, pl. سادات, سَيّد et
moins régulièrement سياد et
اسياد sieur, seigneur, monsieur.
| سيادة seigneurie, autorité. |
سيّد الاولين والاخِرين le prophète Mahomet (m.-à-m. le

chef, le seigneur des premiers et des derniers, des anciens et des derniers venus).

سُور, pl. أَسْوار mur, rempart.

ساعَة, pl. ساعات et سوايع heure, instant, moment. ساعَة مِن الزمان un moment, un instant. في الوقتِ والساعَة sur le champ, à l'instant. | الساعة alors, ensuite.

ساغ f. O, être permis, licite.

ساق f. O, conduire des bestiaux. Chasser devant soi. II, aller au marché. | سُوق masc. et fém., pl. أسواف marché, rue marchande. | سياف agonie.

سومة prix, valeur.

سَوى f. A, valoir. II, égaliser, arranger. | سَوَاء égal, égalité. سواء كان اليوم او غدًا que ce soit aujourd'hui ou demain. | سِوى excepté, si ce n'est, hormis. | سَوِيَّة égalité.

بالسَّوِيَّة par part égale.

لا سِيَّمَا surtout, principalement.

سي monsieur, sieur. (La dénomination سي ne s'applique guère qu'aux marabouts et aux gens instruits).

ساح f. I, couler, voyager. | سائِح dévot, fervent. | مَساحَة superficie, dimension.

سار f. I, marcher, aller, II, faire marcher; envoyer. | سِيرَة marche, conduite. | سائِر le reste (souvent employé dans le sens de tout).

سِياسَة politesse, amabilité; politique. | بالسِّياست douce-ment.

سَيّب, pl. سُيوب sabre, épée.

سال f. I, couler.

## ش

شاوش, .pl شوّاش chaouch, garçon de bureau.

شأن, .pl شُؤُون sujet, état, affaire. وفي شأن ذلك à ce sujet. كما هو المألوب والشأن المعروف suivant l'habitude et la coutume que tout le monde connait.

شاب, .pl شُبّان jeune, joli, jeune homme.

شابر, .pl شوابر éperon.

شبع être rassasié.

شبكة, .pl شباك filet.

شبه (vulg.) ressembler. II, comparer, assimiler. III, ressembler.

شتّت II (n. d'act. تشتيت), شتّت disperser, éparpiller. شتلهم الله que Dieu les disperse!

شتّى divers, dissemblable.

شتم f. I. O, insulter.

شتاء hiver.

تشاجر VI (n. d'act. تشاجر), avoir une dispute, une querelle, une altercation avec qq. شجر, .pl شجرة .coll, أشجار arbre. | مشاجرة dispute, querelle, altercation.

شجع être brave, courageux. شجع, .pl شجاع brave, courageux. | شجاعة bravoure, courage. | أشجع très-courageux, très-vaillant.

شاحب, .pl شحب efflanqué, maigre.

شحم graisse.

شحناء haine, inimitié.

شخص, .pl أشخاص personne, individu.

شد f. O, tenir, II, raffermir, renforcer. Presser. VIII, devenir violent, intense, s'aggraver. شدة violence, intensité. | شديد, .pl شداد violent, grand,

intense; comp. أَشَدّ. نُعافِبُك
أشدّ العُقوبة nous vous inflige-
rons la punition la plus sévère.
(Ce comparatif sert à indiquer
l'excès en qq. chose : صار في
أشدّ ما يكون مِن الغَيْظِ il entra
dans la plus violente colère; etc.
Il sert aussi à former le comparatif dans les noms de cou-
leurs : أشدّ بَياضًا plus blanc).

شَرّ ,pl. شرور mal, méchan-
ceté; pl. أشْرار méchant.

شرب boire. | شُراب boisson.

شَرَح f. A, dilater, élargir. |
شَرْح ,pl. شِراح commentaire.

شَرَط f. I. O, imposer à qq.
des conditions. | شَرْط ,pl. شُروط
condition.

شَرَع commencer, avec ب
aborder une affaire, se mettre
à, se disposer à, s'occuper de,
avec في | شَرَع droit, justice.
شَرْعًا en justice, légalement, à
juste titre. | شَرْعِيّ judiciaire.
شريعة, pl. شَرايع loi, justice.

شَرَف f. O, être haut, illustre, noble. II, illustrer. IV,
être sur le point de (avec عَلَى).
Syn. كاد f. A, أوْشَك | شَرَف
noblesse, illustration. | شَريف,
pl. شُرَفاء et أشْراف noble,
Chérif.

شَرَق f. O, se lever (soleil).
IV, id. Briller. (n. d'act.
شَرْق | إشْراق Est, Orient.).
| شَرْقيّ oriental.

شَرَك f. A, être associé. VIII,
s'associer. | شريك ,pl. شُرَكاء
associé, consorts. | شُرْكة as-
sociation.

شَرى f. I, acheter. VIII, id.
| مُشْتَري acquéreur, acheteur.
| شِراء achat.

شَطّ ,pl. شُطوط bord, rivage ;
lac salé.

شَطْبة broussailles.

شَطَح (vulg.) danser.

شَطَر ,pl. أشْطار moitié, part.

شَاطِر, pl. شُطَّار habile, adroit. | شِطارَة adresse.

شَيْطان, pl. شَياطِين diable, démon. | تَشْيِطِين et شَيْطَنَة diablerie, intrigue.

شُعْبة, pl. شِعاب ravin.

شَعَر f. O, savoir. | شَعْر, pl. شُعُور cheveu, crin, poil. | شِعْر, pl. أَشْعار vers, poésie. | شَعِير orge.

شَعَل allumer, brûler, s'allumer.

شَغَل f. A, occuper qq., avec ب; part. pas. مَشْغُول occupé. VIII (n. d'act. إِشْتِغال), être occupé. | شُغْل, pl. أَشْغال et شُغُول occupation, affaire.

شَفَع f. A, intercéder. X, réclamer à titre de شُفْعة (droit par lequel un propriétaire peut racheter, moyennant le prix de vente, une propriété attenante à la sienne).

شَفَق avoir compassion de.

شَفَة lèvre. | مُشافَهَةً de vive voix.

شَفَى f. I, guérir qq. (Dieu), être guéri.

شَفّ fendre. | شَفِيف, pl. مَشْفَة frère germain. | أَشْفاء peine, misère.

شُفْر, pl. أَشْفَر fém. شَفْراء roux, alezan.

شَفّ, pl. شُفُوف bateau, navire.

شَفَّى II, donner de la peine, fatiguer qq.

شَكَّ douter, soupçonner. | شَكّ doute. لا شَكَّ pas de doute, sans aucun doute.

شَكَر f. O, louer, faire l'éloge de. Rendre grâce. | شُكْر louange, reconnaissance, gratitude. | شَكارة pl. شَكائِرُ sac.

شَكَل f. O, devenir obscur, s'embrouiller (affaire) IV, (n. d'act. إِشْكال), id. VIII, être embrouillé, obscur. | شَكْل, pl. أَشْكال forme, ressemblance.

اشهب , شهاب flamme. | fém. شهباء blanc.

شهد f. A, témoigner, déposer, attester. شهد بمثله il a porté le même témoignage ; il a fait la même déclaration. III (n. d'act. مشاهدة), être témoin de, assister, voir. IV, requérir le témoignage. En appeler au témoignage de. | شهد, pl. شهاد rayon de miel, miel. | شاهد, pl. شهود témoin ; pl. شواهد gage, preuve, garant. | شهادة déclaration, certificat, témoignage. | شهيد, pl. شهداء témoin ; martyr. | مشهود témoigné. المشهود له celui en faveur duquel le témoignage est porté. المشهود عليه celui contre lequel....

شهر f. A, divulguer, publier. IV, id. Faire connaître. شهر, pl. شهور et أشهر mois. | شهرة renommée, réputation. | مشهور connu, célèbre.

شكا f. O, se plaindre. VIII, id. شاكي pour شاك plaignant, qui se plaint. أتى إليّ شاكيا il est venu se plaindre à moi. | شكوة, pl. ات plainte, réclamation. | شكاية id. | شكاي, pl. شكاية plaignant.

شلو Chélif (fleuve).

شلا f. O, et vulg. I, exciter, pousser à.

نشميت affront fait à qq., insulte ; mutinerie.

شمج II (vulg.), mouiller.

شمر II, retrousser.

شمس, pl. شموس fém., soleil.

شمع cire. | شمعت bougie.

شمل f. O, embrasser, envelopper, comprendre, contenir. VIII, id. | شامل complet, général. | شمل réunion et *contraire*, séparation. | شمال Nord.

شنآن différend, dispute, altercation.

شَها f. O, désirer ardemment. VIII, id. | شَهْوة désir, passion.

شاوَرَ III, consulter. IV, أَشَارَ montrer, indiquer; part. pas. مُشار. المُشار إِلَيْهِ dont on a parlé. X, demander conseil, avis. المَجْلِس المُسْتَشار ou مجلس المَشْوَرَة medjles consultatif. | إِشَارة signe, signal, marque.

شوّش II, exciter. | تَشْويش excitation, trouble.

شاوش, pl. شوّاش chaouch, garçon de bureau. | شاشِيَة, pl. شواشي calotte.

شاف f. O, désirer. VIII (n. d'act. إِشْتِياف), souhaiter ardemment, désirer. المُشْتاف الَى رُؤيَتِكَ celui qui désire vous voir. | شوف désir.

شَوْكَة f. O, épine, puissance, force.

شاة. pl. شِياه brebis, espèce ovine.

شاء f. A, vouloir. إِن شَاء اللّه s'il plaît à Dieu. | شَيّ, pl. أشياء chose. | شَيْئاً فشَيْئاً petit à petit.

شاب f. I, devenir blancs (cheveux); devenir vieux. | شايب qui a les cheveux blancs, vieux.

شيشة brosse.

شَيْخ, pl. شِيوخ, أشياخ et مَشائِخ vieillard; cheikh (titre de respect qui se met ordinairement devant le nom du cadi); docteur, maître, professeur. شيخ الإسلام le chef de l'Islamisme (le Muphti).

شاع f. I, se divulguer, se répandre (nouvelle). Divulguer. | شيعة, pl. شوائع (vulg.) croix, décoration.

شينة orange.

## ص

صَبّ f. O, verser, répandre.

صَبَح f. A, venir chez qq. au matin. IV, أَصْبَح être au matin; être matin. | صَباح matin. | صَباحًا au matin, le matin. | صُبَيْحَة heure du matin. | صبايحي, pl. ة spahis. | مِصْباح, pl. مَصابيح lampe, flambeau, lustre.

صَبَر f. O, patienter, attendre; part. prés. صابِر patient, endurant. II, faire patienter. صَبَّرْناهُ nous lui conseillâmes de supporter avec patience, de s'armer de patience. | صَبْر patience.

صباط (vulg.), pl. صبابط soulier.

أَصْبَع, pl. أَصابِع doigt.

صَبَغ f. I. O, teindre.

صَبِيّ, pl. صِبْيان enfant, garçon. | صَبِيّة fille.

صَحّ f. A, être solide, valable. صَحّ ما ذُكِرَ ce qui vient d'être dit, ce qui précède est reconnu bon, valable, vrai. II, consolider, valider, confirmer. | صِحّة santé, validité. | صَحّ vérité.

صاحَب III, accompagner. IV, faire accompagner. | صاحِب, pl. أَصْحاب compagnon, maître, possesseur; complice, adversaire en justice. | صُحْبَة compagnie. صُحْبَة فُلان en compagnie d'un tel.

صَحْراء, pl. صَحاري désert, Sahara.

صَحيفة, pl. صُحُف page, feuillet.

صَحا f. O, être clair, serein (ciel). | صَحْو serein, clair (temps). بَعْدَ صَحْو المَطَر lorsque le temps sera revenu au beau.

صَدّ s'en aller, se mettre en route.

صَدَر f. I, O, provenir, émaner, résulter, arriver ; part. prés. صَادِر.

صَدَّع II, assommer, importuner.

صَادَف III, rencontrer. IV, se rencontrer.

صَدَف (n. d'act. صَدَف), être sincère, ajouter foi. II, approuver, regarder comme sincère. V, faire l'aumône, faire donation de.. | صَدَقَة aumône. | صَدَاق dot. | صَدِيق, pl. أَصْدِقَاء et صُدَفَاء vrai ; ami sincère.

صَدَآء rouille (vulg. صديد).

صَرَّح expliquer clairement, rendre clair. | صَرِيح clair, évident. صَرِيحًا clairement.

صَرَخ crier. | صُرَاخ cri.

صِرَاط, pl. صُرُط voie, chemin.

صَرَع f. A, jeter à terre. Assommer, étourdir ; part. prés. مَصْرُوع.

صَرَف, f. I, tourner, détourner, éloigner, dépenser. II, faire de la monnaie. Éloigner. V (n. d'act. تَصَرُّف), disposer de.. ; gérer, diriger, administrer ; jouir de qq. chose. على يَدِ مَن له التَّصَرُّف في الوَظَايف الشَّرعِيَّة par l'interméd. de celui qui est chargé des emplois judiciaires. | صَرُوف envoi ; monnaie. | مَصَارِيف, pl. مَصْرُوف, dépense.

انْصَرَم VII, être coupé, s'écouler, passer ; part. pas. مُنْصَرِم. الشَّهر المُنْصَرِم le mois dernier, passé. | صَارِم, pl. صَوَارِم tranchant (sabre), sabre.

مَصَارِن, pl. مَصَارِن (vulg.) intestin.

صَعُب être pénible, difficile. صَعْب et vulg. صَعِيب, pl. صِعَاب difficile, pénible.

صَعِد monter. | أَصْعَد trèsélevé.

صَغُر être petit. II, rendre petit. | صَغِير, pl. أَصْغَار et صِغَار petit, jeune.

صفّو II, aligner, mettre en rang. V et VII, اصطفّو pour اصطفّو s'aligner, se diviser en partis; part. p. Vᵉ مُتصفّو. | صفّ, pl. صفوف rang, parti.

صفح f. A, pardonner. V, examiner une chose. | صفحة page. | صفيحة, pl. صفايح, fer à cheval.

أصفر, fém. صفراء, pl. صُفر jaune, pâle.

صفّق f. I, battre des mains, applaudir. صفقة واحدة d'un commun accord (m.-à-m. d'un applaudissement unique).

صفا f. O, être clair, pur. II et IV, clarifier. VIII, اصطفى pour اصتفى choisir; part. pass. مصطفى élu, choisi. Moustafa. | صافي pour صاوي pur, clair, limpide.

صكّ (vulg.) ruer.

أصلح fém. صلحاء, pl. صلح (vulg.) chauve. Syn. أصلع.

صلح f. O, être bon, utile. Servir, convenir, s'adapter à... III, mettre l'accord; au passif صولح être mis d'accord. S'entendre sur. IV, arranger, améliorer. VIII, اصطلح pour اصطلح se réconcilier, faire la paix. | صلح paix, arrangement à l'amiable. | صلاح bon ordre, bien. | صالح pur, vertueux, juste. | صالح الدعاء vœux sincères, purs. | صالح أفعالك vos nobles actions. | إصلاح amélioration, avantage, bien. | أصلح compar. meilleur, plus sage. | مصلحة, pl. مصالح intérêt, avantage; affaire.

صلّى II, prier Dieu. Répandre ses grâces sur, bénir (en parlant de Dieu). | صلاة et صلوة, pl. صلوات prière.

أصمّ, pl. صُمّ sourd (épithète du mois رجب). Voy. formulaire.

صمت f. O, se taire.

مَصائِب (qui frappe), malheur, calamité. | صائِب droit (juge-ment), judicieux. | صَواب ce qui est droit, juste, sensé. | الأَصْوَب le plus convenable, ce qu'il y a de mieux à faire.

صَوْت, pl. أَصْوات voix, son.

صَوَّر II, former, façonner. V, s'imaginer, se faire une juste idée des choses; part. prés. مُتَصَوِّر.

صاع, pl. أَصُع et صيعان saâ (mesure pour les grains, variant suivant les localités).

صُوف laine.

صَوْلَة impétuosité, violence, force.

صام f. O, jeûner. | صَوْم et صيام jeûne.

صان f. O, protéger, garder. | صَوْن protection.

صاح f. I, crier. | صَيْح cri. | صِياح et صَيْحَة cri.

صاد f. I, chasser. Pêcher.

صَنَّت II (vulg.), écouter, pour نصت.

صُنْدوق, pl. صَناديف coffre, malle. | صُنَيْدِقة petite boîte, coffret.

صَنَع f. A, fabriquer, faire. | صِناعة, pl. صَنائِع fabrication, profession, art. | صَنْعة id., confection.

صِنْف, pl. أَصْناف espèce. | مَصْنوع auteur.

صَنَم, pl. أصنام idole. بلد الاصنام Orléansville.

صِهْر, pl. أَصْهار gendre, beau-père.

صِهْريج, pl. صهاريج bassin.

صَهَل f. I, A, hennir.

أَصاب IV, atteindre, frapper. الجُروح الّتي أُصيبَتْ بها لَيْسَتْ بِخَطيرة ou مُشْخِنة les blessures qu'elle a reçues ne sont pas graves, dangereuses. Trouver (vulg.); part. pas. مُصاب at-teint, frappé. | مُصيبة, pl.

VIII, اصطاد pour اصتاد id. |
صيّاد chasseur, pêcheur. |
صَيّد, pl. صيودة lion.

صار f. I, devenir, provenir. se mettre à...

صيّوب, pl. أصياب été. |
صيّاب, pl. ...ين et ة qui vient passer l'été; qui vient travailler ou glaner dans les champs, pendant l'été.

ض

ضَأْن, pl. ضائن espèce ovine. mouton, brebis.

ضبط f. I, tenir; conserver dans l'ordre. | ضبط régularité, exactitude.

ضبع, pl. ضُبُع hyène.

ضحك rire. | ضحك rire, action de rire.

ضُحًا matinée déjà avancée. | أضحى, pl. إضحاة brebis offerte en sacrifice. العيد الأضحى la fête du sacrifice, autrement appelée العيد الكبير.

ضخم être grand, gros. | ضخامة grosseur. | ضخامة الملك puissance de l'empire.

ضدّ, pl. اصداد contraire.

ضرّ f. O, nuire à. IV, nuire, porter préjudice, occasionner des dégâts. | ضرر tort, dommage, préjudice.

ضرب f. I (n. d'act. ضرب), frapper. ضرب البارود il a tiré un coup de fusil; il a combattu. Faire le partage d'une succession; passif ضرب. | ضرب coll., coup; n. d'unité ضربة, pl. ضروب espèce, genre, façon, manière.

ضريح, pl. ضرائح tombeau.

ضرس, pl. أضراس dent molaire.

تضرّع V, s'humilier, se faire humble. Implorer qq.

ضَرِمَ f. A, brûler. IV, brûler, embraser.

ضرو lentisque.

ضَعُفَ f. O, être faible, f. A, doubler, porter au double. III, id. | ضُعْف faiblesse, maigreur.

ضِعْف ,pl. أَضْعاف le double, deux fois autant. ضِعْفًا et أَضْعافًا par redoublement. | ضَعيف, ضِعاف, ضُعَفاء faible.

ضَلَّ f. I, s'égarer. | ضَلّ et ضَلال erreur, égarement.

ضَلَع boiter. | ضِلَع, pl. ضُلوع côte.

ضَمَّ f. O, rassembler, rapprocher, concentrer.

ضَمِن f. A, assurer, garantir, répondre de. II, contenir, comprendre, renfermer. V, id. | ضَمان ,pl. ضامِن caution, garant. | ضَمانة et ضَمان caution, garantie. | مَضْمَن contenu, sujet, objet. | مَضْمون , pl. id. | مَضامين id.

ضَاءَ f. O, briller. | ضَوء ou ضَء clarté, lumière.

ضَوَى f. I, briller.

ضاع f. I, périr, être perdu, se perdre. II, perdre. | ضَيْعَة, pl. ات perte. | ضَياع id. | ضائِع perdu.

ضاوَى f. I, être convive chez qq. II, donner l'hospitalité. | ضَيْف ,pl. أَضْياف convive, hôte. | ضِيافة hospitalité.

ضاف f. I, être étroit, devenir étroit. II, rétrécir, mettre à l'étroit. | ضَيْفة détresse, gêne, pénurie. | مُضايَفة difficulté. | العَصْر الصَّيْف quelques instants après l'açr.

ط

طَبيب ,pl. أَطِبّاء médecin. | طِبّ médecine.

طَبَنَ f. A, O, cuire, faire cuire.

طبَع marquer, sceller, mettre son cachet. | طابَع, pl. طوابِع sceau, cachet. | طِباع nature, naturel, caractère. مُحَسّن الطباع dont le naturel est d'être bon, bienveillant. | طبيعة, pl. طبايع naturel, caractère.

طبَق f. I, couvrir, envelopper. II (n. d'act. تطبيق), envelopper; plier. | طبقة, pl. ات rang, étage, classe; une feuille de... | مُطابق concordant avec, correspondant à.; syn. مُوافق.

طحَن f. A, moudre.

طرَح f. A, jeter.

طرَد f. A, chasser, repousser. II, id. | طِراد guerre (proprement attaque).

طرَّز II, broder. | طرّاز brodeur.

طِرْس, pl. طروس feuillet, feuille.

طرَف, pl. أطراف bord, extrémité; morceau, partie, côté.

من طروب الفاضي de la part du cadi, de chez le cadi.

طرَف f. O, frapper, frapper l'oreille, apprendre, avec ب. طرَف بسمعي j'ai ouï dire. V, se laisser aller à, se permettre de. | تطرّف لهذه الافعال il n'a pas craint de se laisser aller à de pareils actes. | طريف, pl. طرُف et طرفات chemin, voie. | طريفة voie, procédé.

طعَم f. A, manger, avaler. IV, donner à manger, nourrir. | طعام, pl. أطعمة nourriture, mets.

طفى f. A (n. d'act. طفى), s'éteindre. IV (n. d'act. اطفاء), éteindre. VII, s'éteindre, être éteint.

طفْل, pl. أطفال garçon, enfant. | طفلة fille.

طل regarder d'en haut; regarder par...

طلَب f. O, demander, réclamer, rechercher. طلب الخِصام intenter un procès. III, récla- mer. | طالِب demandant. | طَلَبٌ demande. | طالِب, pl. طُلَّاب demandant, demandeur, créancier ; pl. طَلَبَة étudiant, taleb (en Algérie, lettré, sa- vant). | مُطالَبَة réclamation. لَهُ مُطالَبَة il a qq. chose à ré- clamer ; il a une affaire à régler.

طَلَع f. A, monter, paraître, découvrir, s'apercevoir (avec على). IV (n. d'act. إطّلاع), In- former de, montrer, prendre connaissance de. أطّلَع على حالي considérez la situation dans la- quelle je me trouve. اطّلَعت على ما في قُلوبِنا vous savez quels sont les sentiments qui nous animent. | طَلْعَة visage, respect. | مَطْلَع, pl. مَطالِع som- met, hauteur.

طَلَق f. I, mettre en liberté, lâcher. II, répudier ; part. pas.

مُطْلَق IV, lâcher, | مُطْلَق ab- solu, étendu. | طَلاق divorce.

مُطْمَر plié, baissé, détruit. | مَطامير pl., مَطْمُورة silo.

طَمِع f. A, être avide de, dé- sirer, aspirer à. | طامِع avide, ambitieux. | طَمَع avidité, am- bition. | مَطْمَع objet des désirs, d'avidité.

إطْمَأَنَّ ; part. prés. مُطْمَئِنّ être tranquille ; jouir de la tranquillité.

طَهَر f. O, être pur. II, puri- fier. | طاهِر pur ; Tahar.

طاع f. O, A, obéir. III, طاوَع céder à qq. IV, obéir. X, pou- voir. | طاعَة obéissance, sou- mission.

أطافَ IV, pouvoir ; avoir la possibilité de... | طاقٌ et طافَةٌ, pl. طُوافي et طيفان fenêtre. | طاقة pouvoir, puissance.

طال f. O, être long, se pro- longer. | طُول longueur. طَوَّلَ

اللَّيْل pendant toute la nuit. | طَوِيل, pl. طِوال long.

طَوَى f. I, plier, ployer (n. d'act. طَيّ ).

طَاب f. I, être bon, être mûr; part. prés. طائِب | طَيِّب bon, en bonne santé.

طَاح f. I, tomber (vulg.). II, faire tomber, retrancher, dégrever.

طَار f. I, voler, s'envoler. | طَيْر, pl. طُيور oiseau.

طَيّش (vulg.) jeter, lancer.

ظ

ظَرُف être gentil, poli, gracieux. | ظَرِيف poli, gracieux, gentil. | ظَرافة politesse, gentillesse. | ظَرْف, pl. ظُروف vase, pot.

ظَفِر trouver, s'emparer de. | ظُفُر, pl. أظْفار ongle.

ظَلّ f. A, passer la journée. | ظِلّ ombre, protection, égide.

ظَلَم f. I, être injuste, tromper, léser, opprimer; part. pass. ظالِم, pl. ظَلّام injuste, inique, oppresseur. | مَظْلوم | ظُلْم injustice, iniquité. | ظُلْمًا injustement. | ظُلْمة obscurité, ténèbres.

ظَنّ f. O, penser, croire, supposer, s'imaginer. | ظَنّ pensée, supposition. | مَظِنّة action de penser, de supposer, opinion.

ظَهَر f. O, paraître, sembler. كَمَا يظْهُرُ لك comme bon vous semblera. IV, montrer, faire voir. | ظُهْر heure de midi. | وَقْت الظُّهْر à midi. | ظَهْر, pl. ظُهور dos. | ظاهِر apparent, distinct, visible. | ظُهُور action de paraître, présence.

## ع

عَبَد f. O, adorer, Dieu. | عَبْد, pl. عِباد serviteur, adorateur; pl. عَبيد esclaves, nègres. (Le mot عبد suivi d'un des noms de Dieu, ou d'un autre mot forme un grand nombre de noms propres, tels que عبد القادر, عبد الرحمان, عبد الله etc.).

عَبَر f. O, passer, traverser. VIII, observer, examiner avec attention. | عَبير parfum. | عَبْرَة action de verser des larmes. | عِبْرَة exemple, considération. | مُعْتَبَر considéré, apprécié. أوَانُها المُعْتَبَر à l'époque connue, fixée. | عِبارَة expression, explication, style.

عَبَس f. I, montrer un visage sévère, renfrogner le visage.

عَبِف f. A, être imprégné d'une odeur. | عَبافة et عَبَف exhalaison, parfum.

عَتَب f. I. O, réprimander, gronder. III (n. d'act. عِتاب et مُعاتَبة), réprimander, blâmer. | أعتاب, pl. عَتَبَة seuil.

عَتيف vieux, ancien; bon, généreux.

عَثَر f. O, trébucher.

عَجاج, pl. عجايج poussière, tourbillon de poussière.

عجب être étonné. II, étonner. IV, plaire. V, s'étonner, admirer. | أعْجاب, pl. عَجَب étonnement, admiration, merveille. | عَجيب étonnant, étrange; compar. أعجب. | عَجائب, pl. عَجيبَة chose étonnante, merveille.

عِجار, pl. عجاير voile.

عَجَز être impuissant, faible. لا تَعْجَز عن الخِدْمة elle ne sera pas dans l'incapacité de travailler. | عاجز impuissant, paresseux. | عَجُوزَة, pl. عَجائِـز vieille femme.

عجِل se hâter, se presser. II, payer d'avance. | تَعْجِيلًا d'avance.

عَجَمِيّ étranger. Persan.

عجَن f. I, O, pétrir. | مَعْجون confiture.

عـدّ f. O, compter. Au passif عُدّ être compté parmi, être regardé comme. IV, disposer, préparer ; part. pas. مُعَدّ. | عَدَد nombre, compte, numéro. | عِدّة nombre, un certain nombre de. | عَديد nombreux.

عدَل f. I, être juste, juger. | عَدْل justice, équité. | عَدْل, pl. عُدول adel. | باش عدل bach adel. | عدالتـ fonction d'adel. | مَعْدِلة justice, équité.

عدَم f. O, manquer. | عُدَم manque, absence de (marque le contraire de, l'opposé de). | عُدَم الاغبال attention, surveillance.

عَدَن séjour. Eden, paradis. | مَعْدِن, pl. معادِن mine ; minéraux.

عـدَا f. O, passer. | V, تَعَدّى dépasser les limites, outrepasser ses droits. (n. d'act. تَعَدّ pour تَعَدِّيًا). | (تَعَدِّى injustement, à tort. | عَدُوّ, pl. أَعْدَآء et عَدْيان ennemi. | عَدى excepté, si ce n'est. | عَداوة inimitié, hostilité. | عُدْوان id.

عـذَب II, tourmenter. | تَعْذِيب peine, punition. تَعْذِيبًا comme châtiment.

عـذَر f. I, excuser. IV, id. أَعْذَرُنا فيـما كلّفـناك بـه ex-cusez le dérangement que nous vous causons. V, présenter des excuses ; être difficile, impossible à faire (n. d'act. تَعَذُّر). VIII, s'excuser. | عُذْر, pl. أَعْذار excuse, moyen de défense en justice.

مَعَرّة crime, mal causé à quelqu'un, honte, perfidie.

عَرَبِيّ coll. Arabes. | عَرَب arabe. | العربي Larbi.

عَرْبُون arrhes.

أَعْرَج fém. عَرْجَاء boiteux.

عُرْجُون, pl. عَرَاجِين régime, grappe de dattes, de bananes.

عُرْس, pl. اعراس noce, fête. | عَرُوس fiancé. | عَرُوسة fiancée.

عَرْش pl. أَعْرَاش toit; palais; tente; trône. (En Algérie, ce mot est employé dans le sens de tribu au lieu du mot قبيلة, pl. قبايل).

عَرَض f. 1, exposer, proposer, se présenter, s'offrir, avoir lieu. IV, paraître, se détourner, s'é-loigner de, avec عَنْ. V (n. d'act. تَعَرَّض), s'opposer à; survenir, arriver. | عَرْض largeur. | عَرِيض large. | عَارِض, pl. عوارض accident, événement fâcheux. | مُعَارَضَة opposition, objection.

عَرَف f. 1, savoir, connaître. يعرب ابني مَعْرِفَةً تَامَّةً il con-nait parfaitement mon fils (il sait mieux que personne ce dont il est capable). II et IV, informer, faire savoir. VIII, reconnaître, avouer. | مَعْرُوف connu, bienfait, bonne action. أَمَرَه بِالْمَعْرُوف il lui a ordonné de faire le bien, il lui a donné de bons conseils. | مَعْرِفَة connaissance. أَهْل الْمَعْرِفَة ex-perts, personnes compétentes. | أَعْرَف sachant mieux, plus instruit. انت أَعْرَف الْعَارِفِينَ mieux que personne vous savez ce qu'il faut faire.

عَرِق suer. | عَرَق sueur. عَرَّاقِيَّة, pl. عَرَّاقِيَّات calotte blanche que les Arabes mettent sous la calotte rouge.

عَرْكَة (vulg.) querelle, rixe.

عَرَمَة tas, amas de...

عَرَّى II, mettre à nu, déva-liser. | عُرْيَان nu.

عَزّ I, être rare, puissant. عَزَّ وَجَلَّ qu'il (Dieu) soit exalté et glorifié! IV, rendre puissant; part. prés. مُعَزّ honoré, chéri, aimé. | عِزّ puissance. | عَزِيز, pl. عِزاز puissant, cher; comparatif أعَزّ.

عَزِيب, pl. عَزبوات campement d'une tribu. | عازب célibataire.

عَزّر II, réprimander, châtier ( n. d'action تَعزير ). V, être réprimandié, châtié.

عَزَل f. I, destituer, révoquer. | عَزْل destitution.

عَزَم f. I, se proposer qq. chose, avoir l'intention de; avec على, se disposer, se préparer. | عَزْم entreprise, résolution. | عَزْمًا promptement, vite.

عَزّى II, faire des compliments de condoléance. | عَزاء patience. أحسن عَزاك qu'il vous fasse supporter votre malheur avec patience.

عَسّ f. O, monter la garde. |

عَسّة, pl. عَسَس garde, ronde. | عَسّاس gardien.

عَسِر f. A, être difficile. | مُعْسِر gêne, difficulté. | qui est dans la gêne.

عَسْكَر, pl. عَساكِر soldat. | عَسْكَرِيّ militaire, soldat. مَكْتُوب عَسْكَرِيًّا engagé.

عَسَل miel.

عَسى il se peut que..., peut-être que... عَساكَ أن peut-être que..., dans l'espoir que...

عُشْب herbe.

عاشَر III, fréquenter (n. d'act. مُعاشَرة fréquentation, relation). | عشور achour ( impôt du 10e sur les grains). | عَشْرة dix. | عِشْرون vingt. | عُشْر dixième.

عِشِق f. A, être amoureux, aimer. | عِشْق amour.

تَعشّى V, dîner, | عَشاء dîner. | عَشِيّة soir, après-midi.

عَصَب f.I, lier, serrer, bander.

V, désobéir, être opiniâtre, agir avec fanatisme. | عاصب ou mieux عصب héritier aceb (c'est celui qui hérite de la part qui reste après que chaque héritier, ayant droit légalement à une part, a pris la sienne).

عَصَرَ f. I, presser. | عَصْر temps, âge, siècle; partie du jour entre trois et quatre heures. العصر الضيف un peu après l'acer.

عِصْمَة protection, puissance que le mari ou le tuteur exerce. في عصمته sous sa tutelle, en sa puissance.

عَصَا, pl. عِصِيّ bâton.

عصى f. I, être rebelle, désobéir. | عاص pour عاصي, pl. عُصَاة rebelle, insurgé.

عضّ f. A, mordre.

عَضُد, pl. عضاد bras (de l'épaule au coude). | المعاصيد nom d'une tribu et d'une montagne.

عضل f. A, I, O, empêcher de se marier.

عِضْو, pl. أَعْضَاء membre (au propre et au figuré).

عطر II, parfumer. V, se parfumer.

عطش f. A, avoir soif. | عَطَش soif.

عطو f. I, pencher, avoir de la sympathie pour, se diriger vers. III, être bienveillant envers quelqu'un. V, id.

عطّل II et IV, détourner, empêcher; gêner. V, تَعَطَّلَ être retardé, s'arrêter. | مُعَطِّل vacant. | مُعَطَّل empêché, gêné, embarrassé.

أَعْطَى IV, donner (n. d'act. إِعْطَاء). VI, s'adonner, se livrer à... | عَطِيَّة, pl. عطيات ou عطايا don, présent, gage.

عظم être grand. II, rendre grand, puissant, honorer, vénérer. عظّم الله أجرك que Dieu augmente votre récompense! (formule de condoléance). | عظيم, pl. عظام puissant, grand;

comparatif أَتْظَمُ, pl. عَظْم | عِظام os.

عِما f. O, effacer, pardonner. III, préserver; rendre la santé. | عَفْوُ pardon, bienfait. | عافِيَة paix, tranquillité, bonne santé.

عَقَب venir après quelqu'un III, punir, châtier. | عَقَب talon; postérité. | عَقَب تاريخة à la suite de la date. اخذوا عَقَبَهُمْ ils les poursuivirent. | عُقوبَة peine, châtiment, punition. | عِقاب id.; fin, terme.

عَقَد nouer, conclure. VII, être noué, conclu, se réunir (assemblée); (n. d'act. إنْعِقاد). | الْيَنْعَقَدُ بِهِمِ المجلس dont se compose le Medjles. | عَقَد, pl. عُقود acte, conclusion. | عِقَد, pl. عُقود collier.

عَقار terrain, bien immeuble.

عَقَل f. I, connaître, comprendre. | عَقْل, pl. عُقول in-telligence, raison, esprit. | عاقِل, pl. عُقّال intelligent, sage.

عُكّة, pl. عُكَك outre (en peau de mouton).

عُكّاز, pl. عَكاكيز bâton pour s'appuyer.

عُكَس contraire. بالْعَكْس au contraire, à rebours.

عالَج III, faire des efforts; soigner, traiter un malade (médecin). | مُعالَجَة traitement.

عَلَو donner à manger aux animaux (de l'orge, du fourrage). II, id. | عَلْو fourrage. | عَلْفَة nourriture des animaux.

عَلّف II, suspendre. V, se suspendre, s'accrocher.

عَلِم f. A, savoir, connaître. II, faire savoir, informer, instruire. IV, id. V, apprendre, s'instruire. | عِلْم science, connaissance. | عالِم, pl. عُلَماء savant. | إعْلام avis, information. | تَعْلِيم instruction. enseignement, étude. | عِلْمِي qui tient à la science. المجلس العلمي le Medjles des docteurs. | عَلَامَة paraphe, signe, marque, trace. | عَلَّامَة très-docte, très-instruit.

أَعْلَنَ IV, publier, déclarer (n. d'act. إِعْلَان).

عَلَا f. O, être haut. II, élever. IV, élever, rendre grand. VI, تَعَالَى être élevé, haut. الله تَعَالَى Dieu, qu'il soit exalté! (Ce mot s'écrit souvent تَعَلَى). | تَعَالَ viens, fém. تَعَالِي, pl. تَعَالَوْا. | عَلِيّ élevé; Ali. | عَالٍ, pl. عَالِيّ élevé. | عُلَا élévation, grandeur. | عُلُوّ id. | عَلَى sur, au-dessus de, contre, à, auprès de... | عليك بفتله tue-le, tu dois le tuer. | عليك بالصبر prenez patience. | عَلّي بِهَا amène-la moi. | مُعَلَّى élevé, exalté. | مَعَالِي, pl. مَعْلَاة grandeur, élévation.

عُنْوَان pour عُنْوَان adresse, titre.

عَمّ f. O, couvrir entièrement, être général. | عَمّ, pl. عُمُومَة oncle paternel, fém. عَمَّة. | عَامّ général, universel, complet; comparatif أَعَمّ. | عَمِيم id. | عَامَّة, pl. عُمُوم la multitude, le peuple, le public. طريف العامّة chemin public. في صلاح العامّة dans l'intérêt commun. عامّة الناس la plupart des gens.

عَمَد f. I. se diriger vers. Faire exprès. VIII, (n. d'act. إِعْتِماد), s'appuyer, se reposer sur qq. | عَمْد préméditation. | عَمْدًا à dessein, exprès. | عَمُود perche, poutre, colonne. | عُمْدَة appui, soutien.

عَمَر f. O, être cultivé, habité, II, cultiver, remplir (n. d'act. تَعْمِير). | عُمُر, pl. أَعْمَار âge, existence, vie. | عَمَارَة culture, colonisation.

عَمِيف profond.

عــمَـل f. A, faire, agir. X, employer. | عامِل, pl. عُمَّال fonctionnaire, ouvrier; préfet d'une province. | عَـمَـل, pl. أَعْـمَال action, manière d'agir. | عِمالة, pl. عِمَالات division, province.

أَعْمَى fém. عَمْيَاء, pl. عُمْى et عُمْيان aveugle.

عَنْ de, provenant de (marque la séparation, l'éloignement, l'extraction), relativement à... | عَمَّـا composé de عَنْ et de مَا, de ce que...

عِنان, pl. أَعِنَّة rênes.

عَـنَـب, pl. أعناب raisin.

عَـنْـبَر ambre.

عاند III, ( n. d'act. عِناد et مُعاندة ) résister à, contredire. | عِنْد chez, à, auprès. | فَعِنْد ذلك alors. عِنْدما dès que... aussitôt que...

عُنْصُر, pl. عَناصِر source.

عانف III, embrasser, donner l'accolade. | أَعْناق, pl. عُنْف cou.

عَناقيد, pl. عُنْقود grappe.

عُنْوان adresse.

عَنى f. I, signifier. يَعْني cela veut dire, c'est-à-dire. VIII, prendre soin de..., travailler avec zèle, s'appliquer à... | عِنايَة protection, sauf-conduit. | مَعْنَى, pl. مَعَاني sens, signification.

عَـهِـد f. A, promettre. | عَهْد, pl. عُهُود promesse, engagement, serment.

عاهِر masc. et fém., qui commet l'adultère.

عَوَّج II, courber, recourber.

عَـاد f. O, retourner, devenir, se mettre à, visiter. III, répéter, renouveler, recommencer. IV, أَعَـاد id. interjeter appel; part. pas. مُعـاد. | عَوْد retour. | عادة, pl. عَوَائِد coutume, habitude. على العادة suivant l'usage, comme on a coutume de

faire. إعادة | id. حَسَبُ العادةِ
action de renouveler ; appel en
justice. | طَلَبُ الإِعَادَةِ il a inter-
jeté appel.

عـاذ f. O, se réfugier auprès.
IV, préserver.

أعـار IV, prêter. X, emprun-
ter. | أَعْوَر, fém. عَوْرَاء borgne.

عـوّض II, remplacer une ch.,
donner une chose en échange.
| عِوَض remplacement, com-
pensation. | عِوَضًا عَن en rem-
placement de. | عِوَض الأَب qui
tient lieu de père.

عـوالـة, pl. عـوالي provision.

عـام f. O, nager. | عـام, pl.
أعـوام an, année.

عـوّن II, aider, assister. III
et IV, id. X, demander secours.
Se servir de, user de. أَسْتَعِين
بِه عَلَى معيشتي à l'aide duquel
je subviendrai à mes besoins.
| عَوّن aide, huissier du cadi.

عيّ se fatiguer ; être las, fa-

tigué. IV, اعيى id., fatiguer,
lasser. | عياء fatigue.

عيـب, pl. عيوب vice, défaut.

عيّـد II, célébrer une fête,
passer la fête. | عيد, pl. أعيـاد
fête.

عـايـر III, insulter, outrager.

عـاش f. I, vivre. | عَيْش
vie, existence. | عائشة Aïcha.
| معيشة moyens d'existence.
صَعُبَتْ عَلَيْهِ المَعِيشَةُ il lui est
difficile de subvenir à ses besoins.

عيّـط II, crier. | عياط cris.

عـايـفـة, pl. عَوَايِف difficulté,
obstacle.

عيـال femme, famille. | عيلت
famille. | عَيْلَة pauvreté, mi-
sère.

عيّـن II, fixer, désigner,
viser. | III, voir, être témoin
de. V, être reconnu, fixé ; être
évident. | عين, fém., pl. عيون
œil, source. وفيها على عين الجنة
ils se sont rendus sur l'empla-

cement même du jardin ; pl.
اعـيـان personnage notable. |

غُبار poussière. | غباري chif-
fres.

غبن (vulg.), être chagriné.
| مغبون chagriné, attristé. |

غدر f. I, O, trahir, tromper.
| غدر trahison, défection. |
غدير, pl. غدران mare, endroit
où l'eau de pluie se ramasse.

غدا, f. A, aller. V, تغدّى
déjeûner. | غدًا ou غدوًا demain. |
بعد الغد le lendemain, من غد
après-demain.

غرّ f. O, tromper, décevoir.
| غرّة les trois premiers jours
du mois. | غرارة, pl. غرائر
sorte de grand sac en laine
dans le genre du تلّيس, pour
mettre les grains.

غرب f. O, s'en aller, s'éloigner, disparaître ; se coucher
(soleil). | غرب ouest, occident.

معاينة action de voir. | مُعَايَنةً
ostensiblement, comptant.

# غ

غروب الشمس coucher du
soleil. | غريب, pl. غرباء
étranger. | مغرب Ouest, mo-
ment où le soleil se couche. |

مغربيّ occidental, marocain.

غربال, pl. غرابيل tamis.

غرس f. I, planter.

غرض désirer. | غرض, pl.
أغراض désir, intention, but.
بغرضه de son plein gré. |

غرفة chambre. | مغرفة, pl.
مغارف cuiller.

غرف f. A, se noyer.

غرم payer l'impôt. | غرامة,
pl. غرايم impôt, tribut, dette. |
غريم, pl. غرماء adversaire,
créancier, débiteur.

غزير abondant, fort (pluie).

غـزَل f. I, filer. | غِـزَال, pl. غِـزْلَان ou غِـزْلَة gazelle. | سور الغزلان Aumale (enceinte des gazelles).

غـزَا f. O, (vulg.) f. I, faire une incursion, une razia غَازِيَة, pl. غزاوي.

غسَل f. I, laver.

غـشّ f. O, tromper. II, غشّش (vulg.), irriter, fâcher. V, تغشّش se fâcher, s'irriter. | غـشّ, pl. اغشاش déception, colère, bile.

غشوم et غشيم tyran, injuste, arbitraire.

غَشِيَ couvrir. | غُشِيَ عليه, il s'est évanoui, elle s'est عليها évanouie. | وَقَعَ مَغْشِيًّا عليه il tomba évanoui.

غصَب f. I, forcer, contraindre, enlever. | غَصْب force, contrainte, violence. غَصْبًا de vive force, par contrainte.

غُصْن, pl. أغصان branche.

غضَب f. A, se fâcher, se mettre en colère. | غَضَب colère. | غضْبانة fém., غضْبان, et غِضَاب, غَضْبَى pl. fâché, irrité.

غطَس f. I, plonger.

غطّى II, couvrir, cacher.

غـفَر f. I, couvrir, pardonner. | غِفْرَة pardon. | مَغْفِرَة id. | غَفُور qui pardonne. | غَفِير qui enveloppe. | الجَمّ الغَفِير grand nombre, troupe nombreuse.

غـفَل f. O, négliger, être négligent. IV, id. (n. d'act. إغْفَال). VI, faire semblant de ne pas voir, négliger (n. d'act. تغافُل). | غَفْلَة inattention, négligence. | على حين غَفْلَة, على غَفْلَة à un moment où l'on ne s'y attendait pas, à l'improviste, subitement ; tout à coup. | غافِل négligent, inattentif.

اسْتَغَلّ X, profiter, jouir de l'usufruit de... (n. d'. اسْتِغْلَال):

غُلام, pl. غِلْمان jeune garçon, adolescent, serviteur.

غَلا f. O, A, enchérir. | غالٍ
pour غالي cher, d'un prix
élevé | غُلِيّ id. ; comparatif
أَغْلَى.

غَلَى f. I, bouillir.

غَمّ f. O, couvrir. Étouffer. |
غَمّ, pl. غُموم affliction, cha-
grin, tristesse, inquiétude. |
غُمّة id., étouffement. | مَغْموم
affligé, inquiet.

غَمَز f. I, faire signe avec les
yeux ; cligner de l'œil.

غامِض profond (vulg.).

غَنَم coll. troupeau de mou-
tons, de brebis. | غنيمة, pl.
غَنايم butin.

غَنِيَ se contenter de ce
qu'on a. II, chanter. IV, rendre
riche, servir à quelque chose. |
ما يغنيني عنه مالُه ses richesses
ne lui serviront à rien. | غانٍ
pour غاني riche, opulent. |

غَلّة, pl. غَلّات et غِلال |
revenu, produit, fruits.

غَلَب f. I, vaincre, gagner.
V, s'emparer de. Être le plus
fort. | غالِب vainqueur. |
في غالب الاوقات le plus sou-
vent, la plupart du temps. |
وهي غالب الظنّ id. | الغالب
ce qu'il y a de plus probable,
ce que l'on est le plus en droit
de supposer. | غَلَبة victoire,
force, contrainte. | على وجهٍ
الغلبة والخطأ involontairement
et par accident. | مَغْلَبة vic-
toire, champ de victoire.

غَلِط se tromper. | غَلَط
erreur, faute, abus. | غَلْطة id.
مَغْلوط erroné. |

غَلُظ f. O, être gros, épais.
| غَليظ, pl. غِلاظ gros, épais.

غِلاف, pl. غُلُف et vulg.
غِلافات étui, fourreau, enve-
loppe de lettre.

غَلَف f. I, et IV, fermer.

هُوَ غَنِيّ عن id. ، pl. غَنِيّ , أَغْنِيَاء il est assez riche pour pouvoir se passer de..., il n'a pas be- soin de...

غاث f. O, secourir, porter secours. IV, id. ; part. prés. مُغِيث X, آسْتَغَاث implorer le secours. | الغِيث الغِيث au secours ! | غَيْث , pl. غُيوث pluie abondante.

غـار , pl. غيران caverne, ta- nière.

غاص f. O, plonger.

الاغواط Laghouat (n. propre).

غاوَل III, se hâter, se dépê- cher. | بالمغاولة rapidement.

غـايـة , fin, terme, dernière limite, extrémité, comble, ex- cès. في غـايـة الفَرَح au comble de la joie. في غـايـة الحُزْن dans la tristesse la plus grande. غاية وَدّكم l'excès de votre affec- tion ; votre très-affectionné , votre très-cher. | غايةً grande- ment, excessivement.

غاب f. I, être absent, s'ab- senter ; part. prés. غَائِب. II, غَيّب faire disparaître, sous- traire. | غَيْبَة absence. | غابت , pl. غـيـب forêt, broussailles. | مَغِيب action de s'absenter, ab- sence.

غـار f. A, I, être jaloux. II, altérer, dénaturer. V, s'altérer, changer. | غَيْـر différence, autre. | مع الغَيْـر avec d'autres, avec autrui. | غَيْر excepté, si ce n'est, à l'exception de, hor- mis, autre que, moins. مِن غَيْر sans... من غَيْر أَن sans que... وغَيْر ذلك et autres choses semblables, *et cœtera*. لا غَيْر pas autre chose, pas d'autres, rien que cela; voilà tout. غَيْر أَن si ce n'est que..., toutefois...

غَيْضَة , pl. غِياض marais cou- vert de roseaux ; bois.

غاظ f. I, fâcher, irriter, cau- ser de la peine, déplaire. IV, id. ( n. d'act. إغاظة colère ).

أغاظني ذلك cela m'a causé de la peine. اغاظني الحال la chose m'a peiné. VIII, se fâcher. | غيظ colère.

## ف

فَ or..., afin que...

فُؤاد entrailles, cœur.

فأس, pl. فيسان pioche, hachette.

فتح f. A, ouvrir, délivrer, conquérir. | مفتاح, pl. مفاتيح clef.

فتّش et II, chercher avec soin, fureter ; avec على. | تفتيش recherche, enquête.

فتل f. A, tordre, tresser. Rouler le couscous. | فتيلة, pl فتائل mèche. | فتول franges.

فتون et فتن . pl , فتنة épreuve, dispute, querelle ; combat.

أفتى IV, donner une décision. | مفتي, pl. مفتيي pour مفتى mufti, qui donne des décisions ( فتوى, pl. فتاوى ) sur des questions de droit, de religion.

فجح II et IV, أفجح (vulg.), blesser à la tête.

فجر aube du jour.

فاحشة, pl. فواحش turpitude, action ou parole honteuse.

فحص f. A, faire des perquisitions, s'enquérir de... X, استفحص id. | فحص environs, banlieue ; perquisition, recherche.

فحل, pl. فحول et فحولة étalon ; homme courageux.

فخد, pl. أفخاد cuisse.

فخر f. A, s'enorgueillir, être fier, se glorifier de... | VIII, id. ( n. d'act. إفتخار ), gloire, illustration. | فخر id.

مُفَخَّم considérable, glorieux. | أَفْخَم très - grand, très-puissant, très- considérable.

فادِح lourd, difficile à endurer. جُرْح فادِح blessure grave.

فِدَاء et فِدًى rachat, rançon. جَعَلَنا فِداك que Dieu nous prenne pour ta rançon !

فَرّ f. I, fuir, s'enfuir; part. prés. فارّ. | فِرار fuite.

فَرّج II, consoler, dissiper les soucis. فرّج الله عليّ Dieu me délivra de la situation dans laquelle j'étais.

فَرِح f. A, être gai, content, joyeux. Se réjouir. | فَرْحان, fém. ة et فَرْحَى joyeux, content. | فَرَح joie, contentement. فرح بذلك فرحًا شديدًا il s'est grandement réjoui de cela.

فَرَد être seul, unique et isolé. | فَريد seul, unique, sans pareil. | فَرْد unité, un,

personne. | فَرْد, pl. أَفْراد bœuf; une demi-charrue. Voy. زُوَيْجة. | فَرْدة une unité de..., une pièce de...

فَرَس, pl. أفراس jument, cheval. | فارِس pl. فُرْسان cavalier. | الفارِس le chevalier. | فَريسة, pl. فَرايس bête morte, cadavre.

فَرَش II, étendre. | فِراش, pl. فُرُش lit, tapis.

فُرْصَة, pl. فُرَص occasion, moment favorable, وجد فُرْصة il trouva le moyen de للهرب fuir.

فَرَض établir en précepte. | فَرْض précepte, loi, part qui revient à un héritier. | فَريضة, pl. فَرايض partage de succession, succession.

فَرَط f. O, devancer, dépasser, négliger. II, être négligent (n. d'act. فَرّط | تفريط ). excès, négligence. | فارِط passé, écoulé. | فارِطًا précédemment, antérieurement. | في الفارِط id.

وَفَرْع , pl. فُرُوع branche.

فَرَغ f. O, vider. | فارغ vide. هو فارغ من أشغاله il a terminé son travail, ses occupations sont terminées. | فَراغ fin, achèvement.

فَرَق f. O, fendre, séparer. II, disperser, séparer. III, quitter, abandonner ( n. d'action مُفارقة). VIII, se séparer. | فَرْق séparation, différence. | فِرْقة , pl. فِرَق fraction, ferka. | فَريق fraction, famille. | دخل العرش فراق séparation بالفِراف il a semé la division dans la tribu, ii a cherché à soulever la tribu.

فرانصة et فرانسة France. | فرانصوي et فرانسوي Français. | فرانسيس et فرانسيس id. | فرانك , pl. فرانكات et فرانك ou فرنكيّة franc (monnaie).

فَزَع f. A, être effrayé, avoir peur. | فَزَع peur, alarme, alerte. | فُزوع contingent.

فَسَح f. A, élargir. | فُسْحة espace, grande cour ; délai.

فَسَخ f. A, séparer, supprimer; résilier un marché.

فَسَد f. A, se gâter, être gâté; commettre du désordre. IV, أَفْسَدَ gâter, détériorer, commettre des dégâts. | فَساد désordre, trouble, corruption. اهل الفساد gens commettant du désordre, fauteurs de troubles. | فاسد mauvais, gâté, méchant. | مَفْسَدَة , pl. مَفاسِد désordre, trouble.

فَسَر f. I, O, expliquer. II, id. (n. d'act. تَفْسير). X, اِسْتَفْسَرَ interroger, s'enquérir.

فِسْق libertinage, désordre.

فَشا f. O, s'ébruiter. IV, divulger.

فَصيح , pl. فُصَحاء éloquent.

فَصَد f. I, saigner, inciser. | فصد الجدري vacciner.

فَصَل f. I, séparer, régler, concilier. II, فَصَّل détailler, exposer ( n. d'act. تَفْصِيل). | بالتَّفْصِيل ou تَفْصِيلًا en détail, avec détail. VII, اِنْفَصَلَ être réglé, se régler, se séparer, être séparé, disparaître. | فَصْل, pl. فُصُول action de régler, règlement; article, paragraphe; saison. | فَاصِل qui sépare. حَدّ فَاصِل limite séparative, ligne de démarcation.

فِضَّة argent. | فِضِّيّ d'argent, couleur de l'argent.

فَضَح f. A, faire un affront, déshonorer. | فَضَاحَة affront, honte. | فَضِيحَة, pl. فَضَايِح honte; action honteuse.

فَضَل f. O, être superflu, être de trop. إِن فَضَل شَيء s'il reste quelque chose. II, regarder comme supérieur, mettre au-dessus de. IV, être supérieur. V, être bon, bienveillant, généreux. تَفَضَّل عَلَيَّ بِ ayez la bonté de me l'accorder, soyez assez bon pour... Daignez... |

فَضْل bonté, bienveillance. | فَضِيل pl. فُضَلَاء excellent, bon. | فَاصِل bon, grand, notable.

فَطَر f. O, I, créer (Dieu). Déjeûner. | فُطُور déjeûner.

فَطَن f. O, comprendre, s'apercevoir de.., avec بِ, s'éveiller.

فَعَل f. A, faire. | فِعْل, pl. أَفْعَال action, acte, manière d'agir.

فَقَد f. I, chercher un objet perdu ; part. pass. مَفْقُود. يَنْبَنِي عَلَى أُمُور مَفْقُودَةٍ فِي بِلَادِنَا (cela) s'appuie sur des bases, sur des raisons qui n'existent pas dans notre pays. II, examiner, surveiller. V, chercher, s'enquérir. | فَقْد absence, manque; inspection, examen.

فَقْر pauvreté, misère. | فَقِير, pl. فُقَرَاء pauvre, indigent.

فَقَط seulement; rien que.., composé de فَ et de طْ.

فِقْه jurisprudence. | فَقِيه, pl. فُقَهَاء jurisconsulte.

وَكّ f. O, défaire, arracher, délivrer, dégager.

فِكَر penser, réfléchir. II et IV, id. Rappeler, faire souvenir. V, être pensif, réfléchir à. فِكْر, pl. أَفْكَار pensée, idée, réflexion.

فاكِهة fruitier. | pl. فَواكِه fruit.

فَليج pièce d'étoffe en laine.

فَلّاح laboureur. | فِلاحة culture.

غالْطة (vulg.), erreur, faute.

فِلَق f. I, fendre. II, id. V, se fendre, éclater.

فُلْك globe, sphère céleste, ciel. | فُلْك pour les deux genres et les deux nombres, bateau, navire. | pl. فِلوكة، بِلايك barque.

فُلان un tel, فُلانة une telle, فُلانِي adj. tel.

مَفْلا pâturages.

فَم, pl. أَفْواة et أَفْوام bouche, orifice, gueule, entrée d'une gorge.

فُنْدُق, pl. فَنادِق fondouk, caravansérail.

فِنَى f. I et فَنِيَ f. A, disparaître, être périssable ; part. prés. فانٍ pour فانِي périssable.

فَهِم f. A, comprendre. II, faire comprendre. | فَهْم intelligence, bon sens. | فاهِم comprenant, qui comprend. | فِهامة très-intelligent.

فات f. O, échapper, manquer, passer. II, aliéner des propriétés.

فاح répandre une odeur (bonne ou mauvaise), puer.

على الفور et فَوْرًا sur-le-champ, à l'instant.

فاز f. O, surpasser, dépasser.

فَوَّض confier une affaire à qq. et compter sur lui pour son exécution. | مُفَوَّض qui donne les pouvoirs les plus étendus.

فاق f. O, surpasser qq. |

فَوْق àu-dessus, dessus, par dessus. | فَوْقانِي supérieur. | فائِق qui surpasse.

فِي en, dans, parmi, pour, au sujet de, relativement à.

أَفَـاد IV, profiter, servir, être utile (n. d'act. إِفَـادة). X, tirer profit. اوّلُ ما اسْتَفَدْنَا منهُ le premier profit que nous en avons retiré a été صَحّتَكم d'apprendre que vous étiez en bonne santé (n. d'act. اسْتِفادة).

فَوائِدُ pl. فائِدة | gain, profit, utilité. | مُفِيد profitable. المُفِيد l'essentiel, l'important.

فاض f. I, déborder. IV, faire déborder ; répandre en abondance.

فاق f. I, s'apercevoir (avec ب), se réveiller. IV, أفاق revenir à soi. لمّا أفاقَ من غَشْيَتِهِ lorsqu'il revint de son évanouissement.

## ق

قَبْطان capitaine.

قَبَل f. O, accueillir, accepter. II (n. d'act. تَقْبِيل), embrasser, donner un baiser à quelqu'un. III, être vis-à-vis, comparer, confronter. | قَبُول acceptation, approbation, bon accueil. | قَبْل avant. | مِنْ قَبْلُ avant (adv.). | قَبَـل avant (prép.). | مِن قِبَل provenant de. | قَبائِل pl. قَبِيلت tribù. |

قَبُح f. O, être laid, méchant. | قَبَاحت et قُبْح mauvaise action, perversité, méchanceté. | pl. قِبَاح laid, méchant, قَبِيح mauvais, pervers.

قُبُور pl. قَبْر tombe, tombeau. | مَقَابِر pl. مَقْبَرَة cimetière. | مَقْبُور enterré.

قَبَض f. I, saisir, toucher, percevoir, arrêter.

الفبايل les Kabyles. | فبايليّ Kabyle. | بـلاد الفبايل Kabylie. | إقْبال agrément, satisfaction. | مُقابَلَت comparution; compensation, échange. | مُستقبِل futur. | في المُستقبِل à l'avenir, dorénavant.

فـتـل f. O, tuer. | فاتِل meurtre, assassinat. | assassin, meurtrier. | مقْتول tué, assassiné, victime.

فَدّ (particule qui se met habituellement devant le prétérit auquel elle donne le sens du passé), déjà.

فدَر f. I, pouvoir. II, décréter, estimer. | فدْر, pl. أفْدَار puissance, grandeur. | فدَرَ ما autant que. | فُدرة puissance, moyen. | لَوْ وَجَدُوا فُدرَةً s'ils en avaient trouvé le moyen. | تَفْديـرًا approximativement. | فدّور Kaddour. | مِقْدار quantité, mesure.

تَفدّس V, être sanctifié.

فدَم f. O, s'avancer, se présenter. II, présenter, offrir. V, s'avancer. | فُدوم arrivée. | فادوم s'avançant. | pl. فوادِيم hachette, binette. | مُفَدَّمَت préface, introduction. | فُدْوَة exemple, modèle.

فَـرّ f. I, persister. A, I, O, être rafraîchi; au passif فُرّ, fut. يُفَرّ être rafraîchi. IV, (n. d'act. إفْـرار) avouer, reconnaître; part. prés. مُفِـرّ. بإفْرارِه d'après sa déclaration, comme il l'a avoué. V, être établi, constaté fermement. X, s'établir, se fixer. | فُـرّة fraîcheur, rafraîchissement. | فُـرّة العَين la fraîcheur de l'œil, c'est-à-dire la joie, la consolation, la satisfaction (s'emploie surtout en parlant des enfants). | مُفَـرَّر fixé, établi fermement, avéré.

فَـرأ f. A, lire. | فـرآن et vulg. فُريان lecture. | القُرآن le Koran. | فُريان الاحوال l'examen des faits, des circonstances. | فِـرآة lecture. II, faire lire.

فُـرب f. A, s'approcher. | فُرُب être proche. | قُرْب proximité, voisinage. بِـقُرْب dans la proximité de, près de. II, s'approcher, approcher. | فَـريب, pl. أَفاريب proche, voisin, proche parent. عن فريب sous peu. | أَفْرَب plus proche. في أَفْرَب وقْت le plus tôt possible. | بالتـفريب et تَـفْريـبًا approximativement.

فرض f. I, couper, rompre. Prêter. VII, آنْفَرَضَ être anéanti, détruit. S'éteindre, expirer.

فَرْطَس, pl. فَراطيس papier, feuille de papier ; cartouche.

فَـرع f. O, frapper à la porte. | فـرّاع qui frappe avec force ; terrible.

فَرْن, pl. فُرون corne ; siècle. فِرْن, pl. أَفران égal, émule, adversaire.

فُـرْى, pl. فِـرْيَة village, bourg.

فَـزّ soie. | فَـزّاز passementier.

فاسح dur, insensible, cruel.

فَسَم f. I, partager, diviser. | فِسَّمَت fraction, division, partage ; part, portion. | فِسْم, pl. أَفْسام partie, part, fraction, circonscription.

فسنطينت Constantine.

فَـش (vulg.) effets, linge, habits.

فَـصّ f. O, conter, raconter. Suivre quelqu'un. فصّ الاخبار recueillir les nouvelles, les colporter. فَـصّ الجِـزّة suivre la piste. | فِصّت, pl. فِصاص récit, narration, histoire.

فَصَب roseau, tube, chaume. | فَصَبَت forteresse, château, kasba.

فَصَد f. I, tendre à, avoir l'intention de, se diriger vers ; part. pr. فاصد. فصدت مُحاربتَه

je me disposai à le combat-
tre, à lui livrer combat. | فصْد
intention, dessein, but, désir.
بِفصْد أنْ dans le but de..
وفصدي أنْ mon intention est
de... | مَفصود désir, intention.

فصُر être court. II ( n. d'act.
(تَفصير), raccourcir, manquer à
son devoir, être négligent .
بالتفصير en abrégé, brièvement.
VI, renoncer à qq. chose, être
impuissant à faire qq. chose. |
فُصور ,pl. فَصُر mineur. | فاصِر
palais, ksar.

فصا f. O, être éloigné. X,
آسْتَفصى reléguer à une grande
distance. Chercher à savoir.
(De cette forme a été tiré le
verbe سُفصى de l'arabe parlé).
أفصى éloigné, lointain. |
ذلكَ افصى مُرادي c'est là
mon plus grand désir.

فصى f. I, décider quelque
chose, accomplir, régler. فضَى
مَصالحَه il a réglé ses affaires.
تفْصي مَصالحَهم vous veillerez

à ce qu'ils aient tout ce qu'il
leur faut. VIII, أفتَضَى déci-
der ; part. pass. مُفتَضَى |
بِمُفتَضَى conformément à, en
vertu de, par suite de. على
فَضايا .pl, فَضيّة | id. مُفتَضَى
affaire. | فَضاء décision, juge-
ment, arrêt, sentence ; desti-
née, fatalité ; fonction de cadi.
فُضاة .pl, فاضي pour فاض |
cadi, juge. | أنفِضاء action
de finir. لانفضاء مُدّة تَسريحه à
cause de l'expiration de son
congé.

فَقَط aucunement. | فَقَط seu-
lement.

أفطاب .pl , فُطَب pôle ,
étoile polaire ; prince, chef.

أفطار .pl, فُطَر plage, région
(du ciel ou de la terre), pays.

افطار le mot français : hec-
tare.

فطَع f. A (n. d'act. فطّع),
couper, traverser, interrompre.
II, couper. VII, être coupé;

terminer, cesser. | فَطْعًا tout-à-fait, pas du tout, aucunement. | فَطْع cessation, interruption. | فُطْعَة portion, parcelle. | فطّاع الطريق brigand. | مَفْطَع gué, passage.

فطَن f. O, habiter un lieu; part. prés. فَاطِن, pl. فُطّان habitant, demeurant. | فُطْن, pl. أَفْطان coton.

فعَد f. O, s'asseoir, attendre, rester. | فَعْدَة séance. | ذو الفعدة (11ᵉ mois de l'année arabe).

فَافِلَة, pl. فَوَافِل caravane.

فَجِيّ et فَبَآء, pl. فَبَا nuque.

فَلّ f. I, être en petite quantité. فَلّ مَا il est rare que. فَلّ او جَلّ en petite ou en grande quantité, peu ou beaucoup. | فِلّة, pl. فِلَل exiguité, peu. | فِلّة أَدَبِهِ son peu d'é-ducation, son manque de sa-

voir vivre. فِلّة عَفْلِهِ son manque d'intelligence, sa bêtise. | فليل peu, en petite quantité. | أَفَلّ plus petit, moindre, moins.

فَلّب II, Retourner. | فَلّب, pl. فُلوب cœur, intérieur. | فِي فَلْبِهِ en lui-même. | مُنْفَلَب renversement, lieu de retour; conf. مثوًى lieu de séjour.

فُلَتَة étang, lac, mare.

فَلّد II, mettre un collier, investir, donner des fonctions. Suivre l'exemple, la voie, les préceptes. V, être ceint, enveloppé, investi de... | فِلادة, pl. فَلايد collier.

فلَع f. A (n. d'act. فَلْع), enlever, arracher. | فَلْعَة, pl. فُلوع place forte, forteresse. | فِلْع, pl. فُلوع voile de navire.

فَلوفي inquiet, irritable, ardent, impatient.|

فَهْوَة café (boisson et établissement). | pl. ة, فهواجي cafetier.

فَات f. O, nourrir quelqu'un. II, id. V et VIII, آفتَات se nourrir. | pl. أقوات, فوت nourriture, vivres.

فاد f. O, conduire, gouverner. II, id. VII, se laisser mener, être docile (n. d'act. et انفياد .(فائد, pl. فُوّاد et فيّاد qui conduit, chef, caïd. فايد الدّار intendant de la maison (c'était, du temps des Turcs, le chef des eunuques chargé de l'administration du palais. Après la conquête, cette dénomination a été appliquée, dans l'est, au chef du bureau arabe civil). فايد الضّياوي celui qui est chargé, dans un bureau arabe, de donner la nourriture aux indigènes qui viennent au bureau pour quelque affaire.

فاع bas, ce qui est en bas, à terre. | فاعة sol, plancher,

pl. أقلام, فَلَم plume (en roseau). | إقليم, pl. أقاليم climat, contrée.

pl. فمايج, فميجة chemise.

فُمْح blé, froment.

pl. افهار, فَهَر lune. لَيْل مُفْهِر nuit éclairée par la lune.

فَمَل pou.

فانون, pl. فَوانين règle, règlement, canon.

pl. قناديُر, قندورة gandoura, sorte de chemise sans manches.

pl. قنديز, قندوز (vulg.), élève, étudiant.

pl. فَناطِرُ, فَنْطَرَة pont.

فَنِع être content de ce que l'on a.

فناو (vulg.) étape, bivouac.

فَهَر f. A, forcer, contraindre. IV, subjuguer, soumettre. فَهْرًا contrainte, force. فَهْرًا de vive force. بالفَهْر ou فَهْرًا عنه malgré lui.

journer ; part. prés. مُقيم établi, stable. X, s'améliorer (si-
tuation, état). | pl. افوام, فَوُّم
et فومان فوم goum, gens. بَيَّنَ
au milieu de gens hon- صالحين
nêtes, vertueux. | pl. فامة,
taille. | pl. فيمة, prix, فِيَم أت
valeur. | مَفام séjour, lieu ;
gneurie (Voy. formulaire). |
إِسْتِفامة droiture, loyauté, bonne
voie. | pl. مفامة, أت séance,
rang. | مُسْتَفيم droit, loyal.

فوى f. A, être fort. II,
فَوّى rendre fort, raffermir.
يُفَوّي و الكُفّار il secourt les
infidèles. | pl. فوي, اقوياء
fort, robuste, puissant. | فَوّة
force. بالفُوّة fortement, beaucoup.

فاء f. I, vomir. V, تَفَيّاً id.
فيّد II, lier, insérer, enre-
gistrer, consigner. | pl. فَيْد,
اقياد lien.

فاس f. I, mesurer, comparer
l'un à l'autre, atteindre le but.

---

chambre. | قاع (vulg.) tout,
totalité.

فال f. O, parler, dire ; part.
prés. فايل (au passif فيل il
est dit, on dit). | pl. فَوْل,
اقوال parole, mot. | على فوله
d'après ce qu'il dit. | فيل
parole, dire. كثُر بينهم الفيل
والفال ils tiennent toutes sortes
de propos. | مَفال parole, lan-
gage, dire. | مفالة هذه id.
مفالتُه telle est sa déposition,
son dire. ذو الفالة السنيّة والمآثِر
العَليّة celui dont le langage est
noble et les actions élevées.

فام f. O, se lever. فامَ مَفامَه
il le remplaça, se présenta à
sa place ; part. prés. فائم.
وَعَدَ أنه يفوم بنا كما يَسْتَحِقّ
il promit de nous fournir tout
ce qui était nécessaire, comme
il le devait. إنّي فائم بالثناء
عليك je fais sans cesse votre
éloge. II, estimer, évaluer (n.
d'act. تفويم). IV, rester, sé-

فياس comparaison, règle, mesure.

فال f. I (vulg.) laisser. II,

faire la sieste. | قايلة chaleur.

فيّم pour فوّم faire lever, occasionner, exciter.

كى

كَ comme. كَما de même que, ainsi que. كأنّ comme si.

كأس , pl. كيسان coupe, verre.

كبّ f. O, verser.

كَبْدة foie, cœur.

كَبُر être grand. II, agrandir, augmenter. X, être fier, s'enorgueillir. | كبير , pl. كبار et كُبَراء grand, chef, notable. | أكْبَر plus grand, pl. أكابِر les grands.

كابوس , pl. كوابس pistolet.

كَبْش pl. كِباش bélier, mouton.

كَتَب f. O, écrire, inscrire. المكتوب عن إذنه celui sur l'ordre duquel la lettre a été écrite. III, كاتَب écrire à quelqu'un, correspondre avec. | كاتِب , pl. كُتّاب écrivain, secrétaire. | كِتاب, pl. كُتُب livre, écrit, lettre. | مكتوب, pl. مكاتيب id. | مُكاتَبة correspondance.

كتب f. I, garrotter quelqu'un. II, id. | كِتْب , pl. أكتاب omoplate, os des omoplates. | كِتاب liens, attaches.

كتم f. O, céler, cacher ; part. près. كاتِم.

كتّان lin, coton.

كثُر être abondant, s'augmenter. II, augmenter, rendre abondant. X, souhaiter l'augmentation de. Remercier. | كثير nombreux, abondant. كثيرًا grandement, beaucoup.

| كِثْرَة grand nombre, abondance. | أَكْثَر plus nombreux, plusieurs, beaucoup. أَكْثَرُ النَّاس la plupart des hommes, des personnes.

كُحْل antimoine, collyre. | أَكْحَل, fém. كَحْلَاء noir (nom propre El-Akhal). | مَكْحَلَة, pl. مَكَاحِل fusil.

كُدْيَة, pl. كُدًى colline, mamelon.

كَذَا ainsi. كَذَا وَكَذَا telle et telle chose. كَذَلِك ainsi. | هَكَذَا ainsi, de cette manière.

كَذَب f. I, mentir. II, traiter de mensonge, ne pas croire. | كَذِب mensonge.

كَرّ f. O, revenir sur ses pas. II, répéter. V (n. d'act. تَكَرُّر), se répéter. مَعَ تَكَرُّرِ خِطَابِهَا quoiqu'on l'ait demandée en mariage à plusieurs reprises.

كَرْب, pl. كُرُوب , كُرَب tristesse ; souci.

كُرْسِيّ, pl. كَرَاسِي chaise, siége, fauteuil. | كَرُّوسَة voiture, diligence.

كَرْش, fém. pl. كُرُوش ventre.

كُرَاع , pl. أَكْرُع pied, jambe.

كَرُم être noble, généreux. II, honorer quelqu'un. IV, être généreux, traiter avec générosité. V, se montrer généreux, accorder. | كَرَم générosité. | إِكْرَام action de traiter généreusement, vénération, bienfait. | كُرَمَاء , كِرَام pl. كَرِيم généreux, noble, bienfaisant, fécond. | مَكَارِم , pl. مُكَرَمَة action généreuse, noble.

كَرِه détester, haïr. IV, contraindre. | كُرْه répugnance. بِالكُرْه ou كَرْهًا de force, par contrainte. بِالكُرْه عَلَيْنَا malgré nous, à notre corps défendant.

كَرَى f. I, louer ; part. prés. كَارٍ locataire. IV, donner en location ; part. prés. مُكْرٍ pour مُكْرِيّ qui loue, bailleur ; part.

pas. أَكْتَرَى loué. VIII, مُكْرًى
louer une chose ; part. prés.
مُكْتَرٍ pour مكتري. | كِرَاء
location, loyer.

كَسَب f. I, posséder, gagner,
acquérir. | مَكْسُوب, pl. مَكَاسِيبُ
gain, revenus.

كَسَر f. I, casser, briser,
rompre. V, se casser, se briser.
VII, se casser, être cassé, vain-
cu. | كَسْر cassure, fracture. |
كَسْرَة fracture, déroute, défaite ;
pain, galette. انكسروا كسرة كلّيًا
ils ont essuyé une défaite complète.

كِسْكَاس couscous. | كِسْكْسُو
sorte de passoire pour faire
cuire à la vapeur le couscous.

كَسْلَان paresseux.

كَسَا f. O, vêtir, revêtir qq.
| كِسْوَة, pl. كِسَاء vêtement,
habillement.

كَشَف f. I, découvrir.

كَعْبَة, pl. كِعَاب cheville

du pied ; Ka'ba, temple de la
Mecque.

كَاغَد, pl. كَوَاغِد papier.

كَوّ f. O (n. d'act. كَوّ),
revenir, empêcher, repousser.
| كَاقِتَ totalité. | كَوّ paume
de la main.

كَفَر f. O, être ingrat, être
incrédule. | كُفْر ingratitude,
incrédulité. | كُفْرَة id. | كَافِر,
pl. كُفَّار et كَافِرُون infidèle, incré-
dule. | كَافُور camphre.

كَفَل f. O, se rendre garant,
caution de quelqu'un.

كَفَن f. O, envelopper dans
un linceul.

كَفَى f. I, suffire à quelqu'un ;
part. prés. كَافٍ suffisant. III,
كَافَى (n. d'act. مكافاة). récom-
penser, rémunérer. | كَفَايَت
ce qui suffit, suffisance.

كُلّ la totalité, tout, chacun.
كُلَّمَا toutes les fois que. كل ما
tout ce que. | كُلِّيّ général,

كَهَل f. O, être complet, parfait. IV, parfaire, achever. | كَمَل totalité, le tout. | كَمَال perfection. | كَمِيل entier, complet, parfait. | كامِل id. | أَكْمَل plus complet, plus parfait.

كَمُّونِي couleur de cumin; couleur pistache.

كِهانْدا commandant.

كانُون, pl. كَوانِينُ fourneau.

مَكْنُون caché, serré, gardé avec soin.

كَنْز, pl. كُنوز trésor.

كَنَس f. I, balayer.

كَهْف, pl. كُهوف، كِهَفة caverne, refuge.

كَهْل, pl. كُهول homme d'un âge mûr; homme fait.

كَوْكَب, pl. كَواكِب étoile, astre.

كان f. O, être. exister. وإنْ كانوا quand bien même ils seraient... كان placé immédiatement après un nom de métier

universel, complet. أَنْكَرَ إِنْكارًا il a opposé les dénégations les plus formelles. | كُلِّيًّا totalité, généralité. بِالْكُلِّية en entier, complétement.

كَلْب, pl. كِلاب chien. | مَكْلوب enragé.

كَلَّب II, charger de, imposer une tâche, déterminer; part. pass. الْمُكَلَّب بِالنَظَر. مُكَلَّب chargé de l'inspection, de la surveillance. V, se charger de, se mêler de ce qui ne regarde pas.

كَلَّم II, parler à quelqu'un. V, parler, dire qq. chose. | كَلِمة, pl. ات mot, parole. | كلام discours langage. | مُكالَمة entretien, conversation, échange de compliments.

كُلْوة, pl. كَلاوي rein.

كَمْ combien.

كَما comme, de même que.

كَمْشة poignée.

ou de fonction, correspond aux mots français *ex*, *autrefois*. خوجة كان ex-khoudja, autrefois khoudja. | كَوْن action d'être. مع كون d'autant plus que. لِكَوْن ومع كَوْنِهِ et bien que... vu que. | كائِن qui est, qui existe, situé. | مَكان, pl. أَمَاكِنُ lieu, endroit, place.

كَيْ que, afin que. | لِكَيْ id.

كَيِّس éveillé, intelligent, espiègle. | كيس, pl. اكياس bourse.

كَيْفَ comment.

كَيْل II, mesurer. | كَيَّال mesure de capacité. | كَيَّال mesureur.

## ل

لَ certes. | لِ (avec les pronoms affixes لَ) à, pour, en faveur de. | لِ (gouvernant le subjonctif) que..., afin que... (gouvernant le conditionnel) que *avec ordre*. (Dans ce cas, cette particule, précédée des conjonctions فَ ou وَ, peut prendre un djezm : فَلْيَعْلَمْ qu'il sache).

لا ne pas, non. Suivie du conditionnel, cette particule marque défense. لا تَفُلْ ne dis pas. | لا ...لا ni.., ni.

لا أَن ,لِ composé de لِ, أَن, لِئَلَّا afin que ne... pas.

لُبّ, pl. أَلْبَاب cœur, esprit.

لَبِيب, pl. أَلِبَّاء prudent, intelligent. |

لبث f. A, rester, s'éjourner. لم يَلْبَثْ أَن il ne tarda pas à.

لبس mettre un vêtement. IV, couvrir, vêtir quelqu'un.

لَجَأ f. A, se réfugier, chercher un refuge. IV, obliger, contraindre. أَلْجَانِي الضَرَرُ إِلَى

اعْلامِكم je me suis vu dans la nécessité de vous informer. VIII, الْتَجَأ se réfugier. | مَلْجَأ, pl. مَلاجِي asile, refuge.

تَلَجْلَج (n. d'act. تَلَجْلُج), répéter les mêmes mots, balbutier.

لَجَم II, brider. | لِجام, pl. لُجُم et ات bride.

أَلَحّ IV, insister, persister avec على de la personne.

لحِف atteindre, rejoindre. | إلْحَاف addition, annexe. | مُلْحَف annexé.

لَحْم viande, chair.

لِحْية barbe.

تَلَدَّد V, devenir tiède (eau). mettre de la lenteur à, apporter du retard. تلدّدوا اجمعهم في الكلام ils ont tous hésité dans leur déposition.

لَدُن chez, auprès de.

لَدى chez, devant, par de-vant, en présence.

لَدَيْنا une lettre de nous, venant de nous.

لِذاذ, pl. لُذّ et لَذيذ doux, agréable, suave, délicieux; compar. أَلَدّ. | لَذّة plaisir, volupté.

لـزِم être obligatoire, nécessaire. | لازِم obligatoire, nécessaire, il faut. IV, mettre en demeure, obliger. الزمني الفِراش il m'a mis dans la nécessité de garder le lit. مُلازِم الفِراش qui garde le lit.

لِسان, masc. et fém., plur. أَلْسِنة et أَلْسُن langue, langage. | على لِسانك de votre part, en votre nom.

لِصّ, pl. لُصوص voleur, brigand.

لصِف être collé. II et IV, coller.

لطُو f. O, être bon et bienveillant. لِطاف, pl. لطيف fin, délicat, bon, bienveillant.

لطيبة, pl. لطايو bien-
fait, faveur; douceurs. لطايو
les faveurs et التحيّة والإكرام
les grâces les plus agréables.

لعب jouer.

لَعَلّ peut-être que, il se
pourrait que, dans l'espoir que.

لَعَن f. A, maudire (dans
l'arabe parlé نعل ). لَعْنة
malédiction.

لغا f. O, parler. | لُغَة,
pl. ات mot, parole, langue.

لَقّ f. O, envelopper, rouler,
plier.

لَفَت f. I, tourner. V, se
retourner. VIII, id. (n. d'act.
الِتِفاتة) action de se retourner; attention.

لَفْظ, pl. ألْفاظ parole, mot,
expression.

لَقّب II, donner un surnom.
| لَقَب, pl. ألْقاب surnom.

لفط f. A, I, ramasser, cueil-
lir. | لَفْط cueillette.

لقَيْمة avaler. VIII, id. | لَفِم
bouchée.

لَفِي rencontrer, trouver.
III, لافَى aller à la rencontre
de. IV, ألْفَى jeter (n. d'act.
الِفاء). V, تَلَفَّى se rencontrer,
avec ب ; rencontrer, accueillir
qq. تَلَفَّيْتـه بأَحْسَن القُبول je lui
ai fait l'accueil le plus gracieux;
recueillir un témoignage. VI,
تَلافَى se rencontrer. | مُلافاة
rencontre, entrevue.

لَاكِنْ ou لَكِنْ et لاكِنْ mais.

لِكَيْ afin que.

لَمْ ne pas. | لِمَا et لِمَ (com-
posé de لِ et de ما) pourquoi?
لِمَا هذا منك comment se fait-
il que vous...? | لِمَاذا pour-
quoi...?

لَمّا après que, puisque.

لَمّ f. O, réunir, rassembler.

لَمَح f. A, voir, apercevoir;
briller (syn. لمع).

لَام f. O, blâmer. | مَلَام et مَلَامة blâme, reproche.

لَوْن, pl. أَلْوَان couleur, teint; espèce.

لَوَى f. I, rouler, tordre; faire un détour.

لَيْس n'être pas. لَيْسَ عَافِلًا ou لَيْسَ بِعَافِل il n'est pas intelligent.

لَاق f. I, convenir; part. prés. لَائِق convenable, qui convient, propre à.

لَيْل, pl. لَيَالِي nuit (nom d'unité لَيْلة). | لَيْلًا de nuit, pendant la nuit.

لَيِّن doux, tendre.

لَمَس f. I, O, toucher. VIII, الْتَمَس demander quelque ch. | الْتِمَاس recherche, demande.

لَهِب brûler avec flamme. | لَهَب flamme.

لَوْ si. | لَوْلَا si ce n'est pas que. وَلَوْ كَانَ فَاضِلًا serait-il un notable; quand bien même..., alors même que...

لَاح f. O, apparaître, lancer un regard, apercevoir. لَاحَتْ مِنْهُ الْتِفَاتَةٌ il vint à diriger ses regards vers. | لَوْح, pl. أَلْوَاح planche.

لَاذ f. O, chercher un refuge. | مَلَاذ citadelle, asile, abri.

## م

مَا | tant qu'il sera malade. | مَا أَحْسَنَ كَلَامَهُ combien! Que! que son langage est beau! | مَا بَيْنَ قَرَابة dans l'espace compris entre les gourbis et... |

مَا ce que... هَذَا مَا فَعَلَ voilà ce qu'il a fait. | مَا que? quoi? | مَا فَعَلَ qu'a-t-il-fait? | مَا ne... | مَا فَعَلَ pas. مَا فَعَلَ ذَلِكَ il n'a pas fait cela. | مَا tant que. مَا دَامَ مَرِيضًا tant que.

في ما مَضَى بَيْن pendant le temps qui s'est écoulé entre...

مِائَة et مِئَة cent.

مَؤُونَة vivres, subsistances, provisions.

مَتَع f. O, jouir de quelque ch. II, laisser jouir. V, jouir. | مَتَاع, pl. أَمْتِعَة ustensile, objet, effets.

مَتْن, pl. مُتُون texte.

مَتَى quand, dès que, lorsque.

مَثَل ressembler à, comparer. VIII, se conformer à, obéir. | مِثْل, pl. أَمْثَال ressemblance. | مِثْلَ مَا comme, de même que. مِثْلَهُم semblable à eux, comme eux. | مَثَل, pl. أَمْثَال sentence, proverbe, exemple.

مَجْد gloire, illustration. II, glorifier; part. prés. مُمَجِّد. | مَاجِد glorieux. | أَمْجَد très-glorieux.

مَجَانَة la Medjana (plaine).

مَجَّانًا gratis, gratuitement.

مَحَن f. A, éprouver. VIII, اِمْتَحَن soumettre quelq. à une épreuve, faire subir un examen à qq. (nom d'act. اِمْتِحَان), épreuve, examen.

مَدَّ f. O, étendre, allonger, tendre. IV, soutenir, protéger. أَمَدَّكَ اللهُ بِمَدَدِ الْهِدَايَةِ وَالتَّكْرِيمِ que Dieu, par un effet de sa protection, vous conduise dans la voie droite, et vous mène à la gloire... | مَادَّة, pl. مَوَادّ accroissement continuel. | مُدَّة temps, durée, espace de temps. | مَدَد secours, assistance.

مَدَح f. A, louer quelqu'un. | مَدَّاح qui loue, conteur de contes.

مَدِينَة, pl. مُدُن, مَدَائِن ville, cité.

مَرّ f. O, passer; part. prés. مَارّ. X, اِسْتَمَرَّ continuer, durer, persévérer (n. d'act. اِسْتِمْرَار),

continuité, durée, | مَرَّة fois, coup. | مُسْتَمِرّ continuant, ferme, constant, qui persiste.

مَرْأة et آمْرَأً et مَرْء homme. | آمْرَأة et femme.

مَرْجَة, pl. مُروج marais, prairie.

مَرْجان, corail.

مراح (vulg.), place au milieu du douar.

نَمرّد V, être rebelle, se révolter. | مَراد criquet.

مرض f. A, être malade. II, rendre malade. | مَرَض maladie. | مَرْضى ,pl. مُريض | malade.

مركانتي marchand, commerçant. مركانتيّة pl. مركانتي

مَارَى III, engager une dispute avec quelqu'un, être grossier.

مَرْيَم Marie, Meriem.

مَزح plaisanter. III, plaisanter réciproquement. | مُزاح plaisanterie.

مزف f. I, déchirer. II, id.

مَزيّة service, plaisir.

مَسّ f. O, toucher.

مَسَح f. A, essuyer.

تَنَسْخَر (سَخَر régt), se moquer.

مَسَك (n. d'act. مَسْك), saisir, prendre, détenir. IV, id. V (n. d'act. تَمَسَّك), se saisir, s'emparer de. إنّي مُتَمَسِّك بِحُرْمَةِ الدَّوْلَة je me mets sous la sauvegarde du respect qu'inspire le gouvernement (m.-à-m. m'accrochant au respect *qu'inspire* le gouvernement). | مِسْك musc. | أمْسَاك saisie, arrestation, détention. | مَاسِك et moins bien مُمَسِّك porteur, détenteur (d'une pièce).

مَسَاء soir, soirée.

مَشى f. I, marcher, aller. V, id. | مَاشٍ pour مَاشِيّ qui va, qui marche. | مَواشِي bestiaux, troupes.

مَضَى f. I, passer, s'écouler. | مَضَى فيها précédemment | مَضَى بين فيها id. | وفي الماضي pendant le temps qu'il s'est écoulé entre. | ماضٍ pour passé, écoulé. | العام الماضي l'an dernier. | مُضِيّ action de passer, expiration.

مَطَر, pl. أَمْطار pluie. | ماطِر pluvieux, qui donne de la pluie.

مَعَ avec, malgré. | مَعَ أَنَّ d'autant plus que. | مَعًا ensemble.

مَعْز, pl. مَعْزة nom d'unité, pl. معيز chèvre.

مَاعون, pl. مَواعين ustensile, vase.

مَكّة la Mecque. | مَكّيّ Mecquois.

مَكَث f. O (n. d'act. مُكْث), rester, séjourner.

مَكَر f. O, tromper, jouer un mauvais tour.

مَكْس, pl. أَمْكاس octroi, droit de marché.

مَكَّنَ II, établir (qq.), faire parvenir (une lettre), atteindre. باليوم الذي يُمَكِّنُكُمْ le jour que vous pourrez. IV, être possible. يُمْكِنُ il se peut, il est possible, peut-être. V, pouvoir faire, s'emparer de, être possible.

مَلَّ f. A, s'ennuyer, être dégoûté de.

مَلَأَ emplir, remplir; part. pass. مَمْلُوّ.

مِلاح, pl. مَليح bon, beau. | مَلاحة grâce, beauté, politesse. | مِلْح fém. et masc., sel.

مَلَكَ f. I, posséder, régner sur un pays. | مَلِك, pl. مُلوك roi, empereur. | مالِك pl. مُلَّاك propriétaire. | مُلْك, pl. أَمْلاك propriété, royauté, empire. ذو أملاك propriétaire. | مُلْكِيّة droit de propriété. | مالِكيّ Maléki (qui appartient à la secte de Malek). | مَمْلَكة empire, royaume.

مليون million.

ماسوستة catin, femme de mauvaises mœurs.

مَن qui..., quiconque..., qui? | مِن de..., parmi..., par..., à travers..., depuis. | مِمّا composé de مِن et de ما de ce que.

مَنّ f. O, être bienveillant, bon envers quelqu'un. | مَنّ bonté.

مُنْذُ سنينَ مُنْذُ depuis..., depuis plusieurs années.

مَناط Voy. ناط.

منع refuser, empêcher, s'opposer à. VIII, اِمْتَنَعَ se refuser de, s'opposer à. | مَنيع qui repousse, inaccessible, imprenable; comp. أمْنَعُ.

تَمَنّى V, désirer, souhaiter. | مُنْيَة pl. مُنى souhait, désir, vœu. | مَنِيّة pl. مَنايا sort, mort, trépas. | أمْنِيّة pl. أماني id. بلغتُ مآربي وكلّ j'ai atteint l'objet de mes منِيّة désirs et de mes vœux les plus ardents.

مَهّد (تَمْهيد nom d'act.), dompter, soumettre. | مَهْد pl. أمهاد berceau.

مَهَر pl. مُهور dot, argent donné par l'homme aux parents de la femme qu'il épouse, ou à elle-même. | مُهْر pl. أمْهار poulain.

مَهّل II, accorder un délai. IV, id. | مَهَل douceur, lenteur. | مُهْلَت id.; délai.

مَهْمَا dès que, aussitôt que, toutes les fois que.

مات عن f. O, mourir. ولدَين il est mort en laissant deux enfants pour héritiers. مَن ماتَ عن حقٍّ quiconque meurt laissant un droit. | مَوْت mort, trépas. | مَمات id. | مَيّت pl. ون mort (adjectif).

موس et plus régulièrement موسى pl. أمْواس et مَواسى

rasoir, couteau. | موسى Moïse,
Moussa. | موسي monsieur.

مال, pl. أموال bien, richesse,
troupeau. | رأس المال capital.

ماء, pl. مياة eau. ماء الزهر
eau de fleurs d'oranger.

ن

نبت f. O, pousser, germer,
croître. | نبات plante, poil,
barbe. | نبيتة soirée (vulg.).

نبح f. A, I, aboyer. | نبح,
نباح aboiement.

نبه f. I, s'éveiller être célèbre. II, نبه avertir, éveiller.
V, observer, remarquer, s'a-
percevoir de, s'éveiller. | تنبيه
avertissement. | نبيه célèbre,
connu, renommé.

نبي, pl. أنبياء prophète.

نتج et نتج f. I, mettre bas,
produire. IV (n. d'act. إنتاج),
produire, enfanter. | نتيجة,

ميّز II, distinguer, discerner;
calculer.

ميطرة mètre.

مال f. I, pencher, incliner, se
pencher. | ميل inclination.
ميله الى عدله sa partialité
envers son adel.

pl. نتائج conclusion, déduc-
tion, résultat, produit.

نشر f. I, O, disperser.

نجيب, pl. نجباء noble,
excellent, généreux.

نجح f. A, réussir.

نجار charpentier, menuisier.

نجز f. O, accomplir, exécuter, mener à bonne fin, ache-
ver. II, id. | منجز accompli,
achevé, parfait. أمرتك الأمر
المنجز je vous donne l'ordre
formel.

نجل, pl. نجال lignée, pos-
térité, descendance, fils. |
منجل, pl. مناجل faucille.

نَجَم et II, نَجَّم (vulgaire), pouvoir. | نَجْم, pl. نُجُوم étoile, astre.

نَجَا f. O, se délivrer, être sauvé. II, نَجَّى sauver qq., le délivrer du danger. | نَجَاة délivrance, salut.

نَحَا f. O, se rendre vers un lieu, vers qq. II, ôter, enlever, retirer. V, se retirer, s'écarter.

نَحْوَ prép., du côté de, vers, à, environ, à peu près. | نَحْو grammaire. | نَحْوِي grammairien. | نَاحِيَة, pl. نَوَاحِي côté, contrée.

نَخْل coll., pl. نَخَلَات, نَخْلَة palmier.

نَدَب f. O, appeler, se lamenter, pleurer un mort.

نَادِر, pl. نَوَادِر meule; aire pour battre le grain.

نَدِم f. A. se repentir.

نَدَا f. O, appeler qq. III, id. | نِدَاء appel, action d'appeler.

نَزَع f. I, ôter, enlever, retirer, dépouiller. | نَزَاعَة contestation. | نِزَاع id.

نَزَل f. I, descendre, camper. II, faire descendre, révéler. IV, id. | نُزُول action de descendre, de camper. | نَازِل campé. | نَازِلَة, pl. نَوَازِل affaire, événement. | مَنْزِل, pl. مَنَازِل lieu où l'on descend, endroit.

نَزِيه pur, vertueux.

نَسَب f. I, O, attribuer, rappeler sa généalogie. VIII, se dire de telle ou telle origine, rapporter son origine à... | نَسَب origine, lignage. | نِسْبَة id. | نَسِيب parent par alliance, allié, beau-fils. | مَنْسُوب attribué, qui vient de.

نَسَج tisser. | نَسَّاج tisseur.

نَسَخ f. A, copier. | نُسْخَة, pl. نُسَخ copie, exemplaire.

نَاسِك, pl. نُسَّاك pieux, dévot.

نَسْل, pl. أَنْسَال descendance.

تَنَسَّمَ V, respirer, exhaler un parfum. | نَسِيم zéphir, vent doux.

نَسِى f. A, oublier, négliger. | نِسَاء femmes.

نَشَأَ f. A, survenir, naître, grandir. نشأت العداوة l'inimitié provient, a pris naissance. IV, (n. d'act. إِنْشَاء), faire naître, créer, occasionner.

نَشَد f. O, s'enquérir auprès de, interroger.

نَشَر f. O, étendre. | نَشْر odeur en général, parfum, arome.

نَصّ, pl. نُصُوص teneur, texte.

نَصَب f. O, planter, fixer, arborer. VIII, se dresser, se lever, siéger ( nom d'action أَنْتِصَاب).| نَصِيب, pl. أَنْصِبَاء et أَنْصِبَة part, portion. نَصِيب un peu de... | مَنْصَب, pl. مَنَاصِب place, poste, fonctions, emploi.

نَصَت f. I, écouter (vulgaire صنت). | نُصْتَة silence.

نَصَح f. A, donner à qq. des avis, des conseils. | نَصِيح, pl. نُصَحَاء sincère, désintéressé. ami. | نُصْح pureté, sincérité. | نَصِيحَة, pl. نَصَايِح conseil, avis sincère.

نَصَر f. O, secourir, aider, accorder la victoire, protéger, assister, défendre. VIII أَنْتَصَر être secouru, aidé, protégé. | نَصْر secours, assistance, victoire. | نُصْرَة id. | نَاصِر, pl. أَنْصَار, نُصَّار, نَصْر aide, auxiliaire, défenseur, protecteur. | نَصْرَانِي, pl. نَصَارَى Chrétien.

نَصَو f. O, prendre la moitié. IV, أَنْصَو rendre justice, agir avec équité. | نِصْو, pl. أَنْصَاو moitié, milieu. | إِنْصَاو droiture, équité. | مُنْتَصَو milieu. مُنْتَصَو مُحَرّم vers le milieu du mois de

Moharrem. | نصافي moitié de mesure quelconque. نَحْوَ النصافي environ une demi mesure.

نضيد excellent; mis en tas.

نَضَّر II, faire prospérer (se dit de Dieu). | نضير brillant.

نطف f. I, parler, prononcer.

نظر f. O, voir, remarquer, regarder. IV (n. d'act. إنظار), faire attendre, fixer un délai. VIII, attendre. | نظر vue, regard, manière de voir, opinion, avis. كبير النظر directeur, chef. وَنَظَرُكَ أَوْسَع votre manière de voir est plus vaste; vous savez mieux que personne ce qu'il faut faire. وَالنَظَرُ لك et c'est à vous de voir ce qu'il faut faire, de décider. | ناظر qui voit, qui regarde, chargé de. الناظر في امور المسلمين chargé des affaires musulmanes.

نظم f. I, disposer en ordre. نَظَمَهُ و سلك خاصته il l'a mis au nombre de ses amis intimes, de ses favoris.

نعت désigner, décrire.

نعجة, pl. نعاج brebis.

نُعاس sommeil.

نعم être bon. IV, être bienveillant, avoir la bonté de, accorder qq. chose à qq. أنعمنا عليه إنعاما تاما nous lui accordons la faveur complète. | نعم cher; oui. نعم السيد cher monsieur. | نعم voilà (pour passer d'un sujet à un autre). | إنعام bienveillance. | نعمة bienfait, faveur, grâce. | منعم bienfaisant, bienfaiteur. | نعم combien est beau! (Le contraire est بئس combien est mauvais!) نعم ما رأيت quelle bonne idée tu as eue! بئس ما رأيت quelle mauvaise idée tu as eue!

نفخ f. A, souffler. | نافخ pl. نوافخ qui souffle, fourneau.

نَبَذَ être pénétrer. نَبُذَ être
exécuté. IV, faire exécuter,
rendre exécutoire. | تَنْبِيذ
exécution. | تَنْبِيذًا لِلْحُكْم en
exécution du jugement.

نَبَرٌ, pl. أَنْبَار individu. |
نَبْرَة fuite, tumulte, querelle.

نَفَّس, تنفّس V, respirer. | نَفْس
fém. pl. أَنْفُس et نُفُوس âme,
personne. بِنَفْسِهِ lui-même,
en personne.

نَافَقَ III, être hypocrite,
s'insurger, se soulever (vulg.).
نَفَقَة | pension alimentaire.
نِفَاق | insurrection, soulè-
vement. | مُنَافِق, pl. ون
hypocrite, trompeur, insurgé.

نَفَع f. A, être utile, avan-
tageux; ce qui peut servir à
qq., profiter à qq. | نَفْع utilité,
profit, gain, bénéfice. | أَنْفَع
très-utile, plus utile. | مَنْفَعَة
pl. مَنَافِع profit, avantage.
مَنَافِعه التَّابِعة لَهُ tous les avan-
tages qui en dépendent, qui
s'y rattachent.

نَفَى f. O et I (n. d'act. نَفْى),
chasser, expulser, bannir.
لِنَفْى التُّهَمة à cause de l'ab-
sence de tout soupçon. | إِنْتِفَاء
action d'être chassé, expulsé,
banni.

نَفَب f. O, trouer, percer. |
ضَرَبُوا نُقْبَة trou. نَقَبَتْ ils
firent un trou. —

نَفَد f. O, payer comptant.

نَفَذ sauver, délivrer.

نَفَص f. O, diminuer, baisser.
نَافِص | mauvais, défectueux,
imparfait, incomplet. أَفْعَال نَافِصة
actions mauvaises, honteuses.

نَفَل f. O, transporter; trans-
crire. II, id. VIII, être trans-
porté, transféré, se transporter.
اِنْتَفَل إِلَى رَحْمَة اللّٰه il est mort
(il s'en est allé dans le sein de
la miséricorde de Dieu). — |
إِنْتِفَال changement de domi-
cile, de séjour, émigration.

نفـم f. I, se venger de. VIII, id. | إنْتِقام vengeance.

نكَح f. A et I, se marier, prendre femme. III, marier, donner en mariage. | نِكاح remariage.

نكَر ,أنْكَر f. A, nier. IV, nier; part. prés. مُنْكِر (n. d'act إنْكَار), désaveu, dénégation, négation. أنْكَرَ إنْكَارًا كُلِّيًّا il opposa les dénégations les plus formelles. | مُنْكَر, pl. مَنَاكِير chose odieuse, action blâmable.

نَكَايَة dépit.

نَمَط, pl. نِماط manière, façon, forme.

نهَب f. O et A, piller, enlever, ravir, dépouiller. | نهْب, pl. نِهاب proie, butin; ce qui a été enlevé, pillé.

مِنْهاج chemin, voie.

نهَر f. A, éloigner, chasser. VIII, id. | نهْر, pl. أنْهار cours d'eau, fleuve. | نهار, pl.

نهارات et vulg. أنْهُر; نُهُر jour, journée. لَيْلًا وَنَهَارًا nuit et jour. | نَهَارًا pendant le jour, de jour.

نهْز agitation, action de repousser. النهز الباطني agitation secrète, silencieuse.

نهى f. O et نهى f. A, défendre qq. chose, interdire. نهاه عن المنكر il lui a défendu les choses honteuses. II, نهّى id. IV, faire parvenir, transmettre. الذي يُنْهَى إِلَيْكَ ce qui vous est transmis, ce que j'ai à vous faire savoir. VIII, arriver jusqu'à, parvenir, être fini. (N. d'act. انْتِهاء fin.)

ناب f. O, revenir à qq. Remplacer qq. مَا نَابَهَا ce qui lui revient. | نائِب remplaçant, substitut. | نَوْبَة tour, tour de rôle. | مَناب part, portion.

نَارٌ fém, pl. نيران feu. | نُورٌ, pl. أنْوار fleur. | نُوَّر,

lumière. | مُنَوَّر qui fait bril-
ler, resplendir. | مُنِير qui
brille, resplendissant.

أُناس et ناس gens, hommes.

ناط f. O, accrocher. Être
éloigné. | مَناط éloignement,
distance.

نال f. O, donner qq. chose
à qq. IV, faire atteindre, ob-
tenir, accorder, favoriser. |
مِنْوال manière, mode, façon.
في انتم المِنْوال dans l'état le
plus parfait. | نَوال présent,
grâce, faveur. عمّ بفضله ونواله

qu'il couvre de sa bonté et de
sa grâce...!

نام f. O, dormir. | نائِم dor-
mant, endormi. | نَوْم sommeil.
| مَنام lieu où l'on dort;
songe, rêve.

نَوَى f. I, avoir l'intention
de... | نِيَّة intention, vue,
projet, dessein. بنية الفصد à
dessein. بالنِّيَّة avec dévoue-
ment. كمل النِّيَّة.

نال f. I, A, obtenir, atteindre,
n. d'act. | نَيْل action d'obte-
nir profit, avantage.

ها voici, voilà. | هاني ou
ها أنّي voici que moi.

هَؤُلاءِ ceux-ci, ces.

هَبّ f. I, souffler.

وهب Voy. هِبَة.

هبط f. I, descendre.

هبل (vulg.), devenir fou. |

هبال folie. | مهبول, pl. مهابيل
fou.

هتك f. I, déchirer, dé-
voiler, divulguer. هتك حُرْمَتَهُ
il a porté atteinte à sa réputa-
tion.

هجر f. O, rompre avec qq.,
délaisser, abandonner. | هِجْرَة

éloignement, émigration. | الهِجْرَة l'hégire, c'est-à-dire la fuite du prophète Mahomet. Le Prophète, poursuivi par les Coréichites, fut obligé de quitter la Mecque et de se réfugier à Médine qui portait autrefois le nom de Yatreb (يثرب), et qui, à partir de cet évènement, prit celui de المدينة ou مدينة النبي. C'est de cette époque que date l'ère des Musulmans (jeudi 15 juillet 622).

هَجَم f. I, fondre sur, se précipiter sur, attaquer, avec على. | هُجوم attaque.

هَدّ f. O, démolir. II, menacer.

هَدَم f. I, démolir, détruire; part. pas. مَهْدوم | هَدَم. démolition, destruction.

هدى diriger, guider. IV, أَهْدَى adresser un salut, faire un cadeau (n. d'act. إِهْدَاء). | هَدِيَّة, pl. هدايا cadeau, présent. | هِدَايَة bonne direction, bonne voie.

هذا celui-ci.. هَذِه celle-ci. | هذا voilà (indique souvent dans les lettres la fin d'une phrase, d'un paragraphe et ne doit pas être traduit en français).

هَذَر f. I, O, parler, causer, bavarder.

هَرَب f. I, se sauver, s'enfuir. | هَارَب action de fuir. | هَارِب fuyant. | مَهْرَب fuite. | هِرَاب fuite, moyen de fuir, d'échapper à.

هَرَج f. A, être dans une grande irritation. | هَرْج tumulte, émeute, désordres, troubles. | ما انفطع الهَرْج l'agitation n'a pas cessé.

هرس piler. II, casser, briser. | مِهْرَاس pilon, mortier.

هَرَاوَة pl. هَرَاوَى, هِرَاوَة bâton, gourdin.

هَرْوَل ambler, marcher à l'amble (mulet).

هَزّ f. O, agiter.

آسْتَهْزَأَ X, se moquer de. |
هُزُوٌ plaisanterie.

هُزِيل maigre.

هَزَم f. I, mettre en fuite, en déroute l'ennemi dans un combat. VII, آنْهَزَمَ être mis en fuite, en déroute (armée). | إِنْهِزَام fuite, déroute, défaite.

هَضِم digérer. Oter à qq. une partie de ce qui lui est dû, le diminuer.

هَاطِل, pl. هَوَاطِل qui tombe en abondance, coup sur coup (pluie).

هَكَذَا ainsi.

هَلْ est-ce que ?

هَلَّ apparaître (nouv. lune). آسْتَهَلَّ id. | هِلَال, pl. أَهِلَّة et أَهَالِيل croissant, nouvelle lune.

هَلَكَ, f. I, A, périr, mourir. هَالِك défunt. | هَلَاك perte, destruction, mort.

هَمَّ f. O, penser, songer à qq. chose. Préoccuper qq. et lui causer des soucis. IV, préoccuper, rendre soucieux. | هَمّ, pl. هُمُوم peine, souci, chagrin. | هُمَام magnanime. | هِمَّة âme, cœur, grandeur d'âme, préoccupation, effort, portée d'esprit. | إِهْتِمَام inquiétude, souci.

هَمَز f. I, O, piquer, aiguillonner.

هَامِش, pl. هَوَامِش marge, bord.

هَمَل f. I, O, laisser paître à l'aventure. II, abandonner. IV, id. إِهْمَال abandon, état d'abandon. | مُهْمَل qui n'a pas de parent ou de tuteur.

هَمَى f. I, couler, verser, répandre. | هَامٍ pour هَامِي coulant, tombant.

هَنَأ f. A, I, souhaiter à qq. une bonne digestion. II, هَنَّأ féliciter, complimenter qq. | هَنَأ tranquillité. | هُنَا adv., ici. | هُنَاك et هُنَالِك là-bas.

هـوّد II, descendre. III, marchander.

هـوّل ,pl. أهوال accident, danger.

هان f. O, être léger, facile à faire. Être dédaigné. | هـيّـن léger, facile à faire.

هـوِيَ f. A, aimer qq.

هـوآء et هـوّة air, atmosphère.

هـيّأ II, préparer, apprêter.

هاب f. I, craindre. | هيبـة crainte, respect.

هـاج f. I, être agité.

هوايـش ,pl. هايشـة animal, bête.

هـام f. I, errer çà et là, être fou d'amour.

## و

و conjonction, et, aussi.

و (particule de serment) j'en jure par... وَٱللهِ par Dieu !

وبـاء peste.

وبّـخ II, réprimander, gronder.

وابـل pluie abondante.

وتـد ,pl. أوتَاد pieu, piquet de tente.

وثـق f. يَثِـقُ avoir confiance. IV, lier fortement, garroter. | ثِـقـة confiance. | وثيـقـة ,pl. وثايـق pacte, pièce, lettre. | موثـق ,pl. مواثـق pieu, piquet de tente. | ميثاق ,pl. مَوَاثيـقُ pacte, engagement.

وجب f. يَجِبُ être nécessaire, obligatoire. هذا ما وجب بـه الاعلام voilà ce que j'avais à vous faire savoir. ما يَجِبُ إعـراضُـهُ لدَى سِيادَتِكُم ce que j'ai à exposer, à faire savoir à votre Seigneurie. IV, rendre nécessaire. اوجب عليـه الشرع اثنـى عشر دورو la justice l'a condamné à payer 60 francs.

X, اسْتَوْجَبَ mériter, regarder comme nécessaire, obligatoire. | وَاجِب obligatoire, nécessaire. من الواجب عليّ mon devoir est de...; j'ai le devoir de... بالواجب شرعًا conformément aux prescriptions légales. | مُوجِب qui occasionne, cause, motif. مُوجِبُهُ ce qui a nécessité l'envoi de cette lettre. بالموجب conformément aux prescriptions légales.

وَجَد f. يَجِدُ trouver, rencontrer. | وجود découverte, existence. غاب عن الوجود il perdit connaissance. | وِجْدان existence. | مَوجود trouvé, qui se trouve.

وجيز succinct.

وَجِع f. يَجَعُ éprouver une douleur. V, plaindre qq. Se plaindre. | وَجَع, pl. أوجاع douleur. | وجيع douloureux.

وَجَم f. يَجِم...frapper au visage. II, envoyer, diriger. V, se diriger vers, aller vers, se rendre à. | وجه, pl. وُجُوه figure, face, surface, moyen, droit, forme, manière. وجه coup de feu. | عَلَى وَجْه بارود à titre de... | بِأَيّ وَجْه de quelque façon que. مِن كُلّ وَجْه de toutes les manières, sous tous les rapports. | لوجه الله pour l'amour de Dieu. مُرادهم على وَجْهَين ils ont eu un double but. | من وجوه pour plusieurs raisons. | لا وجه له و il n'a aucun droit dans, aucun titre pour. | بكلّ الوجوه sous tous les rapports, de toutes les façons. | جِهَة, pl. ات côté, partie. | نَوَجُّه action de se diriger vers, d'aller vers, de se rendre à. | وَجِيه distingué, très-considéré. | مُوَجَّه qui jouit de considération, d'autorité, honoré, respecté.

وَحَد f. يَحِدُ être seul, unique.

ودى f. يدي payer le prix du sang. | دِيَة, pl. ات prix du sang payé par le meurtrier.

وادي pour واد, pl. أوْدِيَة vallée, vallon, rivière.

وَرَآء derrière (prép.).

وَرِث f. يَرِث hériter. | إرْث id. | وِرْث héritage. | وَارِث, pl. وَرَثَة héritier. | مَوَاريث, pl. مِيراث héritage.

وَرَد f. يَرِد parvenir, arriver. II, faire boire les animaux. | وَارِد prochain. | وُرُود arrivée. | مَوْرِد, pl. مَوَارِد abreuvoir. | وَرْدِيان le mot français gardien, surveillant.

وَرْطَة danger, difficulté.

وَرَف collectif (unité وَرَفَة), pl. أوْرَاف feuille, lettre, note.

أوْرَاك, pl. وَرِك hanche.

وَرَّى (vulg.), faire voir. | وَرَى hommes, créatures.

---

وَحْد | وَاحِد un, seul, unique. | عَلَى كَلِمَةٍ وَاحِدة un, unique. d'un commun accord.

تَوَحَّش V, être ennuyé de ne pas voir quelqu'un, désirer le revoir. تَوَحَّشْتُكَ je désire ardemment vous revoir. | وَحْش tristesse, ennui. | وَحْش, pl. وحوش animal sauvage.

وَخَى f. يَنْخُو agiter, secouer. IV, id., frapper, se dépêcher.

وَخَم être indigeste (manger). II, corrompre. | وَخَمَة mauvais air, insalubrité.

وَدّ f. A, aimer, chérir. | amour, affection, attachement, ami. | وَدَاد amour, désir, vœu. | مَوَدَّة amour, amitié, affection, désir.

وَدَّر II, perdre.

وَدَع f. يَدَعُ poser, placer, laisser. II, faire ses adieux. IV, mettre en dépôt. | وَدِيعة, pl. وَدَايِع dépôt, objet confié.

وَزِير , pl. وُزَرَاء visir, ministre.

وَزَن . يَزِنُ f. peser. | وَزْن pl. أَوْزَان poids. | مِيزَان , pl. مَوَازِين balance.

وَسِخ . يَوْسَخُ f. être sale, malpropre. | وَسَخ , pl. أَوْسَاخ saleté, malpropreté, ordures.

وَسَط . يَسِطُ f. se trouver au milieu. V, تَوَسَّطَ s'interposer, intervenir. | وَسْط milieu. | وَسَط الدّار milieu. pl. أَوْسَاط , وَسَط cour. | وَاسِطة moyen, cause. بِوَاسِطة par l'intermédiaire de, par l'entremise de. | أَوَاسِط les dix jours médiaux.

وَسِع . يَسَعُ f. être spacieux, large, vaste. II, mettre au large, mettre à l'aise. | وَاسِع spacieux, ample, large; compar. أَوْسَع. وَنَظَرُكَ أَوْسَع votre manière de voir est plus vaste que la nôtre, c.-à-d. vous savez mieux que nous ce qu'il y a à faire. |

تَوْسِعة action de mettre à l'aise.

وَسَف . يَسِفُ f. charger un navire. | وَسْف chargement d'un navire.

وَسَّل II et V تَوَسَّل intercéder pour, demander à qq. d'intercéder. | تَوَسُّل intercession, intervention.

وَاسَى III (vulg.), faire.

وَشَم . يَشِمُ f. tatouer. | وَشْمة tatouage.

تْوَشْوَش être en désordre, dans l'embarras. صِرْتُ اتْوَشْوَشُ je me mis à me مَعَ نَفْسِي creuser l'esprit.

وَصَف . يَصِفُ f. décrire, dépeindre. | وَصْف description, signalement. | صِفة id., forme, apparence.

وَصَل . يَصِلُ f. arriver, parvenir. III, faire un présent à, faire arriver. وَأَصَلَهُ بِحَظِّهِ il le mit en possession de sa part. IV, أَوْصَلَ (n. d'act. إِيصَال), faire arriver, faire parvenir.

إيصال كل ذي حق بحقه donner droit à tous ceux qui sont dans leur droit. VIII, اتّصل parvenir, arriver, toucher à, dépendre de (n. d'act. ارادت الآتصال بحقها .(اتّصال). elle désire entrer en possession de ce qui lui revient. | وصول arrivée, réception. | توصيل reçu. | مواصلة attachement, alliance.

وصى f. يصي . joindre une chose à une autre. II, وصّى recommander qq. chose à qq., léguer par testament. IV, أوصى recommander qq. chose à qq. | وصايا et وصيّ pl. , وصيّة | recommandation, ordre, testament.

وضح f. يضح être manifeste, évident, clair. VIII, اتّضح s'éclaircir, devenir clair, évident. On rencontre souvent ce mot écrit التضح . | واضح clair, évident.

وضع f. يضع placer, poser, mettre. | واضع plaçant, posant. الواضع طابعه celui qui a apposé son sceau. | موضع , pl. مواضع endroit, lieu, place. | موضوع placé, posé, apposé.

وطى f. يطأ . وطى fouler aux pieds. | وطاء plaine.

وطن, pl. أوطان , وطن patrie, territoire, pays, contrée.

وظّف II, donner un emploi à qq.; nommer qq. | وظيفة et وظائف , pl. وظيف fonctions, charge, emploi. أصحاب الوظايف les employés, les fonctionnaires. | من أوّل توظّمي depuis le jour de ma nomination.

وعد f. يعد promettre. III, واعد promettre. | وعد , pl. وعود promesse. | وعدة , pl. ات promesse, vœu ; repas donné aux pauvres d'un marabout. | ميعاد rendez-vous.

وعر f. يعر être difficile. |

وَعِر et وَأعِر difficile, pénible. وَعْر endroit d'un accès difficile, montagne.

وَعَظ f. يَعِظُ exhorter à...

وَعَى f. يَعِي se souvenir, garder dans sa mémoire.

وَفَر f. يَفِرُ être abondant. II, rendre abondant; économiser. وَافِر abondant, nombreux, riche, opulent. حضرتك الوافرة votre seigneurie fortunée.

وَفَق f. يَفِقُ tomber juste. II, وَفَّقَ protéger, seconder, rendre apte, convenable, concilier, mettre d'accord. III (n. d'act. مُوَافقة et وِفاق), convenir, approuver, être d'accord avec. VIII, اِتَّفَقَ ; part. prés. مُتَّفِق convenir de, s'entendre, arriver, survenir. وِفْق conformité, ce qui convient à qq. أجراها الله على وُفْق مُرادك que Dieu leur donne le cours que vous désirez ! que Dieu les rende conformes à vos désirs !

وَفَى f. يَفِي وَفِي être fidèle à sa parole ; acquitter sa dette. II, payer intégralement. IV, أوْفَى satisfaire, accomplir, terminer. V, تُوُفِّيَ (passif), mourir. Avec عن mourir en laissant pour héritier. وَفاة, pl. ات décès, mort. وِفَاء fidélité à remplir une promesse, foi à garder sa parole, accomplissement de sa promesse. وافٍ pour وَافِيّ complet, parfait, abondant. مُوفٍ qui complète. يوم السبت الموفي samedi dernier. مُتَوَفَّى mort, décédé, défunt, feu.

وَقْت masc. et fém., pl. أوْقات temps, heure, moment. وَقْتَئِذٍ alors, à cette époque, à ce moment.

وَقَد f. يَقِدُ brûler (feu). IV, أوْقَدَ allumer le feu, mettre le feu (n. d'act. إيقاد).

وَقَع f. يَقَعُ tomber, arriver, avoir lieu. حين وَقَعَت الاغواط

lorsque Laghouat fut prise. IV (n. d'act. إيفاع), faire arriver, faire tomber, occasionner. V, attendre qq. chose, s'attendre à qq. ch. | وُفوع action de tomber, d'arriver, d'avoir lieu. | واقِع qui tombe, qui arrive, qui a lieu. | وَقْعَـت collision, rencontre des combattants.

وقف f. يَقِفُ se tenir debout, se présenter. II, constituer. IV, arrêter, faire arrêter. VI, se présenter ensemble. | واقِف se tenant debout, qui a eu lieu. | وُقوف action de se tenir debout, concours, coopération. | وقف, pl. أوقاف ouekf, donation pieuse, legs pieux fait à une mosquée, à un marabout, etc., dont on continue de jouir de l'usufruit. Voy. حبس.

وفى f. يفِي garder, conserver. II, id. VIII, آتّفى craindre (Dieu).

وكّـل II, donner pouvoir, constituer pour mandataire, charger qq. de qq. chose. | تَوكيل action de donner pouvoir, de charger qq. de qq. chose. | وكيل, pl. وُكَلاء mandataire chargé d'affaires, représentant, avocat, oukil. وكيل الدولت procureur de la république ou impérial ou royal (m.-à-m. du gouvernement). | إتّكال confiance, résignation.

ولد f. يَلِدُ engendrer, enfanter. V, naître, être occasionné. | وَلَد, pl. أولاد enfant, garçon, fils. | والِد père. | والدة mère. | الوالِدان le père et la mère, les parents.

ولّو II, habituer (Voy. ألو). III, والو s'habituer.

والم III (vulg.) convenir, être convenable. | وَليمت, pl. ولايم festin.

ولى f. يَلِي suivre. suit lui (ensuite). II, ولّى revenir, nommer, investir. IV, أوْلَى

investir, donner pouvoir, V, être nommé, investi. | وَالٍ pour وَالِي, pl. وُلاة gouverneur. | وِلَايَة, pl. ات pays, province, commandement, autorité. | وَلِيّ aide, protecteur, tuteur. | وَلِيَّة dame. | تَوْلِيَة investiture, nomination. | أَوْلَى digne de, convenable, apte à. | مَوْلًى, pl. مَوَالٍ et مَوَالِي maître, chef, seigneur, propriétaire, homme à. | مُوالٍ pour مُوالِي avoisinant, contigu. | مُتَوَلٍّ pour متولي chargé, préposé.

وَمَأ f. يَمَأُ faire signe, indiquer. IV, id. الهُوَّمَّى اليه comme المُشار اليه dont on a parlé plus haut, ci-dessus désigné (se rapporte presque toujours au cadi).

وَامِق qui aime, amoureux.

ونس (vulg.) pour أَنِس, aor. يُؤنِس distraire, récréer.

تَوَانَى VI, traîner en longueur, agir avec lenteur. | تَوَانٍ pour تَوَانِي, lenteurs, retards. الناس في غاية التواني les gens mettent la plus grande négligence.

وَهَب f. يَهَبُ donner, faire don. IV, préparer, disposer et tenir prêt qq. chose pour qq., avec لـ. | هِبَة, pl. ات don, donation. | وَهَّاب donneur, généreux. | الوَهَّابُ le donneur par excellence (Dieu).

وَهَم f. يَهِمُ se former une opinion, supposer. V, croire, penser, supposer. VIII, اتَّهَمَ id., soupçonner. | وَهْم, pl. أَوْهَام erreur, méprise, opinion, idée, conjecture.

وَهَن f. يَهِنُ être faible, ne pas pouvoir faire qq. chose.

وَيْحَكَ quel malheur! وَيْحٌ malheureux!

وَيْلَ malheur à.

ي

يَا ٥ (mot qui sert à appeler, à interpeller). يَا سيدي monsieur. يَا رَبِّ ou يَا رَبِّي ٥ mon Dieu.

يَبِسَ f. يَيْبَسُ sécher, se sécher. | يَابِس sec.

يَتِيم pl. أَيْتَام , يَتَامَى orphelin.

يَدٌ , يَدِيّ , أَيْدِ et أيادي pl. main. عَلَى يَدِ par l'intermédiaire de, par l'entremise de. بَيْنَ يَدَيْ (m.-à-m. entre les deux mains) devant, en présence de... (أَمْرُها بِيَدِها son affaire sera entre ses mains), elle sera maîtresse de sa personne, elle pourra se regarder comme répudiée. وَذلِكَ فِي يَدِهِ cela dépend de lui. بِيَدِ السَّيِّد بفلان remis entre les mains du sieur un tel.

أَيْسَرُ f. يُسْرَى qui est à gauche. | يُسْرَى main gauche. | يَسِيرًا peu nombreux. | يَسِير peu, en petite quantité. | يَاسِر facile (vulg.), beaucoup, en grande quantité.

بني يعلى les Beni Ia'la.

يَفِنَ f. يَيْفَنُ apprendre ou savoir une chose avec certitude, savoir de source certaine. IV, id. être certain de. أَيْفَنْتُ بالهلاك je crus ma perte certaine, assurée. | يَفِين connaissance certaine d'une chose. لِتَتَعَلَّمَ العِلْمَ اليَفِينَ soyez persuadé que.

أَيْمَنُ f. يُمْنَى qui est à droite. | يَمْنَتُ droite. | يَمِين à la droite de l'écrit, | serment.

يَنَار janvier.

يَهُودِيّ coll. juif. يَهُود juif.

يوطنا le mot français lieutenant.

اليَوْمَ | jour, tous les jours. |

aujourd'hui. | يَوْمَئِذ com-

posé de يـوم et de اذ, en ce

jour, alors.

يوماً من | jour. pl. أَيَّامُ, يَوْم

un certain jour. | ذاتَ | الآيّام

id. | وفي بعض الآيّام | id. يـوم

chaque | وفي كُلِّ يَوْمٍ ou كُلَّ يَوْمٍ

---

# ADDITIONS AU VOCABULAIRE

إمـام pl. أَئِـمَّـة imâm, pontife.

امانة pl. امايِنُ dépôt.

إبْهـام pouce.

ثنـاء louange.

مَشْوًى pl. مَشَاوِى demeure, habitation.

تحديـد délimitation.

www.ingramcontent.com/pod-product-compliance
Lightning Source LLC
LaVergne TN
LVHW020151030726
842520LV00003B/678

# MANUEL

# DE L'ARABISANT

# MANUEL DE L'ARABISANT

OU

# RECUEIL DE PIÈCES ARABES

(ADMINISTRATIVES, JUDICIAIRES, POLITIQUES, ETC.)

## DU CADRE ÉPISTOLAIRE

Une lettre se nomme en arabe : بَرَاةٌ (vulgairement بريّة) مَكْتوب — *pl.* كُتُب — كِتاب — *pl.* بَطائِف — بطاقة — *pl.* براوات أَجْوِبَة — *pl.* جَواب — وَرَقَة — مَكاتيبُ — *pl.* ) Ce dernier mot signifie proprement *réponse*.)

En tête d'une lettre on trouve quelquefois cette formule : بِسْمِ اللّٰهِ الرَّحْمَانِ الرَّحِيمِ *au nom de Dieu, le Clément, le Miséricordieux* ; mais, la plupart du temps, on rencontre la phrase : اَلْحَمْدُ لِلّٰهِ *louange à Dieu*, suivie presque toujours de quelque autre formule dans le genre de celles qui suivent :

وَحْدَهُ (الحمد لله) (Louange à Dieu) unique (*m.-à-m.* dans son unité).

سُبْحَانَهُ Que sa louange soit proclamée!

تَعَالَى Qu'il soit exalté!

وَبِهِ نَسْتَعِين C'est en lui que nous cherchons un secours.

وَكَفَى Et il suffit.

وَلَا مَعْبُودَ سِوَاهُ Il n'y a d'adorable que lui.

وَلَا رَبَّ غَيْرُهُ — وَلَا إِلَهَ إِلَّا هُوَ Il n'y a pas d'autre Dieu que lui.

وَهُوَ عَلَى كُلِّ شَىْءٍ قَدِير Il est puissant en toute chose.

وَإِلَيْهِ الْمَصِير C'est à lui qu'on retourne.

وَلَا يَدُومُ إِلَّا مُلْكُهُ — إِلَّا وَجْهُهُ — إِلَّا عِزُّهُ Il n'y a de durable que son empire; — que son visage; — que sa puissance.

وَلَا شَرِيكَ مَعَهُ Il n'a pas d'associé.

عَزَّ وَجَلَّ Qu'il soit glorifié et exalté!

حَقَّ حَمْدِهِ Autant qu'on doit le louer (dans le droit de sa louange).

وَعَلَيْهِ التَّوَكُّلُ — الْاِتِّكَالُ C'est en lui qu'il faut mettre sa confiance.

وَإِلَيْهِ يَرْجِعُ الْأَمْرُ كُلُّهُ C'est à lui que toutes les affaires retournent.

وَالْأَمْرُ كُلُّهُ لَهُ Toutes les affaires lui appartiennent.

وَلَا مُعِينَ سِوَاهُ Lui seul peut porter secours.

وَالْأَمْرُ يَوْمَئِذٍ لِلَّهِ Les affaires en ce jour appartiennent à Dieu.

جَلَّ جَلَالُهُ Que sa gloire soit proclamée!

جَلَّتْ عَظَمَتُهُ Que sa grandeur soit proclamée!

بِمَنِّهِ تَعَالَى وَحُسْنِ عَوْنِهِ — Par un effet de sa bonté, (qu'il soit exalté!) et de sa noble assistance.

صَلَّى ٱللّٰهُ عَلَى سَيِّدِنَا مُحَمَّدٍ وَعَلَى آلِهِ وَصَحْبِهِ وَسَلَّمَ — Que Dieu répande ses bénédictions sur notre seigneur Mohammed, sur sa famille, sur ses compagnons, et qu'il leur accorde le salut.

وَٱلصَّلَاةُ وَٱلسَّلَامُ عَلَى مَنْ لَا نَبِيَّ بَعْدَهُ — عَلَى عِبَادِهِ ٱلَّذِينَ ٱصْطَفَى — Que la bénédiction et le salut soient sur celui après lequel il n'y a plus de prophète; — sur les adorateurs qu'il a choisis.

مَنْ عَلَيْهِ تَوَكَّلَ كَفَاهُ — Il suffit à quiconque met sa confiance en lui.

Une lettre commence ordinairement par un des mots حَضْرَة présence, — ذَات personne, essence, — سَعَادَة fortune, bonheur, — جَنَاب côté, — مَقَام lieu, place, avec le sens de nos termes: altesse, excellence, grandeur, seigneurie, etc.; suivant la dignité ou la position de la personne à laquelle on écrit. Ces mots peuvent être précédés de la particule إِلَى à, vers, ou mis simplement au cas direct avec cette particule sous-entendue. Il n'est pas rare de rencontrer deux de ces mots à côté l'un de l'autre, comme par exemple : الى حضرة سعادة

Lorsque la personne qui écrit la lettre se considère comme étant d'un rang plus élevé que celui de la personne à laquelle elle écrit, elle se nomme tout d'abord et construit sa phrase à peu près de la manière suivante : من السيّد فلان الى السيد فلان de la part de M. un tel à M. un tel. Si, au contraire, la position de la personne à laquelle la lettre est adressée est supérieure à celle de l'auteur de la lettre, celui-ci ne se nomme qu'à la fin, et accompagne le nom du destinataire d'une foule d'épithètes,

tant adjectifs que participes et même substantifs pris métapho-
riquement. Ces expressions les plus employées sont :

## ADJECTIFS

أَدِيب Instruit, ayant de l'édu-
cation.

جَلِيل Illustre. Glorieux.

جَمِيل Beau. Bon.

جَيِّد Excellent.

حَبِيب Ami.

حَلِيم Doux.

رَشِيد Juste, qui suit la voie droite.

رَفِيع Élevé.

زَكِيّ Pur.

سَعِيد Heureux.

سَلِيم Sain et sauf.

سَلِّيّ Saint.

شَرِيف Noble.

صَدِيق Sincère.

ضَوِيّ Brillant.

طَيِّب Bon.

عَزِيز Puissant. Cher.

عَظِيم Magnifique.

عَلِيّ Élevé. Grand.

غَنِيّ Riche.

فَرِيد Unique, incomparable.

فَقِيه Jurisconsulte.

قَوِيّ Fort.

كَرِيم Généreux.

لَبِيب Intelligent.

لَطِيف Doux, agréable.

نَبِيه Célèbre, renommé.

نَزِيه Pur, exempt de désir.

نَعِيم Bienfaisant.

هُمَام Magnanime, héros.

وَجِيه Considérable.

وَلِيّ النِّعْمَة Auteur de bienfaits.

## PARTICIPES.

| | |
|---|---|
| مُبَجَّل Honoré. Honorable. | فَارِس Cavalier. Chevalier. |
| مُجَاهِد Combattant pour la cau- se de Dieu. | فَادِر Puissant. |
| مُحِبّ Aimant. Ami. | مُسْتَقِيم Droit. |
| مُحَبّ Aimé. Ami. | مُكَرَّم Honoré. Honorable. |
| مُحْتَرَم Vénéré. Vénérable. | واضِح Brillant. |
| مَحْفوظ Gardé. | وَاِب Complet. Abondant |
| مرضى Protégé. | تَالِي كِتَابُ ٱللّٰهِ Celui qui lit le Livre de Dieu. |
| صاِب Pur. | صَاحِب الفَضْل وَٱلْإِحْسَانِ Posses- seur de bonté et de bienveill. |
| عارِب Connaissant. Habile. | مُتَوَلِّي ٱلْأُمُور Chargé des affaires. |
| مُعَظَّم Respecté. Respectable. | |
| مُفَخَّم Glorieux. Considérable. | |

## SUPERLATIFS.

| | |
|---|---|
| ٱلْأَبَرّ Le très-pieux. | ٱلْأَرْفَع Le très-élevé. |
| ٱلْأَجَلّ Le très-considérable. | ٱلْأَزْكَى Le très-pur. |
| ٱلْأَجْمَل Le plus beau. Le très- beau. | الاسعد Le très-heureux. |
| ٱلْأَحَبّ Le plus aimé. Le très- cher. | الاشرب Le plus noble. |
| ٱلْأَرْشَد Le très-juste. Le très- orthodoxe. | الاشمل Le très-parfait. |

| | |
|---|---|
| الأصفى Le très-pur. | الامثل Le modèle. Le très-parfait. |
| الاضخم Le très-considérable. | الامجد Le très-glorieux. |
| الأعزّ Le très-puissant. Le très-cher. | الانفع Le très-utile. |
| الافضل Le très-bon. | الاوحد L'unique. L'incomparable. |
| الافبل Le très-gracieux. | الأودّ Le très-cher. Le très-aimé. |
| الاكرم Le très-généreux. | الأوفى Le très-parfait, Le très-complet. |
| الاكمل Le très-parfait. | |

## SUBSTANTIFS,

| | |
|---|---|
| حُسن Beauté. | معدن الجود Mine de générosité. |
| حِصن Citadelle. | نجم Étoile. Astre. |
| سيّد أقرانه Le chef de ses émules. | نور أهل زمانه Lumière de son époque. |
| مصباح الظلام Flambeau (lampe) des ténèbres. | قدوة الأنام Modèle des créatures. |
| فخـر Gloire. Honneur. | ملاذ Forteresse. Asile. |
| كهف Grotte. Refuge. | |

et autres métaphores hyperboliques que la pratique fera connaître.

Viennent souvent ensuite un grand nombre de verbes exprimant des souhaits de toute nature, des demandes de toute sorte. Les plus employés sont renfermés dans les phrases suivantes :

أَمَّنَكَ ٱللّٰهُ — Que Dieu vous protége !

أَيَّدَكَ ٱللّٰهُ — Que Dieu vous fortifie !

أَبْعَدَ ٱللّٰهُ عَنْكَ جَمِيعَ ٱلْأَشْرَارِ — Que Dieu éloigne de vous tous les maux !

أَبْقَاكَ ٱللّٰهُ — Que Dieu vous conserve !

بَارَكَ ٱللّٰهُ فِيكَ — Que Dieu vous bénisse !

بَلَّغَكَ ٱللّٰهُ مَقْصُودَكَ — Que Dieu vous fasse arriver à l'objet de votre désir !

أَتَمَّ ٱللّٰهُ نِعْمَتَهُ إِلَيْكَ — Que Dieu vous comble de bienfaits !

جَازَاكَ الله خَيْرًا — Que Dieu vous récompense par le bien !

أَحْسَنَ الله إِلَيْكَ — Que Dieu soit bienveillant envers vous !

حَفِظَكَ الله وَحَيَّاكَ — Que Dieu vous protége et vous garde !

أَخْلَدَ الله دَوْلَتَكَ — Que Dieu perpétue votre gouvernement !

دَامَ عِزُّكَ — Que dure votre puissance !

دَامَتْ لَكَ ٱلْمَعَالِي — Que durent pour vous les grandeurs !

دُمْتَ فِي خَيْرٍ — Puissiez-vous durer dans le bien !

أَدَامَ ٱللّٰهُ أَيَّامَكَ — Que Dieu fasse durer vos jours !

رَحِمَهُ الله — Que Dieu lui fasse miséricorde !

أَرْشَدَهُ الله — Que Dieu le dirige dans la voie droite !

رَعَاكَ الله — Que Dieu vous garde !

رَضِيَ ٱللّٰهُ عَنْهُ — Que Dieu soit satisfait de lui !

أَسْتَرَكَ ٱللّٰهُ — Que Dieu vous protége !

أَسْعَدَهُ الله فِي ٱلدَّارَيْنِ — Que Dieu le rende heureux dans les deux demeures ! (la vie présente et la vie future).

صَانَهُ ٱللّٰهُ — Que Dieu le garde !

أَصْلَحَ الله رَأْيَكَ — Que Dieu améliore votre jugement !

أَطَالَ الله بَقَاءَهُ — Que Dieu prolonge votre existence !

أَعَزَّهُ الله — Que Dieu le rende puissant !

أَعْطَاكَ الله مِنْ كُلِّ خَيْرٍ — Que Dieu vous accorde toute sorte de biens !

عَفَاكَ ٱللّٰهُ — Que Dieu vous pardonne !

أَعَانَهُ الله — Que Dieu l'assiste !

أَفَاضَ ٱللّٰهُ عَلَيْكَ سِجَالَ إِحْسَانِهِ — Que Dieu fasse déborder sur vous les flots (m.-à-m. *les seaux*) de ses bienfaits !

كَثَّرَ الله خَيْرَكَ — Que Dieu augmente votre bien !

أَكْرَمَهُ الله — Que Dieu le traite avec générosité !

كَانَ الله لَهُ — Que Dieu soit pour lui !

أَمَدَّهُ الله بِعَوْنِهِ — Que Dieu l'assiste et l'aide !

لَطُفَ ٱللّٰهُ بِهِ — Que Dieu soit bon envers lui !

أَنَالَكَ مُرَادَكَ — Qu'il vous fasse obtenir l'objet de vos souhaits !

فَنَجَّاكَ اللّٰه Que Dieu vous délivre !

نَصَرَهُ اللّٰه Que Dieu lui accorde la victoire !

أَنْعَمَ اللّٰهُ عَلَيْكَ Que Dieu vous comble de bienfaits !

وَقَّفَهُ اللّٰه بِمَنِّهِ وَسَدَّدَهُ Que Dieu le protége par sa bonté
et le dirige !

وَقَاكَ اللّٰه مِنْ كُلِّ مُصِيبَةٍ Que Dieu vous préserve de tout
accident !

Un chef appelle celui auquel il écrit وَلَدٌ *pl.* أَوْلَادٌ (enfant) ;
خَدِيمٌ *pl.* خُدَّامٌ (serviteur).

A-t-on besoin d'une affaire (أَمْرٌ *pl.* أُمُورٌ), on se sert du
verbe اِحْتَاجَ (il a eu besoin) ; الْمُحْتَاج est la chose dont on a
besoin. Les mots : الْمُرَادُ (la chose désirée) ; الْمَطْلُوبُ (la chose
demandée) ; الْمَرْجُو (la chose espérée) ; الْمَقْصُودُ (la chose propo-
sée), sont souvent employés pour prier quelqu'un de faire quelque chose. Ainsi les phrases : الْمُرَادُ مِنْكَ أَنْ — الْمَطْلُوبُ
مِنْكَ أَنْ peuvent être traduites par : *Ce que je vous demande*
*c'est de....,* ou *je vous prie de...,* ou encore *j'ai l'honneur de*
*vous prier de....* La locution الْمَعْرُوض عَلَى (la chose exposée à...)
signifie : *Ce que j'ai l'honneur de vous faire savoir.*

Désire-t-on qu'une chose soit faite sans faute ou promptement,
on emploie les expressions : اِفْعَلْ ذَلِكَ بِلَا فَرْطٍ *Faites cela sans*
*négligence.* — إِيَّاكَ وَالْفَرْطَ *Gardez-vous d'être négligent.* —
اِفْعَلْ ذَلِكَ بِلَا تَرَاخٍ (1) وَلَا غَفْلَةٍ *Faites cela sans y mettre de la*

---

(1) تَرَاخٍ est le nom d'action de la 6ᵉ forme du verbe défectueux رخى

*nonchalance ou de la négligence.* — مِنْ غَيْرِ نُقْصَانٍ *sans dimi-
nution.* — لَا بُدَّ أَنْ تَفْعَلَ ذَلِكَ — بِلَا تَقْصِير *sans faute.* —
*Il faut absolument que vous fassiez cela* (m.-à-m. : *pas de dis-
pense que....* ). — لَا يُمَسّكُ فِي ذَلِكَ تَرَاخٍ *Vous ne mettrez
aucune négligence à faire cela.* — بِٱلِٱسْتِعْجَالِ — ٱفْعَلْ ذَلِكَ فُورًا —
*Faites cela sur-* فِي الفور — عَزمًا — حَالًا — سَرِيعًا — بِسُرْعَةٍ —
*le-champ — à l'instant — promptement.* — لَا تُفَصّر فِي ذَلِكَ
— لَا تُفَرّطْ فِي ذَلِكَ *Ne mettez aucune négligence à faire cela.*
—

Pour passer d'un sujet à un autre, des compliments à l'objet
de la lettre, etc., on se sert des expressions وَبَعْدُ (et ensuite);
وَبَعْدَ ذَلِكَ (et après cela) ; (1) يَلِيهِ (suit cela) ; وَثَانِيًا (et se-
condement); أَمَّا بَعْدُ ( quant à après ), qu'il n'est pas nécessaire de rendre en français.

Les formules de salutations et de compliments que l'on rencontre le plus ordinairement au commencement des lettres, sont
les suivantes :

حَفِظَ ٱللَّهُ تَعَالَى بِمَنّهِ وَكَرَمِهِ وَعَمَّ *Que Dieu (qu'il soit exalté !), par
un effet de sa bonté et de sa
بِجَمِيلِ سِتْرِهِ وَإِحْسَانِهِ ذَاتَ génerosité, conserve et couvre
de sa noble protection, la Sei-
ٱلْمُعَظَّمِ... gneurie de l'honorable....*

حَضْرَةَ الْمُعَظَّم الاربع الهُمَام الانبع *A la Seigneurie de l'honorable, du*

---

(1) يَلِيهِ est composé du pronom affixe ه et de يَلِي verbe à l'aoriste
ind. 3ᵉ pers. masc. sing. 1ʳᵉ forme, racine assimilée وَلِي

الْكَهْف الامنع الفارِس الاشجع ...

très-élevé, le magnanime, le très-utile, la forteresse imprenable, le chevalier très-courageux....

حضرة المعظّم الافخم ولِّي الخيرات والنعم ...

A la Seigneurie de l'honorable, du très-glorieux, l'auteur des bienfaits et des faveurs....

مُحِبّنا الفاضِل الزكيّ الاشمل المرعي المبجّل ...

A notre ami, l'excellent, le pur, le très-parfait, le protégé, le respectable....

مُحِبّنا واعزّ ما لدَيْنا ومُحلّ اعْتِمادِنا ومَنْ عَليهِ وعلى الله اعْتِمادُنا ...

A notre ami, à celui qui nous est le plus cher, dans lequel nous avons foi et mettons notre confiance, après l'avoir mise en Dieu....

أَسْعَدَ ٱللَّهُ وَأَرْشَدَ أَحْوَالَ ٱلْمُعَظَّمِ ...

Que Dieu comble de bonheur et dirige la situation de l'honorable....

الى ٱبْنِنا وقُرّةِ عَيْنِنا وثَمرةِ فُؤَادِنا

A notre fils, l'objet de notre joie (1), le fruit de nos entrailles....

الفقيه النبيه النحويّ الوجيه الرفيع النزيه سيّد افرانِهِ ومِفْتاح أَهْل زمانه المحترم ...

Au jurisconsulte célèbre, au grammairien distingué, à l'élevé, le pur, le chef de ses émules, la clef des hommes de son siècle, le vénérable....

إلَى ٱلْحَبِيب الوافِي * ذي القلب الصافي * صديقي مِثل اخي *

A l'ami parfait, qui possède un cœur pur; à celui que j'aime comme un frère; lui qui est exempt d'envie, et qui est plein

---

(1) Mot à-mot : *la fraîcheur de notre œil.*

الذي هو من الحسد سليم * ومع الفُقَرآء حليم * أَعْنِي بذلك...

de douceur pour les malheureux. Je veux désigner par là....

الى مَن آسْمُهُ سليم * وقلبه حليم * وبِعْلُه كريم * ورايه مُستقيم * وشانه عظيم * البعظم...

A celui dont le nom est exempt de toute souillure, le cœur doux, les actes généreux, le jugement droit, la position brillante, à l'honorable....

آلسَّلَامُ عَلَيْكَ وَرَحْمَةُ آللهِ وَبَرَكَتُهُ ورضوانُهُ وتحيّاتُه وبعد كيبو أَنْتَ وكيبو هي احوالك المرضيّة (1) اجراها الله على وفْق مُرَادِكَ...

Que le salut soit sur vous, ainsi que la miséricorde de Dieu, sa bénédiction, ses faveurs et ses grâces ! Comment allez-vous ? Quel est l'état de votre chère santé ? Puisse Dieu la maintenir dans l'état que vous désirez !

السَّلَام عليْكَ وعلى مَن شَمِلَتْهُ حَضْرَتُكَ (حَوَتْه حضرتك) مِن أَهْلٍ وأَخْوَانٍ وأَحْبَابٍ

Que le salut soit sur vous, ainsi que sur tous ceux qui vous touchent, épouse, frères et amis !

السَّلَامُ عَلَيْكَ وَرَحْمَةُ آللهِ تَعُمّكَ وتَعُمّ جَمِيعَ مَن تَعَلّقَ بِكَ وآنْتَهى إِلَيْكَ وَلَاذَ بِكَ وَانْتَسَبَ إِلَيْكَ

Que le salut soit sur vous! Que la miséricorde divine vous couvre, ainsi que tous ceux qui vous sont attachés, ont des rapports avec vous, cherchent auprès de vous un abri, et vous touchent par la parenté.

السُّؤَالُ الكثيرُ مِنّا عَنْكَ وعنْ كُلّيَّتِ

Nous prenons de longues infor-

---

(1) المرضيّة signifie proprement *la bien agréée* (par Dieu), c.-à-d. *Puisse Dieu la bien agréer !*

أَحْوَالِكَ الْمَرْضِيَّةِ جَعَلَكَ اللهُ دَائِمًا بِخَيْرٍ وَعَافِيَةٍ

mations sur vous et sur votre chère santé. Que Dieu vous conserve toujours dans le bien et la tranquillité !

إِنْ كُنْتَ بِخَيْرٍ فَنَحْنُ كَذَلِكَ وَلَا نَسْأَلُ إِلَّا عَنْ أَحْوَالِكَ الَّتِي هِيَ غَايَةُ الْمُنَا وَالْمُرَادِ

Si vous êtes dans le bien, il en est de même de nous. Nous ne nous préoccupons que de l'état de votre santé qui fait l'objet de nos vœux et de nos souhaits.

إِنْ تَفَضَّلْتَ وَتَكَرَّمْتَ عَلَيَّ بِالسُّؤَالِ فَأَنَا عَلَى مَا يُرْضِيكَ صِحَّةً وَسَلَامَةً وَلَا يَخُصُّنِي إِلَّا الْإِجْتِمَاعُ مَعَكَ فِي أَبْرَكِ الْأَوْقَاتِ

Si vous avez la bonté et la générosité de vous informer de moi, je vous dirai que je suis dans l'état de santé et de bien-être qui peut vous satisfaire. Il ne me manque qu'une chose : c'est d'être réuni à vous dans le moment le plus heureux.

Les lettres arabes sont souvent écrites en prose rimée ; elles offrent alors des difficultés qui nécessitent l'étude sérieuse de la grammaire et des écrivains musulmans. Nous en donnons quelques spécimens dans la 4e partie de cet ouvrage (*Compliments*).

Il n'est pas rare de rencontrer dans le corps d'une lettre des mots français mis en arabe ; mais la plupart du temps ils sont tellement dénaturés que le lecteur inexpérimenté ne peut les reconnaître et se trouve arrêté court. Voici ceux que l'on trouve le plus fréquemment :

| | | | |
|---|---|---|---|
| جـوان | adjoint. | كوليج | collége. |
| بـيرو | bureau. | كرونـيل | colonel. |
| سنـطيمة | centime. | كماندات | commandant. |
| شيبو ou شاو | chef. | كوميسيون | commission. |
| سبيل ou سيبيل | civil. | كومو ou كومون | commune. |

| | | | |
|---|---|---|---|
| كونـبانيـة | compagnie. | ميطرة | mètre. |
| كونسيل ذي قير | cons. de guerre. | موسي ou موسيو | monsieur. |
| كور داسيـز | cour d'assises. | نوطير | notaire. |
| ديركتـور | directeur. | نمرو | numéro. |
| ديبيـزيون | division. | فسيان | officier. |
| دومين ou دومينو | domaine. | باس بورط | passe-port. |
| فاميليـة | famille. | بلان | plan. |
| فالطـة | faute. | بريفي | préfet. |
| فرانك | franc. | بوليصية | police. |
| قرصون | garçon. | بوشطة | poste. |
| فارد شنبيط | garde champêt. | بريزيدان | président. |
| قراد | grade. | بروكرور | procureur. |
| هكطار | hectare. | رابور | rapport. |
| سبيطار | hôpital. | رطريط | retraite. |
| جوج ذي پي | juge de paix. | سربيس | service. |
| ليوطـنا | lieutenant. | بيلاج | village. |

La date est ordinairement mise à la fin de la lettre. Voici la formule habituelle :

كُتِـبَ بِتَأرِيخ يَوْم آلأَرْبعآء السادِس من شهر مُحَرَّم فاتِح شُهُور عام ١٢٩٣ الف ومايتَيْنِ وثلاثة وتِسْعين من هِجْرَتِه عليْه الصَّلاة والسَّلام المُوَافِق للثَّاني مِنْ شَهْر فبريري سنة ١٨٧٦ المسيحية

Écrit à la date du mercredi, 6 moharrem, 1er mois de l'année 1293 après l'hégire du Prophète ( que la bénédiction et le salut soient sur lui ! ), correspondant au 2 février 1876.

Les mois arabes sont :

| Chez le peuple : | | Dans les écrits : |
|---|---|---|
| عاشورا | 1ᵉʳ | مُحَرَّم |
| شايع عاشورا | 2e | صَفَر |
| الـمـولـود | 3e | رَبيعُ الأوّل |
| شايع المولود | 4e | رَبيعُ الثَّاني |
| جماد الاول | 5e | جُمَادَى الأُولَى |
| جماد الثاني | 6e | جُمَادَى الثَّانِيَة |
| رجب | 7e | رَجَب |
| شعبان | 8e | شَعْبَان |
| رمضان | 9e | رَمَضَان |
| عيد الفطور ـ العيد الصغير ـ شوال | 10e | شَوَّال |
| بين الاعياد ـ الجلب | 11e | ذو القَعْدَة |
| العيد الاضحى ـ العيد الكبير | 12e | ذو الحِجَّة |

Le mois مُحَرَّم est souvent suivi de l'épithète (1) الحَرَام ( *le sacré* ) ; — le mois صَفَر du mot الخير ; — le mois رَجَب des mots الاصبّ ( *l'unique* ), ou الاصمّ et souvent, par corruption, البَرُد ( *le sourd* ).

Les dix premiers jours ou la première décade d'un mois s'appellent أَوَائِل ; les dix jours médiaux أَوَاسِط ; les dix derniers jours أَوَاخِر . Le commencement du mois se nomme غُرّة et la fin سَلْخ .

----

(1) Les mois sacrés الأشهُر الحُرُم étaient : *Moharrem, Redjeb, Doulkéda* et *Doulhidja*.

Les mois français sont souvent mis en arabe ; voici comment ils sont écrits :

| | |
|---|---|
| Janvier. جانفي — ينار | Juillet. جويليت — يليو |
| Février. فيبريري — فورار | Août. اوط — غشط |
| Mars. مارس — مغرس | Septembre. ستنبر |
| Avril. ابريل — ابريل | Octobre. اكتوبر |
| Mai. مايو | Novembre. نوَنبر |
| Juin. جوان — ينيو | Décembre. دجنبر — دصنبر |

Les jours de la semaine sont :

| | |
|---|---|
| Dimanche. يوم الأَحَد | Jeudi. يوم الخَميس |
| Lundi. يوم الاثنين | Vendredi. يوم الجُمعَة |
| Mardi. يوم الثَّلاثاء | Samedi. يوم السَّبت |
| Mercredi. يوم الأربعاء | |

Le post-scriptum d'une lettre se nomme : إلحاف خَير *adjonction de bien,* — تَتِمَّةُ خَير — مُلحَقُ خَير *complément de bien.*

L'adresse (عُلوان et عُنوان) se formule ainsi :

تَصِلُ إن شا اللهُ بِيَد البُعَظَّم الأَرفَع السَّيِّد فُلان *Elle (cette lettre) arrivera, s'il plaît à Dieu, entre les mains de l'honorable, le très-élevé, Monsieur un tel.*

ou : بأَنامِل السَّيِّد فُلان *Entre les doigts de Monsieur un tel.*

ou : يَتَوَلَّى نَشْرَطِيهَا السَّيِّدُ فُلان *Monsieur un tel sera chargé de déplier cette lettre (m.-à-m.: de l'action de déplier son pli).*

# PREMIÈRE PARTIE

## PIÈCES DIVERSES

### I.

الحمد لله     وحده

الى الشيخ فلان السّلام عليك يليه إنّنا سمعنا أنّك ارسلتَ الى

بني يعلى وقلتَ لهم إنّكم تكونون حِفْظًا على دار سيدي علي ولا

يهدمها شيءٌ وما زلتُ مُتّهِمًا مع ٱلكُبّار وعند رجوعنا من هذا السّفر

نُعافبك اشدَّ ٱلعقوبة وٱلسّــلام

### II.

الشيخ محمّد بن دحمان السّلام عليك ولِمَا ذا هذا منك عرضتَ

نفسك للعناية على احمد وهو جاسوس الكُبّار ويستحِقُّ القتل

شرعًا فإنْ رجعت للتكلُّب بها ليس من شأنك (1) سجنّاك

وانّك تسمع لكلام الجَوَاسيس والسّــلام

(1) Si vous vous mêlez une autre fois de ce qui ne vous regarde pas.

## III.

في اليوم الثالث من شهر غشط عام ١٨٧١

الى حضرة المحترم السيد وكيل الدولة السّلام التّام عليك وبعد فإنّ

سي حسن بن سي عبد الرحمان المحبوس في دَيْن سي مصطفى قد دفع

ما عليه (1) لغريمة المذكور والمراد ان تأمُر بإخراجه من السّجن

والسلام وكُتِبَ بإذن الشّيخ القاضي الواضع خاتمه وخطّه فيه حُرّر في

التاريخ المذكور اعـلاه

## IV.

من الشيخ القاضي وفّقه الله الى موسي ولان النّطير في بـونة (2)

بعد السلام عليك حينَ يسلك مُصطفى ابو خروبة من دَيْن موشي

إنّ وصل ثمن بعد ذلك وبأْبِفِه (3) تحْتَ يدك ولا تدفع له شيئًا

لا قليلًا وَلا كثيرًا والسلام وكُتِبَ في ٢٢ اكتوبر من سنة ١٨٥٦

## V.

الحمد لله ــ ــ السيد فايد الدار في بونة فإنّ حسن العجمي له مطالبة

مع زوجة آبن عافية وطلبـها لتقدم معه لمجلس الحكم وامتَنعت

بارسل لها العون اوّلًا وثانيًا وثالثًا وامتنعت وذكر لزوجها ذلك

<hr>

(1) Il a remis ce qui (était) sur lui, à sa charge, c.-à-d. s'est acquitté.

(2) Bône, l'ancienne Hippone, appelée encore en arabe عنّابة

(3) Impér. 2° p. m. sing. IV° forme, rac. بقى

فاجابه انه لا مدخل له في هذه النازلة واخبرتك لترسل لها حتى تاتي

مع خصمها ومَن له حق يتّصل (1) به كتبها محمد فاضي بونة

## VI.

الى السيد فلان دامت حياته وكثرت خيراته السلام عليك مع السؤال

عنك فموجبه ان علي بن بوزيان له زوجة في قسنطينة (2) ورام

القدوم اليها في البابور لينزل في سكيكدة (3) وهو رجل فقير لا يقدر على

خلاص ثمن كراء البابور طلبت من فضلك ركوبه في البابور مجّانًا

لانه رجل فقير ثابت فقره (4) ولك الاجر ان شاء الله من الملك

العزيز الوهاب أُرّخَت في ٢ ينيه من عام ١٨٤٨ وكتبها مقام ابنك محمد

## VII.

عن اذن السيد حسن فاضي الحنفية ببلد الجزاير (5) في التاريخ

ايّده الله الواضع طابعه يمنته ادام الله مسرّته الى حضرة المعظّم المحترم

موسيو فلان الناظر في امور المسلمين بعد السلام عليك بالمطلوب من

فضلك تشفيع المكرّم الحاج عمر ابن الحاج ابراهيم عن السفر الى

ان يوصّل دعوته مع زوجه بالمجلس العلمي والسلام عايد عليك ممّن

كُتِبَ عن اذنه في ٣٠ محرّم سنة ١٢٦٥

(1) VIII⁰ forme. Rac. وصل .  (2) Constantine.
(3) سكيكدة Philippeville.
(4) Étant constatée sa pauvreté, c.-à-d. dont la pauvreté est notoire.
(5) Alger.

## VIII.

الى السيد وكيل الدولة وبعدُ والذي يُنهَى الى سيادتكم أنّ الحاملَين وهما عمر بن احمد ومحمد بن مسعود قدما الينا وذكرا ان صهر الاول عمر بن عبيرة وابن عمّ الثاني علي بن عبيور المحبوسَين بحبس السبيل قد عزما على توكيلهما على امورهما واحتاجا الى الدخول اليهما صُحْبَةَ الفاضي اونائبه وعدلَيه لذلك وطلبا منا إخباركم بذلك ها نحن عرّفناكم بمقصودهما والمراد مُساعدتهما ان كان ذلك يمكن والسّلام

## IX.

المعظم السيد فلان حاكم بيرو عرب سبيل بوهران (1) وبعد وان آبَن ثابت بن البشير الساكن في المدينة الجديدة أوجب عليه الشرع اثني عشر دورو يوديها للسنوسي ولد سعد البرجي من فيمة الفرس الذي كان اشتراه منه مُنْذُ عامَين وبيده وثيقة تفتضي ذاك والسّلام كُتِبَ في ٢ من صفر عام ١٢٧٥ عن اذن الفقير السيد محمد بن الفايد فاضي وهران في التاريخ وقفه الله امين

## X.

الى السيد وكيل الدولة ببلاد فسنطينة السلام التّام وبعد وان سي حمدان بن علي خوجة اتى الينا ذاكرًا ان له خصومةً مع محمد بن

(1) Oran.

الحاج المحبوس بحبس الكدية (1) خارج قسنطينة وطلب وصلها
فبـل ان ينتقـل من المحـلّ المذكور والمرغوب منـكم ان تامـروا
بحضوره لدينا باليـوم الذي يُمَكِّنكم ويكـون ذلك صباحا من
الساعة الثمانية الى العشرة والسلام

## XI.

الى حضرة السيد الجنرال فلان السلام عليك وبعـــد وبالعروض على
سمعك انّ جلّ الطرُف بعرشنا فد افسدها المطر الوابل وهذا وفت
خدمتها لكون اناس اعراشـنا فارغين من أشغالهم ﭬ هذا الاوان
وفبل دخول زمان الحـرّ لإنّ خدمة الطرف مصالحة لعامّة الناس
وبـها كان اخبرتك به والنظر السّديد لك والسلام من المكتوب عن
اذنـه السيد محمد الطاهر

## XII.

حضرة المعظم المحترم موسي فلان بالجزاير بـعد السلام الكثير منا
عليك ونعلمك بـفدوم السيد الحاج مُحمد بن الحاج شعبان من
نواحي المدينة (2) ومجاور بـها مدة طويلة يطلب من فضلك ان
تعطيه نصيبا مثل اهل المكّة (3) والمدينة لانّه رجل فقير لا يَجدُ
ما ينبغي على نفسه ولك الاجر والثواب والسلام ممّن كتبت عن

---

اذنه الواضع طابعه فيه وهو السيد مصطفى مفتي المالكيّة بالجزائر

وفّقه الله ءامين

## XIII.

الى حضرة السّيد وكيل الدّولة ببلد قسنطينة السلام التام وبعد فانّا

وجّهنا اليكم الدفاتر لوضع خطّ اليد فيها على العادة مع الجداول

الثلاثة التي احدها فيه ما وقع من الرسوم في شهر اوت والثاني فيه

ما تَحَصَّلَ لبيت المال من المنبع والثالث فيه الامانين المدفوعة

لصندوق بيت المال ونخبركم بانه لا شيْ تحت يدنا من دراهم

الترايك والسلام

## XIV.

عن اذن الشيخ الإمام قاضي الجزائر في التاريخ وهو السّيد فدور

وفّقه الله وسدّده الى حضرة وكيل الدولة بعد السّلام عليك بالمعروض

على مسامعك فيه خَيِّرًا ان شآء الله تعالى وانه وفي لدينا الشّاب

علّال ابن عمر شاكيا ان له اختا صغيرة بكْرًا هربت من دارها

واخذها معه حمّود الحنفي الي جئته بخصص بوزريّعة أُريد من كريم

فضلك ان تبعث مَن يأْت بها بالليل قبل النهار والسلام

## XV.

طابعنا السعيد المبارك المفيد بيد ماسكه الفارس لامجد الزكي

الاسعد الشيخ الجيلاني ولد السايح اننا انعمنا عليه وجدّدنا له على

ما كان عليه واوصينا بحُرْمه واحترامه وبرورة وانعامه بحيث لا تُنْتَهَك

له حرمة ولا يُهْضَم له جناب انعامًا تامًّا شاملًا مُطْلَقًا عامًّا لا يُبَدَّل

عن حاله ولا يُغَيَّرُ عن شكله ومنواله والسلام كُتِبَ في اوايل ذي

القعدة عام كذا بامر مولانا نصره الله

## XVI.

الى حضرة السيد وكيل الدولة السلام التام وبعد وان بو نويس بن

بو جمعة قد حُكِمَ عليه بدفع ستّة دورية لمحمد بن البسكري بفيّة

ثمن تمر وان امتنع يُحْبَسُ وان الحكم ينبذ ولو طلب الإعادة

مؤرخ ذلك الحكم بالسادس والعشرين من جوليت شهر التاريخ

يوم الاحد وامتنع من دفع العدد ودفع المحكوم له خمسة ورانكية بيد

عون المحكمة وامسكنا بو نويس بالمحكمة والمرغوب من سيادتكم

بروز الاذن بحبسه والسلام

## XVII.

الى حضرة المعظم المحترم السيد ولان السلام عليكم والرحمة ولطايف

التحيّة والإكرام وبعد اعلم بان محمود بن عبد الله فد ثبت

عليه احد وثلاثون برنك خسارةً على بفره التي اكلت جنان سي

محمد الحناشي كما اخبرنا بذلك الشيخ محمد بن سالم تخلّصه في

ذلك والسلام التام عليكم في البدآء والختام ممن كُتِب عن اذنه
الشيخ الفاضي العلّامة السيد فلان

## XVIII.

حضرة الاجلّ المرعي برعاية الله عزّ وجلّ السيد فلان السلام عليك
ورحمة الله وبركاته يعمّ سعادتكم الرايفة وبعد اخبرك اني ذهبت
بكتابك الى سعادة السيد المير وبعث معي شاوشه الى السيد الطبيب
واعطاني خمسة ورنك لا غير والآن ايتها السيد لا يخفاك حالي
انا رجل فقير واريد من كريم فضلك ان تجود عليّ بنصيب من
الراصيون ما افوّت به اولادي والله يجزيك والصدقة جايزة في
حقّنا والسلام

## XIX.

وبعد بوصول امرنا اليك لا بد تعيين اثني عشر رجلا من ناس
دوارك وتبعثهم الى الموضع الفلاني يوم الجمعة الرابع عشر من شهر
التاريخ صباحًا لخدمة الطريف الواجبة عليهم ويمكثون هناك ثلاثة
ايام مع السيد فلان وان لم تتمّ الخدمة فتبدّلهم باثني عشر رجلا
غيرهم وجرّدهم في جريدة وابعثها لي لاجردهم في زمام الخدمة وكلّ
يوم يتفقدهم الحارس المكلّف بنظر الطرف ومن تخلّف يخبرني به
وتجري عليه خطيئته والسلام

## XX.

وبعدُ فانّه بلغنا جوابكم المورّخ باليوم الخامس من شهر نوانبر الذي امرتنا فيه ان اخبرك بجميع ما يقع في العمالة او في غيرها واعلم ان التشويش واقع عند جميع الاعراش وان الناس كلّهم يجتمعون وكل واحد يلتجأ الى صقّه ويتاهّب في جميع ما يلزمه وذلك هو الذي اخّر الناس عن ابتداء ايقاع الفساد والان ان شاء الله ان يكون نزول هذا المطر سببا في اقبالهم على شانهم من حرث وغيره هذا ما وجب تعريفكم به والسلام

## XXI.

الحمد لله الى حضرة المعظم الاروع السيد فلان مدبّر المدرسة السلطانية بفسنطينة دام عزّه امين السلام الاتمّ والرضوان الشامل الاعمّ ينهى الى سيادتك العليّة وبعد نعم السيد المطلوب منك ان تسرّح الشريبو وعليّا ولديْ ابن زيدان ياتيان اليّ مع الحامل ليباتا عندي في المدينة لان جدّتهما أَتَتْ لتعودهما وكما اطلب من سيادتك ان تسمح لهما فيما سبق منهما من قِلَّةِ الادب والخدمة ودُمتَ في العزّ والاحترام والسلام مِمَّنْ كُتِبَ عَنْ إِذْنِهِ السيد فلان

## XXII.

الى حضرة السيد فلان حاكم بيرو عرب اكرمه الله السلام عليك ورحمة

الله وبركاته وبعد فان عمار بن علي فدم الينا بالمحكمة الشرعيّة
وذكر لنا ان ابن النجّار غصبه واراد ان يخسّره فيها لا علم له به
ذاكرا ان بفره اكلت أجنّة والحَال انّ ارباب الآجنّة لم تكنْ لهمْ
بيّنة عليه وطلب من أرباب الأجنة وفوبهم لدى حاكم الشريعة وإنْ
كانوا على حقّ بيؤدّي لهم ما أفسده بفره رجوتُ منك أنْ توجّه
فضيّة الجميع الى الشرع العزيز ومَن له حقّ يتّصل(1) به وكاتبها
السيد فلان

## XXIII.

الى السيد وكيل الدولة ببلد فسطينة اعزّه الله امين السلام عليك
التامّ الشامل العامّ وبعد فالذي يُنهَى الى سيادتكم ان السيد محمد
بن العربي الباش عدل ثاني بمحكمتنا عرضتْ له حاجة بالبادية
اراد الذهاب هنالك والمكث مدة ثمانية ايام لفضائبها المرغوب
من سيادتكم هو ان تاذنوا له في المغيب المدّة المذكورة يذهب
بيها لفضاء حاجته المسطورة وان الخدمة لا تتعطّل مدة غيبته
والسلام حُرِّرَ في تاريخ تاسع اوط سنة ١٨٧٣

## XXIV.

إلى فايد الدار في التاريخ موسي فلان السلام عليك مع السؤال عنكم
بموجبه ان الحاج محمد له بذمّة فدّور بن علي مايت واحدة وإحْدَى

(1) Racine وصل à la VIII<sup>e</sup> forme.

عشر ريالًا دوريّة سكّة فرانسة ترتّب بذمّته لمن ذُكِر من ثمن كراء وحكم عليه حاكم الشّرع باداء ذلك وما دفع ثُمّ حكم عليه بآلسّجن وما سُجِنَ وطلب أَجلًا بَعد أَجَل وما دفع وآلآنَ طلبه صاحبه للشّرع فامتنع من القدوم طلبتُ منك انتصار الشّرع وإيصال كلّ ذي حقّ بحقّه أَرسِل له يُخَيِّر نفسه إمّا ان يدفع ما عليه ولّا يُسجَن ولا يخرج من السّجن حتّى يستتمّ العدد المذكور حسبما هو مبيّن بالحكم عليه

XXV.

الى المعظم المحترم السيد كهاندنت البحرو بجاية (1) كان الله له بمنّه وامدّه بعونه السّلام عليكم ورحمة الله وبركاته اما بعد فالمطلوب من فضلك ان نوجّه لنا محمد بن خليل البحريّ عندك للمحكمة الشرعية. ببجاية لانّ له خصومة مع والده خليل المذكور ومن له حقّ يتّصل به ولا زايد الا الخير والعافية هذا ويكون توجّهه لنا عند الساعتين بعد نصّف النهار يوم الاربعآء الذي هو السابع عشر من شهر يونيه من عام ١٨٥٧ وكتبه محمد بن علي قاضي بجاية

XXVI.

الى السيد بلان بعد السلام عليكم بموجبه ايدّكم الله ان مصطفى التونسي ترتّب بذمّته لعلي الكابسي أهلًا خمسة اريلة دوريّة سكّة

(1) Bougie.

فرانسة عدى ورنكا واحدا بإقراره لدى حاكم الشرع ببونة وسُجِّل
عليه ذلك في تاريخ السابع عشر من شهر ستنبر عام ١٨٥٧ وطلب
منّي المُدَّعِي المذكور اعلامك بما ذُكِر فاجبناه لذلك وعلَّمناك
بذلك هذا وان مصطفى المذكور يدفع الثمن لعلي الكابسي المذكور
حالًا من غير فـول له وان كان له كلام مع صاحبه المذكور فـبعد
دفع الثمن لـربّه يُسمَع دعواه منه من خطّ قاضي بونة

# DEUXIÈME PARTIE

## PIÈCES ADMINISTRATIVES

### I. Demande de prolongation de permission

وبعد فبالمعروض على جنابك أنّه في غيبتك انعم علي السيد
الفبطان بخمسة ايام لاجعل العيد الاضحى مع اهلي بسطيف (1)
فلها وصلتُ حصل لي ألم الزمني براشي بسبب ركوبي على فرس
فلـوفي وهـاهي تصلك شهادة الطبيب بذلك ولذلك الطلب من
احسانك ان تـزيد لي خمسة ايام على المدّة التي عيّنها لي
السيد الفبطان لاجل التداوي كما اطلب من فضلك بعث الراتب
لاشتري الدوا الذي يوافقني ودمت في الخير والعافية

### II. Un individu a refusé de payer les droits du marché

وبعدُ بها يجب إعراضه لدى مسامعكم الكريمة هو انّي فد ارسلتُ
لكم رجلا من فريتة كذا اسمه ابن عطيّة فد امتنع في سوف امس

(1) Sétif.

من اعطاء المكس حين طلبه الدايرة واجهر باعلا صوته حتّى اجتمع

عليه اكثر اهل السوف وقال انه ما بقي لا مكس ولا حكم وصدفوه

الناس واعلنوا كلهم بانتهاء الحكم والمكس ولو لا ان الدايرة كان

واقفا بالجدّ واخذه واتى به بدون مهلت لثارت نفرة كبيرة والسّلام

بامر السيد بلان

### III. Envoi de registres

الى حضرة السيد الترجمان السلام التامّ عليك وبعد بها اني وجّهت

لك الدفاتر الثلاثت من ترايك واحكام ورسوم وثمن الترجيم بيد

الحامل احمد بن بالقاسم وتعطيه التوصيل في شان ذلك وان لم

يكن لك شغل ترسل لنا معه دفتر الرسوم ولاثنان الاخران مهما

تتمّها تمكنها بيدي عبد الله بن سالم ليرسلها لنا واطلب

من سيادتك الحرص على ترجمت تلك الدفاتر لانه يحصل لنا

تعب عظيم بجمع الاوساخ في غيرها والسلام

### IV. Demande d'indemnité

وَبَعْدُ سيدي بالمعروض على شريف سمعك خيرا ان شآء الله هو اني

كُنْتُ كتبتُ جرايدَ الشئ الذي ضاع لي وفتُ النهاف امّا جريدتان

دفعتُها في بيرو عرب المحلّت والثالثت دفعتها لحضرتك السعيدة

وبقيت اترجّى بيها تُنعم به علىّ الدولة السعيدة في مقابلة ما ضاع

لي والان سيدي إنّ اكثر الناس الذين جرّدوا مثلي خرجتْ لهم
الخسارة بهواني افكركَ وعساكَ تخبر السادات الحكّام لينعموا
عليّ بالخسارة مثل غيري ولا يتركوني خايبا ولا زايد سوى الإحْترام
لسيادتكَ ودُمْتَ فِ إمان وعافية والسلام

.V. X... a reçu la lettre qui lui a été adressée

سعادة المعظّم المحترم كبير النظر فِ مصالح المسلمين بالجامع الاعظم
صانه الله السلام عليكَ كثّر الله خيركَ وابقاكَ فِ العزّ والإحْترام
اتمّـا بعد فبالامر الذي نُعلمكَ به ان شاء الله خيره هـو انـه آتـصل
بطُرَوبِـنا كتـابُكم العزيـز واطلعـنا على ما نضمّنـه خطابكم الوجيز فِ
فضيّة حمود ابن الحاكم وخصّه ابي هراوة فحاصل ما ذكرتُم لنا بيه
فهمـناه جُمْلةً وتفصيلًا حفظكم الله حفظا جميلا وهذا ما منا اليكم
والسلام التام عايد عليكم بدآ واختتاما ممّن كُتِبَ عن اذنه العلّامة
الهمام مفتي الإسلام وفدوة الانام السيد فلان

VI. Un Caïd prévient qu'il y a du danger pour les Français<br>de voyager dans le pays

وبعد اخبركَ انـه فِ ليلة البارحة عند الساعة التاسعة من الليل نَحْنُ
على حين غفلة اذا بـاحد البرانصويّين فرع الباب مع شدّة الظلمة
والمطر الغزيـر فِ ذلكَ الوفت ثم بعد الساعة العاشرة ونصف جآء
اثره برانصوي اخـر والمطلوب منكم ان تخبروا الحُكومة لتامر بكفّ

هؤلاء الفرانصويين الذين يجولون في الطرفات لَيْلًا خُصوصا في هذا
الوقت لان الناس في غاية التشويش وإلّا فلْيَكُنْ في علمكك انّنا
متشبرّوون مما لعلّ ان يقع في الليل وهذا ما وجب اعلامكم به والسّلام

## VII. A propos de la destruction des sauterelles

الى حضرة السيد القبطان بـلان السلام عليك اما بعد فـقد بلغني
جوابكك المورّخ باليوم السادس من شهر التاريخ نـومـرُ ٧٣٠ مضمنه
امركك اياتّي بان أُجرّد لكك الناس الّذين سعوا في هلاكك الجراد
وحجر بيضه وفتل المراد من كل قرفة من قرف عرشي لفصدكك اياهم
بالاجرة وارسل لكك الجريدة في اقرب مدّة فلـتـعلمْ انّي قد جرّدت
لكك عددهم من كل قرفة حسبما بهمتهر في جوابكك ووجّهت لكك
الجريدة كما امرتَه غير انّ ما ظهرلي انهم سعوا كلهم في هلاكك الجراد
بحجر البيض وفتل المراد سوى العاجزين منهم وهذا ها ظهر لي وبه
اخبرتكك والسّلام

## VIII. Sur des travaux à exécuter

الى حضرة حبيبـنا القايد محمود السلام عليك وبعدُ اريد منكك ان
تبعث لي فبـل اليوم الخـامس والعشرين من شهر مايـو هذا جريدة
الخذمـة التي تطلبها الجماعة من البايلكك كبـناء بيـر او عين او سدّ
او فنطرة او طريف وتبيّن لي ذلكك في ورقة تذكر فيها ان الجماعة

اتّفقتُ على أنْ تطلب من البايلك بناءً كذا في الموضع الفلاني الحاصل تبيّن بالتفصيل الخدمة الّتي تريدها الجماعة وما فيها من مصلحة العامّة وجلب الفايدة منها ثم تبعث لى تلك الجريدة قبل اليوم المذكور

## IX. Demande de permission de voyager

حضرة المقام الذي نعظّمه ونُثْني عليه السيد فلان السّلام عليك وبعد اخبرك أنّ الحاملَيْن اليك عبد القادر ورابح الاثنَيْن من وطن بنى خليل يُريدان السفر الى وطن الاصنام (1) يسوفان الاحد والاربعآء بقصد التجارة وطلبا منك التسريح ويمشيان مع الطريف المعيّنة ويبيتان في العمارة اما وصفهما فعبد القادر المذكور شايب احمر اللون اسنانه البوفانية مهدومة ورابح المذكور شابّ لانبات بعارضيه اصفر اللون وجعلتُ لهما اجلًا اثنَيْ عشر يوما لاكن وجهتُهما إليك والنظر لك وعليك السّلام يامر السيد فلان

## X. Reproches adressés à un Caïd

الى خديمنا السيد عبد الرحمان السلام عليك وبعد فان الرجل المُسَمّى ابن عزّور اتاك شاكيا يوم الجمعة وذكر لك ان اخته ضربها زوجها ضربًا وجيعا حتّى غُشِيَ عليها فكيب جرى بك لم تخبرنا بذلك واليوم اعلمتنا ان تلك المراة تُوُقِّيَتْ بسبب الضرب

(1) Orléansville.

وبذلك ترانا جعلنا لك اربعة دورو خطية وامرنا خليفة البيرو
ان يفدم مع الترجمان والطبيب الى دار المراة الميتة ليبحثوا عن
امرها فلا بدّ ان تهيّأً لهم ثلاثة افراس وترفُقهم وتقضى مصالحهم
وتفعل كُلّ ما ياسرونك به والسلام

## XI. A propos d'une jeune fille abandonnée

حضرة المعظم الاربع السيد الكماندة الحاكم بدايرة ابي سعادة (1)
امنه الله امين السلام عليك ورحمة الله امّا بعد سيدي ترانى ارسلتُ
لك مع الحامل بنتنا صغيرة السنّ اصلها من فرية زمورة تخلّفتْ
عن جميع العُصاة اولاد مفران وفتَ جرارهم من جبل المعاصيد وعلى
فوليها انّهم متزوّجون باختها ومن ذلك اليوم وهي تجول عند
المعاصيد والان اتوا بها إلّي ببرج الغدير (2) وكان مُرادي ان ارسلها
الى اهلها بزمورة (3) لكن من الواجب عليّ ان أعرف حاكمى
بجميع الامور وهذا ما وجب به الاعلام والسلام كتبه ابنك فلان

## XII. Demande de retraite

الى السيد وكيل الدولة ببلد فسنطينة اعزّه الله امين السلام التمام
وبعد فبالذى أنهيه الى سيادتكم انّني رجل كبير السنّ ولي عيلة
كثيرة وكنتُ خدمتُ ﮢ وظايف الشريعة عدلا وباش عدل ومهتيا
وكبير مجلس وفاضيا مدّة طويلة تزيد على الثلاثين سنة وليس الان

(1) Bousada.   (2) Nom d'une localité.   (3) Zemmora.

بِيَدي الّا وظيڢ الـدرس بالجامع الاعـظم ومـرتبتُهُ لا يَكڢيـني
لـمصروڢ عيلـتي وبحسب ذلك ها انا اطلب منك ان تُنعـم علىّ
باعطاءَ انطريط لي كما ڢعـلتم مع بعض الناس الذين كانوا يخدمون
ڢي الشريعـة مثلى لاستعين بذلك على امـر معيشتي والسلام

**XIII. Ordre donné à de  Cadis**

انّ الڢانون المورّخ بعشرة سبتانبرسنة ١٨٦٢ امر جميع الڢضاة بالسكنى
داخل تراب اڢسامهم ويذكران الذى لا يمتثل لذلك يستوجب
العزل وكان الڢضاة عند صُدور ذلك الڢانون امتثلوا اليه ثم تراخوا
عن الامـر وعادوا الى ما كانـوا مستمرّين عليـه من السكنى ڢي غير
اڢسامهم ولان لمّا وقع ترتيب الاڢسام الشرعيّة وجب عليهم الامتثال
الى الامر المذكور من غير كلام ولا عذر كما أشَرتُ بذلك عليكم جهرًا
ولاكن لم يڢعل احد واليوم ڢد اتاني كتاب من سعادة السيد الجنرال
حاكم الايالة الجزايرية ينبّهني على ما ذكر وقد امرتُكم بالسكنى
داخل اڢسامكم الامر المنجز الذي لا مُخالڢة ڢيه وجعلتُ لكم اجالا
لذلك الى يوم ١٥ ڢـن شهركذا والسـلام

**XIV. Les Docteurs de telle mosquée proposent un tel<br>en remplacement de son oncle décédé**

سعادة المعظّم الاربع السيد ڢـلان المتولّي باڢليم الجزاير ڢي التاريخ
بعـد اهداء السلام التام اليك ولطايب الانعام ڢالامر الذي نعلمك

به ان شاء الله خيـر هـوان السيد سليمان زايباك مؤذّن الجامع
الجديد مات رَحمه الله والذي يصلح لـوظيف الإذان عِوَضًا عنـه
حفيده السيد محمد زايباك بن صالح والذي يصلح لوظيف السيد
محمد زايباك ڢي ڢراءة الحزب السيد الحاج الطيب بن بالقاسم
المعروف حفيد الحاج محمد البكّاه وبهذا الذي اڢتـضاه نظـر عُلَماء
المجلس عرڢناك به واليك النظر وعليك السلام بدآء واختتامًا ممّن
كـتب عن اذنـهم عُلَـماء المجلس بالجامع الاعـظم داخل الجزايـر
الواضعين خواتمهم ڢيه منهم ڢاضى المالكية ڢي التاريخ المسمّي نبسه
ڢي علامتـه وهو احمد بن مصطڢى وقـقـه الله ولطف بالجميع

<h3 style="text-align:center">XV. Ordres relatifs aux forêts</h3>

الى كافّة اولادنا بـني ڢلان السلام عليكم وبـعـد اعلـموا ان سعادة
الڢوڢيرنور والي ولايـة الجزاير امر بانه مَتَى وڢعت حريڢة ڢي عرش
او ڢي ڢرقة ولم يتبين من جعل النار او وڢع تبريط منه ڢي عشّته تكون
العڢوبة على العرش او الڢرقة التّي وڢع ڢيها النار ڢذَرَ ما دڢعوا الزكاة
اربعة مرّات وكذا اذا وڢع تبريط منهم ڢي طڢي النار تلزمهم ايضا العڢوبة
المذكورة وكذا زوايلهم نُمْنَعُ من المبلا ڢي المواضع التي وڢعت ڢيها
الحريڢة وڢايد العرش هو المكلّڢ بڢبض من يڢع تبريط منه ويبعثـه
الى البيرو وبذلك اخبرناكم ليكون ڢي علمكم ولا يڢع تبريط منكم ڢي
تلك الخدمة وڢي عسسكم والسلام

## XVI. Demande en dégrèvement d'impôt

الى السيد فلان حاكم عمالة الجزاير بعد السلام اخبرك انه في وقت
تجريد عشور سنة الف وثمانية واثنين وسبعين وقعت غلطة من
الخوجة المكلّف بتلك الخدمة على المسمّى محمّد بن الباشر لانه لم
يحرث شيئا في هذه السنة وجرّده بـبرد بلذلك وجب عليه اليوم
خمسة وخمسون فرانك والمطلوب من سعادتك العالية ان تطيح
له القدر المذكور واعلمك ايضا انه في الجمعة الماضية انحرفت نوادر
رجل اسمه ابن عودة بن اسماعيل واكلت النار جميع زرعه حتى لم
يبقَ منه شي ونراه الان في ضيفة كبيرة والمرجو من جزيل فضلك
ان تطيّح له حقّ عشوره لانه صار الان فقيرا محتاجا الى صدقة
اخوانه ولك الاجر والسلام

## XVII. Les gens de tel douar ont fait leur soumission

حضرة الفاضل الاجل المحترم سعادة السيد الفطان فلان حاكم بيرو
عرب ابي عريريج السلام عليك ورحمة الله وبعد كثير السوال
منّا عنك هذا والمعروض على سيادتك هو اتنى فد قدمتُ لك
حين كانت المحلة نازلة في الاشبور (1) بواد الحجر (1) على شان
الخدمة وامرتني بفدوم الجماعة معي للخدمة ورجعتُ الى ناس
دوارنا فجمعتُ منهم نحو العشرين بيتا من الدوار المذكور وامرتُهم

(1) Noms propres.

بالفدوم الى حضرتنك العالية للخدمة كما امرتني فقالوا لي

خدمنا مع شيخ اولاد نـاير (1) وخلّصنا ما علينا وامتنعوا من الفدوم

معي وهاني اخبرتُك بالواقع ونظرك اوسع والذي امرتَني به بعثتُه

وعليك السلام من الواضع خطّ يده اسمُه السيد شيخ الدوار البلاني

## XVIII. Demande d'autorisation de voyager

وبعد اعلَم ان الحامل اليك هو رجل من بـلادنا من رؤساء البيوت

يُـقال لـه الحـاجّ عبد الفادر اراد السفر الى تونس (2) هـو واخوه محمد

لاجل حاجة دعتهما الى ذلك وهي ان اختهما متزوّجة بابن

عمّـهما يُفال له الحاجّ احمد وكان هذا الرجل سرحه السيد الكهاندات

بـلان والخليفة الى الموضع المذكور مُنْذُ سنين ولها أنْ وقع بين

الزوجَين تشاجُر اضرّ باحدهما مُعاشرة الاخر كتب الزوج الى

أخَوَي الزوجة بان يفدها الى اختها ليختبرا ما بين الزوجَين وإن

فـدّر الله الفراف بين الزوجَين ياتيان باختـهما والّا بلا بـالمراد

منك ان تكتب لهما تسريحا ليركبا في البحر بالبابور لِكَيْ يفضيا

حاجتـهما ولك المزية عندنا

## XIX. Renseignements sur la mort d'un individu

الى حضرة السيد بـلان الحاكم الكبير بـبلد الاصنام السلام عليك

وبعد فد امرتَني في البطاقة التي بعثتها التي الامس مع صبايحي

(1) Noms propres.     (2) Tunis.

ان ابحث عن موت السيد ابراهيم بن محمد الذي توجّه اخوه اليك
مدّعيا ان اخاه قد انتقم منه احد وقتله والذي علمتُه أنّ ابراهيم
المذكور خرج من بيته يوم الاثنين سَحَرًا ذاهبا الى السوف ليشتري
ثورَين للحرث ولعلّه فطع الشلف الذي كان حاملا من كثرة
الامطار ومع كونه يُحسِنُ السباحة على قول ناس عرشه لا شكّ انّ
المياه غلَبَتْ عليه واما جُثّته فقد وجدوها في قُرب القرية البرنصوية
ولم يكن عليها اثر ضرب يتوقم به انه مات مقتولا وكان ابراهيم
المذكور يحبّونه في بلاده ولا يُعرف له عدوّ والسلام من خديمك
على الدوام السيد فلان



الى المعظم السيد الجنرال الحاكم الكبير بقسم سطيف عليك السلام
وبعد فان رجلا من دوار اولاد نبان يُسَمّى التومي بن ابعيطش كان
ذاتَ يوم وهو الرابع والعشرون من هذا الشهر يحلف في الشعر لولده
بيأتاه ابن عمّه يُسَمّى الهادي بن الفهواجي يُمازحه وهو يحلف
في الشعر فلما رفع يده من راس ابنته اصاب الهادي المذكور
بالموس في ذراعه اليُمنى فجرحه جرحا خفيفا وعند ما بلغني ذلك
احضرتُهما واستفحصْتُهما عن القضية فآعترفوا مَعًا بانهما كانا
متمازحَين لا غيرُ ولم يكُن بينهما غش ولا صدر منه هذا الفعل
بنيّة القصد واتّما وقع خطأ عند المزاح ثم تسامحا أمامنا فوقْتئذ

اوفيتُها أمـام الـقاضى وتسامحا ايضا أمـامه فلـذلك تركْتُ
إرسالـهما واخبرتـكم لـيكـون ذلك ي علـيـكم وان اردتـم إرسالـهما
ابعشهما لكم وهذا ما وجب علي اخباركم بـه والسلام

### XXI. Un tel a occasionné du désordre dans la mehkama

لى حضرة السيد الجنرال حاكم مليانة وبعد إنّ الذي نخبركم به
أنّ المُسَمّى محمد بن ابـراهيم العطاوي الاصل الساكن آلآنَ بـبـيلاج
ابروفيل(1) من سبـيل مليانة (2) حضر لدينا بمحكـمـة الشرع بفسم ٤١
بـعـرش ابـراز وضرب عيسى بن الحاج العطاوي الاصل الساكن الان
بدوار واد الروينة من عرش العطّاوب ضربا فادحا وفيّم بـسـنة عظيمة
بالمحكمة حتى ابطل علينا سربيس الشريعة وذلك بمحضر فايد
دوار واد الروينة السيد موسى وسى بـو سماحة العطاوي الاصل
والسكنى والحاج الزيتوني بن العامري شيخ دوار الثاغية من عرش
ابـراز وغيره الجمّ الغفير من الناس الحاضرين لذلك والحالة انّه
لم تكن له فضية عند الشريعة والمطلوب من سيادتكم عفوبة هذا
الـمتعدّي الذي هَتَكَ حُرْمَةَ الشريعة وبـهذا اخـبرتُ سيادتكم
والسلام

### XXII. Demande d'emploi

وبـعـد فالمعروض على جنابك العالي انّك كـنتَ انعمتَ علّي

(1) Affreville.   (2) Du territoire civil de Miliana.

وجعلشـنى كاتبا ثانيا فى بيرو عرب سطيف فى تاريخ اربعة وعشرين
من شهر جليت سنة التاريخ وبقيتُ اخدم فى البيرو المذكور الى اليوم
الحادي والعشرين من شهر اوط فلتَ لى بواسطة السيد الترجهان
لا حاجة لنا بالكاتب الثانى والكاتب الاوّل يكفى لخدمة البيرو
عرب لان الخدمة قليلة ولان الطلب من سيادتك العالية ان تُنْعِم
علىّ ببعض الوظايف الشرعية عدلًا فى احد الاقسام الشرعية إن كان
لك علم بخلوّ بعض الوظايف عن العدل وإلّا فـتـفـضّـل علىّ باذن
منك لاذهب لامتحان المُعَدّ للطلبة الذين يريدون الدخول فى
الوظايف الشرعية الذي سينعقد مجلسه فى اليوم الثاني عشر من شهر
ستـانبـر فى قسنطينة ونظرُك السديد اوسع ودمتَ فى عـزّ واحترام
والسلام من ابـنكم محمد الموهوب كان كاتبـا فى بيرو عرب

<br>

**XXIII. Tel Cadi a donné des renseignements sur telle affaire**

اسعـد الله احوال المعظم السيد فلان وبعد فد بلغني جوابك الرفيع
وخطابك الارشد النافع مُضَمنه ان اقتسر لك ما فعلتُ فى قضيّـة
الطيب بن الشيخ مع المراة التى يشتكى عليها نعم حضر اخوها لدينا
اليوم التاسع من شهر التاريخ وفال لنا ان الطيب المذكور ضرب اختـه
ضربا مؤلما فوجهته برسالة اليه فامتنع من الفدوم معه ثم رجع الّتي
فوجّهتُ معه العون فاحضر الجميع امامي فقلتُ للطيب ما سببُ
ضربك للمراة فاجابني بانها زوجته وجميع الرجال يضربون نساءهم

ولم يجاوب عن السبب ثم رجعت بكلامي للمراة واجابت انه ليس

زوجَها وانها اجتمعت معه على سبيل الـزنـا فقلتُ للطيب أَلَكَ

عقدُ تـزويجها والّا صَدّقُها في مقالتها فادّعى بان لم عقدَ تزويجها

موضوع في بلاد القبايل وطلب أَجَل ثلاثة ايّام ليحضر بعقد التزويج

فاسعفتُ لمطلوبه وامرتُ المراة بان تبقى عند اخيها حتى تظهر القضية

ومن هذا اليوم لم يرجع الـيّ الطيب هذا حاصل القضية

XXIV. A propos d'un vol de grains

الى المعظم السيد وبلان الحاكم الكبير بقسم سطيف السلام عليك

وبعد فقد اشتكى لدينا موسى بن سي احمد الحجازي وذكر ان لـه

مطهورة من الشعير بقُرب داره بنحو السبع ميطرات وهي ليلة الاحد ٢٨

من دصانبر جآء اليها خمسة من السُّراق ونهبوا منها نحو الستّة اصع

وعلى قوله انه عرفهم بعد ان فاف بهم ثلاثة من اولاد حجاز وهم

بلان وبلان وبلان ورجلان من دوار اولاد سي احمد وهما بلان وبلان

وعلى قوله اجبخوه بضربة حجر كما ذكر انّه وجد عند المطهورة جنويّا

وعرفوه بانه لبلان المذكور وايضا ذكر انه قص الجرّة في النهار ووجدها

قاصدة نحو ديار الثلاثة الاوّلين الّذين هم من اولاد حجاز وبعد ان

حضر المتهومون لدينا انكروا ما اتّهمهم به وحينيذ اخبرتُكم بالواقع

وارسلتُ لكم الشاكي مع المتهوميـنَ ولكم النظر والسلام

### XXV. Un seul candidat désire se présenter aux examens d'Adel

حضرة المعظم السيد الجنرال فلان الحاكم الكبير بقسم عنابة امنه الله

امين السلام عليكم والرحمة والبركة وبعد بلغني جوابكم المورخ

بالحادي عشر من شهر التاريخ مضمنه ان الجماعة المكلفة بامتحان

الطلبة الراغبين الدخول في الوظايف الشرعية يكون انعقاد مجلسها

بقسنطينة في الثاني عشر من شهر سطانبر لاتي وامرتموني بيه

أن أخبِرَ عزمًا كاقبة عدول محكمتي وأرسل لكم عزما جريدة اسماء

الراغبين ذلك وأذكر اعمارهم ونسبهم وسيرتهم ومكسوبهم وان لامتحان

لمن اراد الارتقاء من اصحاب الوظايف أزيَد من مرتبته التي هو

فيها وأرسل لكم الجريدة صحبة جواب من لدينا اعلَم نعم السيد

اتنني بمجرد وصول جوابكم التي خبّرت جميع عدول محكمتي فلم

يرغب منهم ذلك سوى سي محمد بن عفاب الباش عدل الثاني

واما الباش عدل الاول سي محمد بن خباب فد جوز امتحان الفضاء

والعدل الاخير سي اسماعيل بن حسن كان طلب التسريح لبيته

ببائنة فلم يرجع وهي عُمرسي محمد بن عفاب المزبور خمسة وثلاثون

سنة ونسبته من عرش سلطان وسيرته حَسَنة مرضية وانّه أهلُ للفضاء

وهذا ما أخبِر به سيادتكم والسلام ممن كتب عن اذنه ابنكم السيد

احمد بن الربيع

## XXVI. A propos de plusieurs demandes d'indemnité

وبعد المعروض على طلعتك الباهية فيه خير ان شاء الله على شان حالي وقت هجوم العرب على بُرج ابي عريريج انهم نهبوا جميع ما بـداري وجرّدوني من ثيابي وما تركوني حـيًّا الّا لانّ احدهم تَوسّط بينهم وبيني ولما بلغت الى سطيف امنك الله من الزَّيغ والحَيف امروني حُكّامها اعـزّهم الله بتجريد ما ضاع لي وتفويم كل حاجة غير الحرث وبجعلت ما امروني السدات به ودبعت الجريدة بـيد السيد بـلان احد اهل الكمسيون وذهبت مع السيد الفبطان وقت جولان محلّة السيد الجنرال فـلان وحَيْثُ ذهبت معهم الى بائنة امرني السيد الفبطان ان أجرّد له ما ضاع لي من الحرث وبجردت له ذلك وفوّمته كما امرني ومن يوميذ لم يبلغني عن الجريدتين خبر اصلًا والان سيدي جميع الناس الذين جرّدوا معي من اهل البلاد اخذوا ما جرّدوه او البعض من ذلك وانا لم يتّصل بيدي شي الان رفعت امري اليك وتخبرني بـها ظهرلك وعليك السلام

## XXVII. Dispute et blessures

وبعـد نعم السيد الذي يكون ڢي علمك انه ڢي يـوم التاريخ حضر امامي احمد بن علي وعلي بن اعوش خمّاسًا سي محمد الصغيـــر وصُحْبَتَهما راعي غنمه علي بن لاخضر كانت وقعت بينهم مشاجرة

في يوم التاريخ في شان حصاد الزرع فكان علي بن لاخضر المذكور
آخرًا وضعه سي محمّد الصغير ليحصد في زرعه شطرَينِ كعادة العرب
فاتيا اليه الخمّاسان المذكوران اوّلًا وارادا إخْراجه من الزرع لِكَيْ لا
يحصد فيه فابى علي بن الاخضر ان يخرج فائلا لهما انني وضعني
ربّ الزرع لِأَحْصد فيه باذنه لا اخرج فضربه علي بن امعوش
بالمنجل ومكّنه باصبعه من اليد اليُسْرَى فجعل فيه جرحا ثفيلا مولمًا
ويدّعي الضارب ان المضروب ضربه ايضا بالمنجل و يده اليسرى اَلّا
انّ علي بن الاخضر نكر الضربة التي بيـــد علي بن امعوش فائلا
انه هو المتسبّب في جرْح نهسه وحينَ ظهر لي جرح علي بن لاخضر
ثفيلا هاني وجّهتهم لدى حضرتكم والنظر نظركم وعليكم السلام باذن
ابنكم السيد فلان



المعظم الاربع السيد الفطان الفبطان فلان المتولّي امور العرب بالبلد البلاني
السلام عليك وبعد فبالذي يكون في علمك انني اطلب من سيادتك
ان تبلّغ شكوتي وما جرى لى من اناس زمورة لـــى سعادة السيد
الجنرال فلان حاكم المحلّة فان اناس زمورة نهبوا مالى وخرّجوا
زوجتى من دار احبابى وما فعلوا ذلك باحد فبلى وكان سعادة
السيد الجنرال وعدنى بعفوبتهم والإنتقام منهم على تعدّيهم وفعلهم
لفبيح كمـا هـــو الفانون المخزنى والشرعي وهانى اذكر لك اسماء

المتعدّين منهم الشيخ المختار وبالقاسم بن يزيد واخوه بزيد بن
يزيد هولاء نهبوا صناديفى التى بيها ازيد من ثمانين البوبرانك
واما الناس الذين حملوا فشى باذن آبن عبد السلام هم الطيب بن
الزروف واخوه محمد والحسين بن المسعود وفيها الفش اربعة عشر البو
برانك واسماء المتعدّين على الزرع الذى هو مقدار البو صاع هم
احمد بن الشايري وسى احمد بن فدور خليفة ابى مزراف ومخلوف
بن الشاوش وما زال فشى بيدهم الى الآن وهذا ما منّا اليك والسلام



عن اذن العالم العلّامة السيد حسن فاضى الحنفية ببلد الجزاير فى
التاريخ الواضع طابعه اعلاه الى موسيو وكيل الراي الكبير فى التاريخ
بعد السلام عليك كثيرًا نعلمك فى شان امراة ترافعت التى مع حمّود
الفهواجى فى دين لها عليه ولم يؤدِّه لها ووضعتم فى الحبس ولم
يجد ما يدفعه لها ولا لغيرها من ارباب الديون وسَرحتُه من الحبس
لاجل ان يتخدم ويدفع لها بالشهر واليوم جآءت حيصة بنت المراة
المذكورة الى المحكمة مع الطاهر واسآءت على الادب ومن اسآء الادب
على القاضى يلزمه الحبس والتعزير شرعًا ولوكان فاضلا خصوصًا امراة
ماموسة تُسىْ الادب على القاضى وتُمارى فى الكلام ولا حقّ لها
فى القضية بان القضية وقعت مع غيرها واذا كان الامر كما ذُكِر ولا
تبقى للقاضى حُرمت ويصير كلّ احد يُسىْ عليه الادب والمراد منك

ان تُرسل لها من ياتى بها على يد البوليص وتُحبَس وتتعزَّر التعزير
الشديد والسلام ممَّن كُتِبَ عن اذنه المذكور أعَلاهُ

### XXX. Accident survenu pendant une noce

الى حضرة المعظم الحاكم الكبير بفسم سطيوب عليكَ السلام وبـعـد
والمعروض على سيادتكَ العالية هوان رجلا المسمَّى بوترعة بن المروانى
من دوار الفلتة الزرفاء برفتة اولاد موسَى كان فى اليوم التاسع من
شهر اوط سنة التاريخ تـزوّج بامراة فتوجّه اليه ابن عمّه الذي يُسمَّى
سعد بن عبد الرحمان الساكن مع عمّه احمد بن سى بوترعة وبيده
مكحلة كبيرة فمُجرَّدُ وصوله الى بيت بوترعة ربّ العرس ضرب وجه
بارود فتبعلّقت المكحلة بين يديه ومن اجل ذلك طار أصُبع يده
اليسرى المسمَّى ابهامًا وكتموا خبره عنى وشروعوا فى مُداواته خفيةً
حتى الى الان بلغنى ذلك الخبر من غيرهم فارسلتُ الى بوترعة
ربّ العرس والمصاب احمد وبالغتُ فى بحثهم ما سبب كتمانسهم
لذلك فى تلك المدّة فزعموا لما كان امرتلك الفضية واضحا
مفترِرا فى سمع كُبَرآءَ البرفة منهم الطاهر بن البولود ورابح بن الروبع
وعاينا ذلك تغافلوا ليخبرونى بما ذكر لمظنتسهم ان الكبرآء يُعَربونى
بالفضية مع ان الكبيرَينِ المذكورَينِ يزعمان انهما لا علم لهما بذلك
وتلدّدوا باجمعهم فى المقال فانّضح لى انهم عالمون باجمعهم واتّبفوا
على كتسهان الخبر والان بهانى ارسلت الجميع الى السيد وكيل

الدولةِ وعرّفته بالحاجة كما هى واخبرتُك ليكون فى عِلم سيادتك
والســــلام

### XXXI. Un Caïd demande que tel Cheik soit puni

وبعـد فان الحامل اليكم من عرش كذا كان فدم فى يـوم امس الى
الدشرة الفلانية ليصنع حوايج فضة هناك عند اليهودى ولما ان رجع
تلافى بالشيخ فلان فى اثناء الطريف فمسكه وضربه ضربًا وجيعًا
واوثقه كتافًا وفدم به الى عنده ونزع له بندفة مع بعض الفش مسكهم
ولم يطلفه من كتابه الى هذا الصباح والان نعم السيد اطلب من
سيادتكم العالية ان تخبر بذلك السيد الجنرال حاكم الفسمة وترد لى
الجواب فى افرب وفت ان كان هذا الرجل فى طاعتكم فانّ فعله هذا
يستوجب عليه شديد الفهر وان كان خارجًا عن طاعتكم فـلا يهمّكم
امـره فانّى افدم اليه بنفسى واجعل معه ما ارادة الله لانّى لا افدر
اصبر على تنشيت خُدّامى وما اخّرنى عن الفدوم الّا خشية ملامكم
واقـا الشيخ المذكور فانه لا يفدر ان يفعل هذا الفعل لا فى الحال ولا
فيما مضى وانما هو نطرف لهذه الافعال بسبب تغافلكم عنه مع
ارتكابه لها شيًا فشيًا وبالجملة فـانّى اخبرتكم فانّى ان لم تفهروه
فيهانى آخذ منه بالثار انفسى ولا ملامة تلاحفنى منكم اذ ذاك
والســــلام

### XXXII. Les gens de tel endroit ont refusé de payer l'amende qui leur a été infligée

الى السيد فلان الحاكم الكبير بالقسم الفلانى وبعد سيدي ان دوار

اولاد دجان بقيت عليهم بقية من دراهم الخطية الحربية وبقي الايام

الماضية ذهب الى فرقة اولاد عزيز شيخهم وهو الجمعي بن النخيلى

يتخلّص منهم ذلك فضربوه وهاتى الينا شاكيا فارسلت اليهم

ليحضروا لدىّ فامتنعوا سوى احد منهم حضر لدينا فذهب به الشيخ

المذكور الى هُناك يجعله فى السجن فهرب له و فى يومنا هاذا ارسلت

لهم الدواير وشيخهم لاجل ان ياتوا الينا باموالهم لنبيعهم غدًا فى

سوف الخميس ونخلص ما عليهم من الحفوف الواجبة فاذا بهم

ضربوا الشيخ المزبور ضربا وجيعا وجرحوا دايرة بحجارة وتراهم اغنياء

مهما نرسل لهم لاجل الخلاص يهربون باموالهم الى اولاد خليفة

وتراني مُجتهدًا فى خلاصهم بالفهر والغلبة. واما الشيوخ فى وقت الذي

نرسلهم ليتخلاصوا لم يقدروا يتخلصون منهم شيا وها نحن وجهنا

لك الدايرة والشيخ مع اخينا سى الحاج علي وان كبراء الفرقة

المزبورة وهم فلان وفلان وفلان يشلون اناسهم فى كلّ مرّة على ضرب

الشيخ والدواير ويسبقون للهرب باموالهم وهاذا ما به الاعلام لك

والسلام

### XXXIII. Demande de changement pour cause de maladie

الى حضرة السيد وكيل الدولة وبعد سيدي فاننى رفعت امري

لسيادتك اريد منك ان تطلع على حالى في الوقت وهو انه لا
يخفاك ان الدولة السعيدة انعمت علىَّ بوظيف العدالة بالقسم
الثانى والثلاثين بعرش اولاد ارشاش من دايرة نبسة من عمالة
فسطينة وذلك في شهر جوان سنة ١٨٧٢ وخدمت هناك مدة عام
واحد وثلاثة اشهر ولا زلت اخدم الى الان وقد كانت الدولة واعدتنى
بالتبديل لناحية فسطينة في اي موضع كان بواسطة من له التصرف
في الوظايف الشرعية والان نعم السيد اذ ليس لى منبعة ولا مصلح
ولا ساعدنى الحال في صحتى وصرت في غالب الاوقات مريضا ولم
تُبعِدنى معالجة الاطبّاء مثل السيد الطبيب ببيرو عرب نبسة وها هو
الان خط يده موجود عندي ولا افادنى دواؤه سوى ما رايت في هذه
الايام من قليل الراحة ها انى اخبرتك عن حالى لتكون مطلعا علىَّ
عسى جانبكم الربيع يمن علىَّ بالتبديل من وظيفى المذكور الى ناحية
فسطينة لكونى لا افدر على السكنى هناك من حيث انها ارض
صحراء وليس فيها ما يونس القلب من امور المنبعة وجلب المدخول
والنظر لسيادتك والسلام من خديمك السعيد بن محمد عدل محكمة
ازوي عرش اولاد ارشاش من دايرة نبسة من عمالة فسطينة الواضع
اسمه بخط يده اسفله ١٦ في سبطنبر سنة ١٨٧٢ السعيد بن محمد
وبقه الله امين

### XXXIV. N... a été victime de l'insurrection ; il demande une place de Bach-Adel

اسعد الله احوال المعظم الاروع المحترم الانبع ذى المفالت السنيّت والمآثر العليّت السيد الكمازذة ملان دام الله حياتك بالعزّ والهناء ان شاء الله اميـس الله امين السلام لاتمّ يعمّ حضرتك البهيّت وسيادتك المرضيّت ثم السؤال عنك واستبادة صحّتك وسلامتك جعلـها الله وفق مُرادِك وبعد سيدي اسعد الله دولتك وانبذ حُكَمك إنّ لي مُدّة اربعة سنين وانا عدل ي محكمة البّرج وخدمتُ فيها بالنيّة وكـل الخدمت عليّ وفي هذه السنت حين فسدت العمـالة افيتُ ي البرج دون اصحاب الوظايب كلّهم واوّل من اخذوا له ي البلد دارًا اخذوها لي عند الساعة العاشرة ونصوب نهارًا وانا اضرب ي جهـة اخرى وهـم اخذوها وخرجت زوجتي هاربت حين هـجمـوا على الدار وعند احتوايـهم على البلد دخلتُ للمفصبة وانحصرتُ فيـها وحين نصرتّـنا الدولة العزيزة وخرجنا من الحصرة انيتُ الى سطيوب ففيرًا محتاجا ولـمّا اصابني الضّرُر طلبتُ الاذن ومشيّتُ الى بلدي وهى ميلة لاجل ان ابيع موضعا لاقتَاتَ فماذا بـنا حصرونا الفبايل ومـا وجدت احدا يشتري مني وحين فرج الله علىّ من الحصرة رجعتُ الى سطيوب والان سيدى اطلب منك ومن شريو فدرك ان تنعم علىّ بمنصب باش عدل إمـا ي محكمـة البرج او ي محاكم العمالت والتي تمن عليّ بهـا فهو خير منك وفصل وانا فرحان بتوليتك عندنا

ايها السيد واطلب من المولى عزّ وجلّ ان يعطف علينا بالرزق
والعافية والهنا ودُمْتَ في امن وامان وعليك السلام التامّ وعلى اهل
مجلسك من ابنك وخديمك فلان في ٢٠ اكتوبر سنة ١٨٧|

## XXXV. Réclamation adressée à un Général relativement à des jardins

الى سعادة المعظم لا جل لا عز لا فضل لا وبى لا جمل الفارس لا فضل
لا أسد الشّجاع البطل الفرّاع لا مير لا عظم سيدنا الجنرال فلان ادام الله
مفاخرك واسعد ايّامك واحرس جدّك واعلا في سماء المعالي كوكب
عزّك يليه إعلامك سيدَنا كيف انت وكيف هى احوالك المرضيّة
الطيّبة الزكية الشاملة الوافية ولا نسأل لا عن سعادة ايامك وصالح
أفعالك هـذا والّذي وجب به اعلامك سيدنا انّـنا محسوبون
ومنسوبون خُدّامك وعِوَض اولادك ومن شانكم وعهد ميشافكم انّكم
اذا انّعمتم على احد بشىء من الاشياء جلّ او فلّ فـلا ترجعون فيـما
تتبغضّون به ولّيكنْ في كريم علمك اننا لما كانت وقعت الاغواط
كان ذهب لنا مال جزيل كما في علم كريم سيادتك وحين نظـر
السيد الكرنيل فلان لضياع مالنا وتشتيت احوالنا انعم علينا في مُقابلة
ما ضاع مـنّـا بجنانين لمخاريج بنى الاغواط الذين هى لهم بفريضة
تاجهوت وما زالت بايدينا الى الان ولما كان ذلك كذلك اتانا
الدومين واراد نـزعها من ايدينا وان يجعلها في الدلالت رغما عنّا
والمطلوب سيدنا من جزيل فضلك وكريم جودك ان تنظر في هذه

القضية بما يظهر لك بان جُدتَّ علينا بها فجازاك الله عنّا افضل

مُجازاة لانك اب وسيّد ونحن خُدّام واولاد وانْ لـم يظهرُ لك

سيدنا ذلك فوجهك خير لنا من جميع حُطام الدُّنْيا لاكن نُريد

منك ومن كريـم إحسانك إنْ كان ذلك لا بُدَّ منه أنْ تُعَلِّم

الدومين الذي هنا يبيعها منّا بِحَيْثُ ان لا تخرج من ايديـــنا

ونظرك هـو المبارك السديد ودُمْتَ ودامت لك العافية والسلام

من خدّامك وعوض اولادك المنسوبين عليك اغـت بلان واخويه

الشيخ بلان والشيخ بلان صح ما ذُكِرَ بتاريخ يـوم ٢٦ من شـوال

سـنة ١٢٧٨

**XXXVJ.** Les gens de tel endroit désireraient conserver
l'administration des biens hobous

مـن كُبَرآء جماعة عرش زمورة الى حضرة السيد الكرونيل بلان رايس

الجماعة الكبيرة المكلّفة بتحديد البلدان صانه الله ورعاه اميـــــن

السلام عليك ورحمة الله تعالى وبركاته يليه سيدنا نُخبرك بحالنا

وان صاحب الدومين طلب ارزاف الحبوس واراد ان يُدْخلها في

خزانة البائلك وهذا الامر مُقرَّر عندنا ولا لنا نتعرّض في ذلك وهو

حقّ بالشريعة البرنصاوية وقد وقع ذلك في بلدان غير بلدنا ولكن

يا سيدنا نـوسّلـنا بك ان نبلّغ جوابنا هذا على يدك الى مولانا

السلطان اعزّه الله وعسى ان يُنعم علينا بإبقاء ارزاف الاحباس على

حالها للجماعة لاجل مصالح دُثُرنا العائدة على مصالح العامّة من

اصلاح ما خُرِب من الفناطير والطُرُف والمقابر وما قُسِدَ من المساجد
واشراف الضوء في الازقّة والمساجد وغير ذلك ممّا فيه اصلاح الرعيّة
وان لم يُنعم علينا سيدنا السلطان بابقآء ارزاف الاحباس ونزعها
منّا صاحب الدومين لا نَجد ما نُصرّفه على ما ذُكِر ولا ما نُعْطي
الأئمّة الذين يعلّمون الصبيان الفراة واللغة والادب ومع ذلك لا
نقدر ان نَترك اولادنا بـلا فـراة ولا نتعلّم وان الناس الذين اعطوا
ارزافـهم للمساجد مرادهم على وجهَين احدها على وجه الصدقة في امر
ديـنهم والثاني على وجه المصلحة العامّة ينتفعون به في امر اصلاح
بلادهم وعلى كلّ حال انّ الشئ المتصدّف به شئي فليل بعضه رفايع
حرث فليلة الثمن كحرث يوم او يومَين او ثلاثة ايّام وبعضه اشجار
زيتون كاملة وبعضها نصب شجرة او افلّ وبعضه اجـزآء في الأرضيّة
كالعُشر او نصب العُشر وهذا كله من اجل بلدنا كلها مهلوكة ملك
خصُوصي لاربابه على كل حال نرجع الى ما ذكرنا اعلاه فلا لنا فصد
ولا غرض فيـما يغيّر الشرع البرنصاوي ولا يكون ذلك في مـرادنا
وانما نطلب الانعام والاحسان والمحنّة من الله تعالى ومن السلطان
الاعظم اعـزّه الله تعالى



الى المعظم المحترم المبجل الافخم سعادة السيد الجنرال ولان الحاكم
بفسطينة وساير عمالتها ايّده الله السلام الاتمّ يعمّ حضرتكم العلية وبعـد

والذي يُنهَى لرفيع مقامكم خيرًا ان شاء الله وهـو انه لما حصل علينا

الانعام من جانب الدولة العليّة باسترجاع املاكـنا حَسْبَمـا اقتضته

الشريعة وكانت تلك الاملاك بيد الغير بالغصب والقهر اردنا الان

من جزيل فضلك وكامل احسانك حيث رجعَتْ الينا ان تبـرز

لنا اذنًا من عُلـيِّ جنابك بالقدوم والمشي الى املاكـنا المذكورة ببلد

برجيوة لأنّ املاكـنا هذه مختلطة مع املاك افاربـنا اولاد عاشور ومع

املاك غيرهم من القبايل فان تخلّينـا عنها فانها تضيع من كل وجه

كما نطلب من سيادتك ان تاذن فاضي برجيوة يُقِفُ معنا على

ملكـنا المذكور لنعيّن حدوده ومنافعه التابعة له ومن ادّعى علينا ملكية

شيئي منه وزعم ذلك يقبل منا شهود الملكية ويتّصِل كل واحد بحقه

لانـنا لا نقدر على شـي لا باذنـكم لما اننا نعـلم ان أُناس تلك

الناحية يكرهونـنا ولا يخجباكم ما وقع بين اولاد عاشور من العداوة

التى كانت سببا لاخذ املاكـنا غصبًا واستغلالها ظلمًا ولو لا عدلكم

واحسانكم ما رجعتْ ولا رايـنا منها شيا حتى انـهم لو وجدوا قـدرة

ما دخلـنا برجيوة اصلا والعجيب منهم حيث فهرّتـهم الدولة بعدلها

ومكّنت كلَّ ذي حق بحقه صاروا ينسبون الفـوّة للضعيب مثلـنا

وينسبون له توقّع الفساد منه لجانب الدولة ولم يعلموا ان الدولة

قـرح بعدلها كلَّ مظلوم وحزِن بقهرها كلَّ ظالم غشوم وكيف يُقابل

المُحسِن بالاساء ونحن دخلـنا تحت اجنحتكم لامر المعيشة بيتّـوا

علينا بالرجوع لاملاكـنا فانـنا في الضيعة والوقوب عليها كما نطلب

من فضلكم ان يتوجد بعضنا من السبايس مَنْ يُشاهد كل امر وندور

على ملكنا كله و حكم سطيوب وفي حكم جيجل ونحن خدّامكم

واولادكم وبعد تمام المقصود نرجع لمحلنا والسلام من ابنكم وخديمكم

سي بـلان

<br>

**XXXVIII. Plainte adressée au Général contre un Cadi**

الى حضرة المعظم الاربع سعادة السيد الجينرال دوبيزيون الحاكم ببلد

قسنطينة وساير عمالتها السلام التام والرحمة وبعد بالذي يُنهَى الى

سيادتكم ان اهل عرش علية فاموا علينا مُنذُ مدّة تزيد على ثلاثة اشهُر

وطلبوا مُخاصمتنا لدى قاضي وطنهم في شان قطعة من ارضنا المعروفة

بالصويري مُحمادية لارضهم كان اعطانا اياها كومسيون سعادة السيد

الجينرال وقت انتصابه حكومة وطن قسنطينة وذلك لما نحفظ

عند الكومسيون المذكور تعدّي اهل عرش العلمة على ارضنا وذهبنا

نحن لدى القاضي المذكور وعرفناه بانّه لا وجه له في سماع الخصومة

حَيْثُ كانت على القطعة التي اعطاها لنا الكومسيون وانه ان ظهر له

سماعها يجعل حكما ونطلب فيه الاعادة في الطريبونال واننا نحن

الذين نريد مخاصمة العلمة على قطعة اخرى لا زالوا متعدين عليها

فاذا بالقاضي حكم علينا من غير حضور وبغير حق وما حسبنا إلا

طلب الاعادة في المجلس وأعيدت القضية وظهر حكم القاضي مغلوطا

من وجوه وخالفه اهل المجلس وها هي القضية قد رفعناها للطريبونال

لِأَنَّه هو الذي يُبْطِل حكمه او يُصحّحه وبفينا غافلين فاذا بالقاضي
المذكور ارسل لنا مرّتين يامرنا بالقدوم اليه لاجل ان نخاصم العلجة
في الخصومة التي كنّا اردنا نحن إنشاءها مع العلجة على القطعة التي
لا زالوا متمعدين عليها فارسلنا لهُ جوابًا فلمنا له انّنا الذين نحبّ
ان نطلب العلجة للخصام واننا الآن غفلنا عن طلبهم حتى تنفصل
قضيتنا معهم عند الطريبونال ولا نجعل خصومتين في وقت واحد فلم
يسمع لكلامنا ورد لنا جوابا يامرنا بالقدوم للخصام ولا بد من غير
تنبريط فبانظر ايم السيد هذا الغرض الفاسد فانه يريد ان يُلزمنا
بطلب خصومة بالكره علينا مع ان الذي يطلب الخصومة هو في
غرضه يطلب او يبطل وايضا فان الوكيل الذي يقوم مقامنا غايب
ببلد الجزاير وقد عرّفنا القاضي به وهو يغفل ويكتب التذاكر
باسمه ولما خفنا منه ان يظلمنا كالمرة الاولى ها نحن رفعنا امرنا
اليك لتزجره عن هذا الفعل لانه بالشريعة لا وجه له في الزامنا
بالشروع في خصومه وان اردت فاسل العُلَمَاء تجده غالطا والسلام
من الواضعين خطّ يديهما اسفل تاريخه حُرِّر في ١٩ من دصانبر
سنة ١٨٦٨ محمد بن العربي وعبد الرحمان ابن الفريشي



اسعد الله اوقات محلّ العلوّ والارتفاع وجعل جحول الجيش في السهل
والانقطاع واستحسنتْ بطبايعه جميع الخاص والعام لكونه محسن

الطباع صاحب السير الحميد والراي السديد المعظّم الاربع المحترم
الانفع سعدة السيد الجنيرال ولان الحاكم بفسنطينة وساير عمالتها دام
عزّه وعلاه ءامين السلام على حضرتكم العلية وسيرتكم الحميدة المرضية
وبعد والذي يَجِبُ اعلامكم به انه في شهر مارس سنة ١٨٦٧ كنتُ
زوّجتُ ابنتي من رجل يُقال له سي المولود بن علي من التلاغمة من
سُكّان المدرسة وكان التزم لـنا بالسَّكنَى ببلد فسنطينة ولا يُخرجـها
للبادية بعد توظيفه ببعض الوظايف الّا برضاها وثانيا أنّ افامتـه
تكون معي وانا مع ابنتي وكذلك ولدي واذا اراد التحوّل ببيته
وحده فستكون زوجته امرها بيدها وذلك طلافها فرَضيَ بذلك ثم
مكثـت معـنا مدّة ونحن في عيش هـني ومُتعاونون على المعيشة واكثر
المصروف من عندي انا وولدي لانه رجل طالب ولم تكن له حرفة
سوى ما ياخذ من المدرسة في كل يوم اثنى عشر صوردي ومنهـا مصروفه
في نفسه غير مصروف البيت والبيت فايم بـنا انا وولدي وفي
شهر جوان سنة ١٨٦٨ تـولّى عدلًا بالفسم الثلاثين من حكم نبسّة عمالة
فسنطينة وبقى يخدم في تلك الوظيفة مدة وانا وابنتي وولدي بفسنطينة
وهو في كل ساعة يُراوِدنـا ويطلب منّا الذهاب معه ولم نَرضَ بذلك
خوفـا منه ان يبـعـل معـنا المكروه وهـو ما زال يكرّر علينا الذهاب
المرّة بعد المرّة بالاجوبة وفي نفانبر سنة ١٨٦٨ اتى هـو نفسه ورغبـنا
لـنذهب معه الى نبسّة جميعا وغلبـنا بالاحسان في تلك الايام ووعد
انه يفوم بـنا كما يستحق فاجبناه الى ذلك وسافر هو لانفضاء مدة

تسريحه وبعد ايام ذهبنا اليه ثبسة فلما وصلنا اليه أقمنا معه

ايامًا على احسن حال ثم تغلب علينا وبقي يبخل معنا في فلّة

المصروف حتى توافقنا امام القاضي والزمه بالنفقة علينا انا وولدي

حيث اخرجنا من بلدنا والتزم بنفقتنا فبقي ينفق علينا بالبرض

كما رتّبت عليه تلك الشريعة ونحن معه في اسوء حال وامرّ عيشة

وفي شهر فبيري سنة ١٨٦٩ طلّق زوجته والتزم بدفع خمسة عشر

فرنك في كل شهر فرضًا على ولده وبفينا نخاصم فيه ليُرجعنا الى

بلادنا من حيث اتى بنا واننا لم تكن لنا معرفة باحد هناك ولا

بالطريف ورجع الينا بالاحسان وذلك تحيّل منه وخديعة حيث

كانت المراة في تلك الساعة بالحمل وخاب من الزامه بفرضَين

ورجع الينا والتزم بدفع مايت فرنك لزوجته خطبت كما هي العادة

ويُراجعها فنظرنا لاحوالنا واننا لم نجد اين نذهب من كوننا من

غير سكّان ذلك الوطن فرضينا بذلك بعد ما رغبنا المرة بعد المرة

فلما رجّعنا له زوجته ورجعنا اليه تغلّب ايضا علينا وصار يبخل

معنا في فلة المصروف اكثر من المرة الاولى ومع هذا سيدي ان

القاضى الذي يحكم بيننا هو عدل من عدوله فكيف يكون حالنا

معه الحاصل سيدي وطلّقها ايضا طلقةً ثانيةً من غير حضور امّها انا

ولا اخيها ونحن في دار اخرى في تلك الايام ولم يحضر ساعة الطلاف

لا هو والقاضي لانّه اتى بها الى داره التي يسكن فيها ولم يذهب

بها الى دار الحكم ليشاهد ذلك جميع اهل دار القاضى ومع هذا

سيدي انه من جملة ما ضيّق عليها في تلك المدة التي ردها فيها
من الضرب والفعل القبيح حتى أسقط لها الجنين من بطنها واشرفت
على الهلاك وبقيت متألمة من ذلك الحين الى الان وانها في
أسوء حال بلدها وقع ذلك ولم نجد من يفهم بحقنا رفعنا امرنا
الى القاضي على ما فعل بابنتنا فقال لنا انه من عادة البادية
يفعلون اكثر من هذا بنساهم فلما بلغنا منه ذلك وتحققنا لنا ميله
الى عدله بعنا حوايجنا بالخسرثين كل حاجة بنصف قيمتها او اقل
وكرينا الزوايل ورجعنا الى فسطينة في شهر ابريل سنة ١٨٦٩ ومن
ذلك الوقت نحن ننتظر اليه ليرسل لنا العوض على ولده ولم يرسل
لنا شيّا وفي هذه الايام ارسل لنا كاغط الطلقة وهو واحد من الشاهدين
فيها وذلك بعد ما كتبناه عليها المرة بعد المرة وكتب في الطلقة انها
قبضت مايتين برنك ومنها ماية المَصَالِح بها اوّلا والماية الثانية
هي الباقية من صداقها وهي سيدي مكتوبة في كاغط العقد لمدة
خمسة اعوام وهي لازمة بذمته وكتب انها تحمّلت بنفقة ولدها لمدة
تسعة اعوام وهذا كله سيدي لم يقع بيننا ولا بحضورنا فلها كان الامر
كما ذُكر كتبنا هذا الجواب لسيادتك ورفعنا امرنا اليك لتكتب
من سعادتك جوابا الى حاكم نبتت يامره بالقدوم الى فسطينة وبان
نتوافق امام القاضي هنا من كون ذلك الوطن من جانبه
حيث كان واحدا من عدوله كما ذُكر اوّلا بالمطلوب من حضرتك
العلية وسيادتك المرضية ان تنظر في قضيتنا ونحن خدامك ومحسوبون

على الدولة وفي غير بلادنا ضاع حقّنا وانتم الحكّام لا ترضون بذلك
ونحن خبرناك بما وقع لنا والنظر اليك ودمت ودامت معاليك
واسعدت ايامك ولياليك والسلام من المكتوب عن اذنها خديمتكم
وريدة بنت سي احمد الساكنة بدار بن الزبيري مقابلة مسجد ابي
عنابة المرشوم عليها نمرو ٢٦ والمسمّى زفافها باللغة الفرانصوية الرو
ديزواب من حومة باب الجبابي حُرّر في ٣١ اوط سنة ١٨٦٩

## XL. Un Cadi, contre lequel des plaintes ont été portées, cherche à se disculper

الى السيد فلان السلام عليكم و بعد بلغني ان أناس الخشنت اشتكوا
بي وكتبوا الى السيد الجنرال حاكم عمالة الجزاير نعم السيد بما فعلوا
ذلك الّا بغضا وشحنا لعدم الرضا لما حكمت على بعضهم فيها عرض
لدىّ من المخاصمة مع غيرهم وبكيبوا بما نسبوا الىّ مع اني قديم في
خدمتكم ومتمسّك بحرمة الدولة الفرانصية منذُ نحو ثلاثة وعشرين سنة
وعالم بفوانينكم المتواترة بيدي ولا يخفى سيدي ان الخصمين في
كل زمان ومكان مهما تخاصما في نازلة فيما الحقّ لا لاحدهما ثم
ان المغلوب دايما يتشفّى بغضه على من حكم عليه واذا وجد اليه سبيلا
رماه بما لا يُنسَبُ اليه فط والان ابسر لكك ما حمل كل واحد منهم
على الشكايت فيان احمد بن اسماعيل فقد حضر عندي مع سي على
ناصر في شان رهنية ارض وتضاربا امامنا وبحضر شيخ الاشياخ دوار
بوزفزة وكتبت فيهما للفايد الاكحل بعافبهما بخطئة عشرين فرنك

وها هي مسجّلة في دوتر شيخ الاشياخ بـوزقرزة وكان يشتري دايما
خصومات مظالم حسبما شهدوا اناس الوطن وكما كنت حكمت عليه
في نازلة وقعت بينه وبين سي محمود الزيتوني الساكن في حوش بن
الجوهر واما محمد بن علي لما توفّي ابوه كتبت له رسم وريضة في عاشر
سبتانبر سنة ١٨٦٦ وكان عليه نحو اربعمية وبرانك دينا فسجلت ذلك
وبدوع ما بذمة ابيه وحضر لدي برسم البريضة يريد تجديدها واسقاط
لبظ الدين وحين امرته بكتابة رسم اخر يتضمّن الابراء فام معي
بالتشاجر في وسط الناس واما محمد بن عاشور كان سالبا اشتري رفعة
تـرابية من رمضان في اولاد ابراهيم واستشفعها منه السيد محمد بوستة
فحكمت بصحّة شفعته لشركته في الارض فهذا سبب شكايتهم عايّ
وعليكم الوٍ سلام

# TROISIÈME PARTIE

## PIÈCES JUDICIAIRES

### I. La succession d'un tel n'a pas été partagée

وبعد الذي يكون في شريف علمك ان حاملة الجواب اليك مريم
بنت الخير ماتت ابوها مُنْذُ زمان قدره عشرون سنةً او اكثر وترك
عفارا بيدى الحاج احمد والان ارادَتْ ان تاخذ ما نابها في متروك
ابيها لان اباها لم يترك ولدا سواها والعاصب الحاج احمد المذكور
وصعُبَتْ عليها المعيشةُ لا سيّما في هذا الوقت وهاني استشرتك في
قضيتها لان قضيتها لها زمان وانت تنظر وعليك البو ســـلام

### II. A propos d'une succession

وبعد اتاني جوابك الرفيع وطلبتَ مني لاخبار عن قضية حاملت
الجواب زينب اعلم سيدي ان زوجها تُوُقِّيَ مُنْذُ مدة تسعة سنين ولم
تَضْرَبْ فيه الفريضة ثم مات ابنها زمان ولايت سي الطيب وضرب

وريثته ولم يذكرها أصلًا ولم يجعل لها نصيبا في الميراث ثم مات ولد
أبنتها وهي ليس لها حقّ في تريكته والان ارادت الإتّصال بحقّها
في وريثة زوجها وولدها فبأن امرتني بالدخول بالنظر في رسم سي
الطيب انظره والـفد اشتكل عليّ الامر حَيْث لم يَذْكُرها سي الطيب
في رسم التريكة والسلام

### III. L'affaire de N... a été réglée

حضرة المعظم الارفع السيد البروكرور جنرال بافليم الجزاير في التاريخ
بعد اهداء السلام اليكم ولطائف الانعام فالامر الذى نُعلِمكم به ان شاء
الله خير هـو انه بلغـنا من جنابكم العالى مكتوب مؤرّخ باليوم الرابع
عشر من فيفري شهر التاريخ مضمنه ان سى محمد بن الحاج موسى
اشتكى اليكم فايـلا لكم باننا لم نُرِدْ ان نفصل دعوتنه مع سى حمّود
ولد حصصة الخيّاط الى آخر ما ذكرتُم وبهمناه اعْلَمْ سيدنا بانه حضر بين
ايدينا مع خصمه المذكور وفصلـنا قضيتهما على مُفتَضَى الشرع والسلام
ممّن كتب عن اذنه العلّامة السيد مصطفى قاضى المالكّية بالجزاير
الواضع خاتمه فيه بتاريخ ٢٣ فيفري سنة ١٨٧٦

### IV. A propos d'une pension alimentaire

عن اذن الشيخ الامام قاضي المالكية في التاريخ وهو السيد فلان الى
حضرة موسى وكيل الدولة في التاريخ بعد المسالمة والمكالمة والملاحة

وكثّر الله خيرك واعانك على فِعل الخير امين وبالمعروض على مسامعك

فيه خيرًا ان شآء الله تعالى وانها وفّت لدينا الولية عايشة بنت علي

شاكية بصهرها المكرم علي الزيّات وانها كانت تخاصمت معه على شان

نفيقة وثُبت لها الحق ولم يَرْض بذلك ولا ادّى لها نفيقة أصلاً

بالمراد منك ان تبعث له ويؤدي لها ما وجب عليه وهذا ما منّا

اليكم عرّفناكم به وعليكم السلام التّام

## V. Envoi de registres

الى حضرة السيد وكيل الدولة السلام التام الشامل العام وبعد وبالذي

يُنْهَى الى سيادتكم اننا ارسلنا لكم الدفاتر لوضع خطّ اليد فيها

حسب العادة وارسلنا لكم معها ثلاثة جداول احدها يتضمّن حصر ما

وقع في المحكمة من الرسوم في شهر اوط الماضي والثاني لِمَا انتقل

لبيت المال من الامانين في الشهر المذكور والثالث اصله معه لِمَا

يحصل لبيت المال من النفع مع تبيين العشر غير انه لما لم يحصل

شئ في الشهر المذكور ارسلناه لكم فارغا وهذا ما منّا اليكم والسلام

## VI. Affaire relative à des dégâts faits dans un jardin

الى السيد القبطان فلان نائب بيرو عرب الجزاير السلام عليك وبعد

كنتَ امرتَني بوصل فضية احميطوش بن حموش العمالي مع سي

محمد بن الطاهر واولاده في شان تقدير خسارة جنان احميطوش وبان

اخبرك بعدُ بفصل الفضية اعلم سيدي بان احيطوش راودوه الناس
على اخذ مايـة وثلاثين برنك من سي مُحمد بن الطاهـر واولاده
وبـقبل منـهم ذلك ثم حضر لدينـا و سوف الجمعة احميطوش مع
سي مُحمد بن الطاهر واولاده واشهدوا على انفُسهم بالصلح كها ذُكِر
وبـقبض احميطوش مايـة وثلاثين برنك باعترافه والسـلام وكُتـب
و ١٥ اكتـوبر سنة ١٨٦٩ محمد بن التومي امنه الله بمنّه وكَرَمِه امين

**VII. Le Cadi a mis l'accord entre telles personnes**

عن اذن الشيخ العالم العلّامة وهو السيد حسن فاضي الحنفية و التاريخ
بـبلد الجزاير المحمية بالله تعلى الى المعظم الاربع موسيوا وكيل الدولة
بعد المسالمة والمكالمة كثـر الله خيرك نعلمُك انه وصلنا مكتوبك
العزيز علينا و شان زُهيرة بنت محمد وابنتـها خروفة بنت احمد
وزوج البنت احمد ابن محمد والمشاجرة والضرب الذي صار بينهم
واحضرنا الجميع لدينا وصالحنا بينهم على انـهم لا يرجعون الى ما
صار بينهم ولا يتعدّى احدهم على الاخر بعد هذا وهذا ما منّا اليك
وعليك السلام و البدآء والختام واخبرناك به

**VIII. A propos d'une limite entre deux terrains**

بعـد السلام بـلتَعـلَّم انه بلغني جوابك وفراتـه وبهمتُه جُمْلَة
وتفصيلا مضمنه انك سالتني عن شان جنّـة احمد والمراة الشاكية لك
بان تلك الجنّة فُسمَت مُنْذُ ثمانية وعشرين سنةً وجعلوا حدّا فاصلا

بين القِسْمَتَيْن وآدّعى احمد انّه يقدر ان يَمُرّ من ذلك الحدّ ومَنْعَتْه

المراة من ذلك فعند ذلك بعثتُ عدلَين احدهما من محكمة المالكية

والاخر من محكمة الحنفية ووفقًا على عين اللجنة المذكورة مع جماعة

من المحلّ المذكور وشهدوا ناس كثيرون انّ ذلك الحدّ هو الطريف

من تاريخ القسمة الى الان فحكمتُ له بصحّة ذلك في المجلس

وعليك السلام التامّ

IX. Le Cadi demande la mise en liberté d'un prisonnier

الى المعظم السيد وكيل الدولة اعزّه الله امين السلام التامّ الشامل العامّ

وبعد وانا كنّا طلبنا منكم بجواب مورخ بثانى عشر جوان الماضي

نومرو ٦٢ ان تامروا بسجن احمد بن دحمان في دين خليل بن الهاشمي

المثبتت عليه برسم حكم وسُجِنَ والان فد ذكر لنا انه طال سجنه وعزم

على جعل تاويل مع طالبه بالدين بصلح او بضامن يضمنه في الاداء

لاجل الّا ان ذلك يتعذّر عليه لكونه في السجن وليس له من يقوم

مقامه في عقد الصلح او الاتيان بالضامن وان لم يُطْلَق من السجن

يبقى فيه دائما وطلب السراح ايّاما ليعمل تاويلا مع الحاج خليل

المزبور واجبناه لمراده وها نحن نرغب منكم ان تاذنوا بتسريحه

ليدبّر على نفسه وبيما زُبِر وبيان صادف في كلامه (1) والّا يُرَدّ

للسجين ان طلب خصمه سجنه ثانيًا والسلام من الشيخ القاضى

(1) Il faut sous-entendre : *tout ira bien*, ou *l'affaire sera définitivement réglée*, ou quelque autre proposition de ce genre.

**X. L'affaire d'un tel n'ayant pas été jugée, c'est à tort
qu'il a porté plainte**

الى السيد وكيل الدولة بقسنطينة السلام عليكم وبعــد فد ورد علينـا

جوابكم السعيد المؤرّخ بالسادس عشر من جوان المسيحيّ سنة التاريخ

عليه نمرو ٢١٩٧ مضمنه شكاية سي عبد الله بن عمر الساكن بقسنطينة

بانه فقير وطالب منكم ان تكون قضيته في المجلس ويكون الحكم

الذي برزنُه عليه انا بينه وبين عمر بن يوسف مجّانًا لفُقره وامرتني

بان ألـزم باش عدل يفيّد طلبه فورًا وأُخبر انا اهل المجلس على

لسانك ينظرونها مجّانًا نعم ليس الامـر كذلك لانّ شكايته على

الخطا وان قضيته لم يكن فيها حكم وانما رسم اشهاد لا غير ولا زال

الحكم عليها الى ان يكمل أجلها شرعًا ويكون الحكم على واحد منهما

وهاني اخبرتكم ليكون في علمـكم وشكاية من لا يعرف حكم الشريعت

من العرب كلها تكون على خلاف ما عند القاضي وانت أعـرَفُ

العاربين والســـلام



**XI. Le Cadi prie le Procureur du Gouvernement de laisser sortir
un prisonnier**

عن اذن الشيخ الفقيه العالم العلّامت وهو السيد حسن فاضي الحنفية

من بلد الجزايرِ في التاريخ ايّده الله الواضع طابعه اعـلاه دام علاه

الى المعظم الاربع الهمام الانفع موسيو وكيل الدولة في التاريخ بعــد

السلام والاكرام والانعام نعلمـك ان المكرم مسعود البسكري طلب منّا

ان نكتب اليك هـذا المكتوب في شان خصمه العروسى البسكري
المسجون الان بدار سركاجي يـريدُ أنْ يحضَر معه للخصومة لدينـا
بالمحكمة الحنفية بعد الظهر بنصب ساعة فان كان هذا يمكن فأمُرُ (1)
من يأتي به في الوقت المذكور مع خصمه وعليك السلام في البداء
والختام بتاريخ اليوم ١٥ من شعبان وهو يوم الاربعآء سنة ١٢٦٠.

**XII. Telle affaire, relative à un vol, n'est pas de la compétence
du Cadi**

الى حضرة السيد وكيل الدولة وبعد والذي يُنهَى الى سيادتكم انه
بلغـنا كتاب شكاية العربي بن محمد وامركم ايانا بنظر شكايته ووصّل
فضيته واخباركم بالوجه الذي نفصل عليه فضيته والذي نُجيب
سيادتكم به ان هذا الرجل قدم الينا وآدّعى انه كان في الثامن عشر
من شهر ماي الماضى ضاع له بغل ازرق اللون وانه وجده بييد رجل
مالطي يُقال له يوسف وان المالطى اخبره بانه اشتراه من محمد بن
العربي الساكن بالمدينة جنان الحربة وأراد العربي المذكور مخاصمة
محمد المذكور ولما كانت الشريعة تُوجِبُ الخصومة مع من بيده البغل
وهو رجل مالطى لاتناله احكام الشريعة الاسلامية هـا نحن جعلـنا
حكمًا بينهما بصرف الخصومة للشريعة الفرانصوية وعرّفنا سيادتكم
بذلك حسبَ امـركم والسلام

(1) Impératif du verbe أَمَرَ

## XIII. Réponse du Cadi sur l'affaire de la dame une telle

الى السيد وكيل الدولة بقسنطينة ادام الله عزّه وهناه السلام التامّ

عليكم وبعد بقد بلغني جوابكم المورّخ بالسابع والعشرين من شهر

ابريل المنصرم نمرو ١٣٩٠ مضمنه هو ان سعيد بن عمار اشتكى لحضرتكم

ان زوج ابنته السحمدي بن علي الفاطن بواد الزناتي أضرّ بابنته

المزبورة ومراده ان يضع المراة وهي فاطمة بنت سعيد بدار الشيخ

الهبتي حتى يتمّ الخصام بينها وبين زوجها ومرادكم ان أُخبركم هل

برز مني حكم في نازلتهما ام لا اعلم ايتها السيد ان المراة المزبورة

ادّعت ان زوجها مُضِرّ بها ووُضِعت بين قوم صالحين وهو الطيب

بن محمد الساكن بواد الزناتي ولا زالت لم تُثبّتْ دعواها ولهذا لم

احكم في قضيتهها حتى يزول الاشكال ويتعيّن الرئيسء منها

لصاحبه واذذاك يبقع القضاء على احدهما وامّا الان فلم يبقع قضاء

مني على واحد منهما والسلام من ذي الخاتم اسبلم القاضي بواد

الزناتي وقد ردّدت اليكم جواب شكايته اليكم والنظر الكامل لكم

## XIV. Le Mufti prévient que N... n'a pas remis les parts
## de tels héritiers

السيد ولان حاكم بيرو عرب سبيل بوهران السلام عليكم وبعد اعلمك

ان فاضي معسكر كان بصل تريكة رجل اسمه آبن غاني بين ورثته

وهم بنتان إحُداهما متزوّجة باحد ولد الحاج يحيى يسكن بها هنا

بوهران ولاخرى صغيرة عند اختها المذكورة وآبنٌ اسمه المختار مكتوب عسكري بمستغانم وناب لكلّ واحِدة من البِنْتَينِ ماية وثمانية عشر بورنك وناب للابن خمسون بورنك وبدفع الفاضي حظوظ الجميع بيد احمد ولد الحاج يحيى وامره ان يدفع لنا حظّ البنت الصغيرة يبقى موضوعًا ببيت المال على وَجْهِ لأمانة وندفع لها نفقتَ كلّ شهـر وكذلك حظّ لابن المختار يَبْقى ببَيْت المال الى ان يأتي لابن او يبعث وكيلا ندفع له حقّه فاذا بمِ لمّا وصل هنا لم يدفع لنا شيًا الى ان بعث لى الفاضى كتابه يِ البوشطة هذا هو الواقع اخبرتك به وآفرأ كتاب الفاضي تَفهمهم منه القضية والسلام يِ ١٤ من ربيع لأوّل

**XV. Un père ayant refusé de marier sa fille majeure, le Cadi
l'a mariée d'autorité**

الهعظم السيد وكيل الدولت السلام عليك وبعد اخبرك انه بلغني جوابك المورخ بالثالث والعشرين من شهر التاريخ الذي امرتني فيه ان اعرفك بشكاية المسعود بن العمري مع ابنته حدة وحمانة بن بالت نعـم سيدي ان البنت حدة كانت حضرت لدينا فارطًا واشتكَتْ بان اباها عضلَها عن التزويج مع تَكرُّر خُطّابها وبلوغها ورشدها وطلبت التزويج من ابي قرة بن برجات وأَمَرْتُه بتَزويجها مِنهُ فلما حضروا وامتنع من تزويجها منه صدر عليه حكم يِ ذلك مؤرخ باول شهر ابريل الماضي عليه نمرو ٧ وطلب ابوها الهجلس ووافق اهل الهجلس على الحكم ثم تزوّجت من ابي قرة المذكور واتّا حمانة

الهسطور لم يحضر لدينا ولا سمعنا منه كلاما وهذا ما كان عرفت به
سيادتك والسلام


**XVI. A propos d'une location qui n'a pas été payée**


حضرة المعظم المحترم الوجيه الاقبل وكيل سلطان فرانصة بالجزاير
السلام عليك ورحمة الله وبعد فان السيد الحاج عبد الرحمان وقف
لدينا مع الرايس مصطفى لانفليز الورديان عند كهندار البلاصة
بالمحكمة الشرعية وتخاصما في شان دار كاريها السيد الحاج عبد
الرحمان للرايس مصطفى بها قدره خمسماية فرانك في العام ويعجّل
له كراء كلّ ثلاث اشهر بالعام مضى وبقى بذمته له اثنان وسبعون
فرنك من كرايه وحكمنا عليه بدفع ذلك العدد له و بانه في غرّة
شهر التاريخ يدفع له ماية وخمسة وعشرين فرنك تعجيل كرآء الثلاث
اشهر والّا يرحل من الدار وبيد السيد الحاج عبد الرحمان رسم الحكم
والان حضر عندنا السيد الحاج عبد الرحمان وادّعى بان الرايس مصطفى
لم يدفع له ما تخلّد بذمته من كرآء العام الماضي ولا التسبيف واذه
امتنع من الوقوف معه في الشرع فيها نحن علّمناك بدعوتهما فالمراد
من فضلكم ان تُوصل كلّ ذي حق بحقه وهذا ما منا اليكم والسلام
في ٤ جمادي الثانية سنة ١٢٦١ وبامر القاضى على العرب بالجزاير
عبده محمد بن محمد

### XVII. La part de la dame N... n'a pas été fixée dans le partage de la succession de son premier mari

حضرة السيد فلان حاكم دايرة كذا الاعلام لك فيه خيرا ان شاء الله

وهو ان الحامل سي بالقاسم بن مُحمّد برفقة اولاد سيدي منصور كان

متزوّجًا بأمة الله الزهرة بنت محمّد وتُوُقِّيَت في عِصْمته فقام الان

مريدا أخذ حظّها من تريكة زوجها الذي كان متزوجًا بها قبله وهو

سي احمد بن عباس المُتَوَقّى عنها لانه هو القايم مقامها في ذلك

شرعا لان من مات عن حقّ وورّثه كما هو المالوب والشان المعروب

والحال ان وريضة سي احمد المزبور ضربها ابن مصباح في العــام

الفارط ولم يُعَيَّن حظّ زوجته المزبورة وترك بعض العقار لم يقوّمه من

كون الحامل لم يحضر وقت ضرب التريكة والان حيث قدم الـيَّ

مريدا تَعَيَّن حظّه المنوب له في إرث زوجته لم اقدر اواصله بحظّه

لـوجود رسم ابن مصباح حتّى استشيرك والنظر لك واريد منك ردّ

الجواب والله الموفّق للصّواب

### XVIII. Les membres du medjeles prient M. le Procureur du Gouvernement d'ordonner à X... de comparaître

عن اذن السادات العلماء الاعيان ومصابيح الزمان من مبيت وفاين

المنعقد بهم المجلس العلمي بالجامع الاعظم داخل الجزاير منــهم

الشيخان الفقيهان العلّامان وهما فلان وفلان والشيخ الفقيه العلّامة

النبيه السيد حسن قاضى الحنفية في التاريخ الواضع طابعه الربيع

اعلاه والشيخ لإمام العالم العلّامة الهُمام قاضي المالكية وهو السيد فدور
وقفه الله وسدّده الى حضرة وكيل الدولة في التاريخ بعد السلام المعروض
على مسامعك بيه خيران شاء الله وانه وفي لدينا السيد محمد
الشريف الحرّار صناعةً بالمجلس المذكور شاكيا بخصمه وهو السيد
فلان وانه امتنع منه ولم يقدم معه واخبرنا انه اتاك لاجل امتناعه
وامرّته بان نبعث له من يأتي به للخصومة وبعثنا له عونا فلم يجل
باخبروه بان سبب امتناعه الى ان تبعث له انت رسالة من عندك
بحينئذ يقدم الى وصل قضيته مع خصمه والّا فلا وحيث كان ذلك
كذلك لا بدّ ان تبعث له يوم الاربعاء ليكون ببال ويحضر يوم
الخميس الاتي من تاريخه لاجل ما ذُكِر وهذا ما منّا اليكم عرّفناكم
به وعليكم الى سلام



## XIX. Un chef de bureau demande des renseignements sur telle affaire

من المعظم المحترم السيد فلان المتولّى امور العرب في بونتة في التاريخ
الواضع خاتمه اعلاه دام علاه الى الفقهاء الاعلام المنعقد بهم المجلس
العلمي الشريف في بونتة صانهم الله وحفظهم السلام عليك ورحمة
الله بركاته بان قضية محمد بن محمد مسرار ما انفصلت وما انقطع
هرجها بين ورثته والك وبين ورثة عايشة بنت السيد احمد زيتونة
وهم عبد الرحمان وعلي وديينة زوجة حسن كونَ الحكم الصادر من
اهل المجلس بقالته ما صرحوا في براءة محمد بن فلان حين خاصموه

المدعون وكان إذّاك الورثة بعضهم حاضرًا وبعضهم غائبًا فإن الحاضر

وهو محمد بن حسن مسرار فايم في حقّه ونائب عن اولاده ومصطفى

الشفيف المدعى عليه لا غير الباقون مما ذكر لم يحضروا وادّعى محمد

بن محمد ان اهل المجلس ابـراوا ذمّته مما ذكر في طلب الثمن المزبور

في الحكم الذي ينيب على الـبـين وثلاثين ريالا دورية وبرنك

ونصب وبرنك وكذا السيد الحاج عبد الرحمان ابن الطيب يطالـب

في الثلث الذي تصدّق بـه الهالك المذكور وهو والد محمد بن محمد

مسرار لـيكون هـو القايم في ذلك هَلْ يُقْبَلُ قوله ام لا بَيِّنُوا لـنا

ذلك واسمعوا كـلام المدّعين فيما ذكـر لا غـيـر واما ما حكم بـه اهل

المجلس بـمقالمة صريحا فـلا يتعاود اتّباعا للـفنون إلّا إنْ أتَى امْرُ

بسماع الدعوى وتجديدها فتُجَدَّدُ والسلام حُرِّر في ٦ وبرار عام ١٨٥٩

والسلام من المذكور اعـلاه

XX. **Renseignements donnés par le Cadi au sujet d'un individu qui a été relâché de prison**

الى حضرة المعظم السيد البروكرور جنرال بالجزاير بعد السلام اللايق

بالمقام بلغـنا كتابك المؤرّخ في ٢٣ مارس شهـر التاريخ نومرو ١٣٩

مضمنه شكوة محمد بن يحيي بالباش عدل وانه سرح غريمه حمود بن

حيلات من السجن وطلبت منا ان نعرّبـكم بالقضية وأعلَم ايّها السيد

أنّ محمد الجلّاد بن يحيي الشاكى المذكور ثُبِتَ له دين بذمّة حمود

الحزارين حيلات بعد ان تُخاصما لدى نايبـنا الباش عدل حين

كنّا نجلس في قضايا الناس في المجلس اوّلَ الشهر وحكم بيـــــهها
الباش عدل المذكور ولما طلب محمد بن يحيى اداء الدين الثابت له
ادّعى حدود الجَفْر وانكره في ذلك محمد وآدّعى ان له مالا فامر
الباش عـدل المذكور بسجن حدود المذكور تنبهذا للحكم الى ان
يُثبِتَ عسرَهُ ثم اثبت حدود عسره بواسطة وكيله بـرسم بعدالة محكمة
المالكية واحضره لدى النايب المذكور لانه هو الذي حكم في النازلة
وهـو يتممها فلما ثَبتَ لديه عسر حدود المذكور ولم يكن له مال سوى
ما يتحصّل له من خدمة يده في صنعة حرّار اطلقه من السجن بمُقْتَضى
النصوص الشرعية وامره ان يؤدى لمحمد المزبور خمسة فرنك في كل
شهر من الدين المذكور ما دام معسرًا وحكم بما ذُكِرَ في اليوم العاشر من
مارس المذكور وان اراد محمد ان يطلب الاعادة في الحكم المذكور
فيحضر لدينا ونمكنه من ذلك والسلام كتب باذن الشيخ الفقيه
السيد محمد قاضى الحنفية بالجزاير الواضع طابعه فيه بتاريخ في ٢٥
مارس سنة ١٨٧٣

## XXI. N... n'a pas droit do passage sur le terrain de Z...

من عبد الله سبحانه محمد بن احمد قاضي قالمة الى المعظم المحترم
السيد السوبريفي بالبلد المذكور السلام عليك مع السؤال عنك
بموجبه ان ابنَي خربوفي الحاج احمد وعمارة كانا تراجعا معا مع
الطاهر ببّاي في شان الطريف التي ادعاها الاخير وهو الطاهر المذكور

يعبرها والطريف المذكورة اوسط جنان ابني خربوڤي وءال الامر بين
من ذُكِرَ الى ان وجّه القاضي المشار اليه عدليه الى الجنان المذكور
والطريف المذكورة وحضر الشهود وشهدوا ان الطريف التي ادّعاها
الطاهر المذكور هى ملك لابني خربوڤي وابن بباي له طريف غيرها
وسلّم بعد ذلك فيها كان يدّعيه ان الطريف له والتزم بان يمرّ
الطريف التى توصل الى جنان بن كسيرات وخدموها لانها طريف
عامّة وحكم القاضي بصحّة ما ذكر كيب زُبَرَ والآن تعدّى آبن بباى
المذكور مرّةً اخرى على ابنّي خربوڤي وصار يعبر الطريف التى
اوسط جنانهما وترك الطريف المذكورة وهى طريف العامة وتكرّر
تراجعها الى محل الحكم الشرعي شكايتهما بذلك له وطلب معا
أخبارك بذلك لتكبه عنها وتزجره عن فعله القبيح لهما ليرجع
عن اساءته بالدخول ڤي جنانهما فان لم يمتثل لامرك وعصاك كما
عصى حاكم الشرع فبختبّرنا لهن تكون الشكايت بعدك يشكيان له
لياخذ حفها ويزجره عن فعله معهما فاجبتهما لذلك طالبا انتصارها
للحف وَآلْحَقُّ أَحَقُّ أَنْ يُتَّبَعَ فِلا بُدّ ان تأخذ بحق المظلوم وتزجر
الظالم حسبها اولاك به السلطان لتُفْطَع مادّة الظّلَام ويُنَفّذَ امور
الحكّام وكاتبها محمد بن احمد قاضي قالمة

XXII. Les Cadis de tel cercle rendent compte de la décision qu'ils
ont prise relativement à telle affaire

الفاضل الاجلّ الكامل المبجّل سعادة السيد الكياندة الحاكم الكبير

بوطن الصحرآء السلام التامّ ولطائف التحيّة والاكرام وبعد فالذي
ينهى لدى شريف سيادتك اننا وقفنا على القانون السلطاني
المورّخ بالثامن من شهر جانوي سنـــة ١٨٧٠ المعلن بدخول الاقسام
الشرعية بوطن الصحرآء و الوظائف الشرعية الجارية بالنّل وان ذلك
ينبني على امور مفقودة وقت التاريخ هــنا من عدم وجدان الدفاتر
المعدّة للمجلس المستشار وغيرها من دفاتر الإعادة والقوانين المبيّنة
لذلك على التفصيل حسبما هو موجود ذلك كله بوطن النّل بيد القُضاة
ظهر لـنا ان نطلب من سيادتك احضار ما ذكر ليتمّ الحال ويؤسّس
ما نحن عليه في المــآل وقسمـنا على ذلك فصول الفصل الاول انه
لا بد لكل عدل محكمة فاش دفترٌ مخصوص يفيّد فيه طلب الإعادة
لدى المجلس المستشار وأنّ الطلب على يد العدل وهو المكلّف بذلك
حسبما صرح بذلك القانون المشار اليه ثم تاملنا القانون السلطاني
المختصّ بمجلس الشورى المورّخ بالعشرين من اوط سنة ١٨٦٧ في
ثاني الفصلين منه ان العدل يخبر باش عدل المجلس بورقة على
رفع الدعوى لدى المجلس بعد تقييدها وبيان قيمتها واسم المدّعى
وغير ذلك آلخ الفصل الثاني ان باش عدل المجلس يفيّد جميع
الدعاوي المخبَر بها في سجل مختصّ لذلك وعليه ان يخبر اعضآء
المجلس ليجتمعوا لفصلها عند راس كل شهر على حسب وجدان
القضايا الفصل الثالث ان اعضآء المجلس حين اجتماعهم اذا راوا ما
راوا في النازلة فعليهم ابداء الراي الاصوب فيها دون الحكم ويفيد

ذلك آلخ فنطلب من سيادتكم ان تسعى لنا في تحصيل الدفاتر

المذكورة لنكون على بصيرة في ذلك ونؤسّس الشريعة وليحصل لنا

بما ذكر مزيد الاعتناء، والوقوف التام وعدم الغلط والاهمال المتولّد

منه تضييع الحقوق وعدم الضبط للامور السياسيّة والسلام من الواضعين

اسماءهم عقب تاريخهم وذلك بتاريخ ٣ ابريل سنة ١٨٧٣

الحسين بن احمد          المسعود بن عبد الله          ابراهيم بن خليفة

وقّفه الله بمنه تعالى          وقّفه الله          وقّفه الله

## XXIII. A propos d'actes de succession

حضرة الخليفة السيد فلان امـا بعد السلام فقد كنت ذكرتُ لي في

٢١ شهر ماي ان الحاج عبد الله بن الزبير الساكن بتنس فد كـان

رفع شكايته اليكم بالحاج الميسوم الساكن بسوحلوا بانه فد غيّب عفود

تريكة محمد بن فلوح وامسكها عنده ولم يمكنها لاربابها من شركائه

في التريكة وانكرهم في ذلك وفلت لي أنظر شهوده ان شهدوا عندك

بان رسوم التريكة عند الحاج الميسوم فاكتُب لنا براة وخبّرنا بذلك

نبعث له من ياتي بالعفود جبرًا عليه فاعلم سيدي ان الشهود فد شهدوا

عندنا بذلك فان السيد معمّر بن ابى خاتـم شهد بانه حين كان

فاضيًا هو الذي كتب عفد تريكة محمد بن فلوح واعطاه بيد الحاج

الميسوم المذكور وبيوم الخميس الماضى فد اتى به اليه في تنس وفراه

له بنفسه والاحسن بن عـزّ شهد بان رسم متروك محمد بن خلوب

هو عند الحاج الميسوم المذكور الساكن ببوحلاوا والحاج عبد الله بن
المزابي شهد بمثله والحاج احمد بن جاول شهد بمثله ثـم بعد هذا كله
افـرّ الحاج الميسوم المذكور بانّ رسم متروك محمد بن بلوح المذكور
مع غيره من رسوم ترايك اولاده هي عنده بخيمته فامرناه ان ياتى
بها وامتنع وترك الشركاء معطلين في امر الشرع اكثر من شهرين ولم
افدر أُوَصِّل فضيتهم بسبب عدم ظهور هذه الرسوم التى عنده مع كون
هـؤلاء الشركاء فيهم يتنيم صغير بقى رزّفه ضائـعا ولم اعروب عدده
بسبب عدم اطلاعي على رُسوم هذه الترايك المذكورة وقد اكل رزف
هذا اليتنيم الحاج الميسوم المذكور وبسبب ذلك امتنع ان يُظهِر
هذه الرسوم التى عنده وترك الامر بين خمسة أُناس معطلا عن الشرع
وقد ربعوا امرهم بذلك التّي بها نحن اعلمناكم بالقضيّة وكتبنا لكم
الشهود لتشدّدون عليه حتى ياتى بهذه العقود لشركائه كئى لا يبفى
امرُهم معطّلًا في الشرع بسبب ذلك

# QUATRIÈME PARTIE

## RAPPORTS DIVERS

### I. Vol à main armée

الى حضرة السيد الجنرال فلان الحاكم الكبير اكبير بفسم كذا عليك السلام
وبعــد ما يجب اعراضه لدى سيادتكم العالية هـو ان المراة التى
نُسَمَّى الظريبة بنت فويدر من دوار مريوت فرقة اولاد عفون خالية
من الزواج كانت نائمة بدارها فى ليلة السبت الاوّل من شهر التاريخ
فبقى وقت الساعة الثانية عشر ليلا هجم عليها سارف فلما دنا من
باب الدار فافت من نومها فرات السارف فرمَتْه بعمود ثم ضربها
بسيب فى يده اصابها به الى عضدها الايمن جرحها منه ووتّر هاربا
وشرعَتْ فى النداء الى جيرانها فاتى اليها الاخضر بن الكبابي ورابح
بن سالم فلم يدركا السارف ولم تحضر امامنا إلّا فى يوم التاريخ فلما
فهِمْتُ مقالتها على النمط المذكور بحثتها هل لها معرفة بالسارف
او لها فى احد فزعمَتْ بانه لا معرفة لها بالسارف ولا ظن لها

في احد اصلا وبين دارها ودار الاخضر بن الكبابي نحو مايت ميطرة
وبين دارها ودار رابح بن سالم نحو مايت وخمسين ميطرة فلما تقرّر
لديّ حاجتها ارسلتُ المراة المجروحة الى السيد وكيل الدولة وعرّفته
بامرها واخبرتُك كما هو الواجب والسلام

**II. Rixe et blessures**

الى السيد الجنرال السلام عليك وبعد المعروض على سيادتك وما
يجب به الاعلام هو ان المولود بن الزيتوني اتانا شاكيا مدّعيا بان
في يوم الاثنين وقت الساعة الثامنة كان جادا في حصاد زرعه فتداول
الكلام بينه وبين شريكه علي بن سي بالقاسم فاذا بعلي المذكور
رفع عمودا وضرب به المولود المسطور أجحه من راسه جرحا فادحا
فلما فهمت شكايته احضرت علي بن سي بالقاسم المذكور وبحثته
فاعترى بمُشاجرته مع المولود المذكور وانكر ضربه اياه ثم شهد
بلاحهما المُسمّى الزموري بن حم انه عاين علي بن سي بالقاسم
وقت ضربه المولود المذكور بالعمود الى راسه أجحه منه كما شهد
حم بن المبارك والموهوب بن حم الاثنان من فرقة اولاد سحنون
عرش الحضنة حكم بانت صيابان ببازر فائلين في شهادتهما راينا
علي بن سي بالقاسم ظالما اولا لضرب المولود تعديا وثانيا بشهادة
الشهود وثالثا لشهرته بالفساد والافعال الفاضحة والسرايف فلما كان
الامر كما ذُكرها اني كتبت للسيد وكيل الدولة وارسلتهم يحضرون امامه
واخبرتك والسلام

### III. Coups et blessures

الى حضرة السيد الجنرال فلان السلام عليك وبعد فالذي يتقرّر في

عليك ان الشيخة بنت الحاج بن العلمي متزوج بها الهداني بن

الشيخ محمد فضربها زوجها المذكور بموثق اصابها في ذراعها اليمنى

وانكسرت من تحت المرفق مُنذُ مدّة ثلاثة اشهُر ولم يخبرني بذلك

الشيخ محمّد بن السعيد ولا وليّها أيّ اخوها من ابيها المسعود بن

الحاج واخوها من امّها محمد الصغير بن حمّ وفي اليوم السادس عشر

من شهر التاريخ اتانا اخوها محمد الصغير بن حمّ شاكيا بما حلّ باخته

من الكسر فامرتُه بالاتيان بها لانظرها فحين اتاني بها ونظرتها

وجدتها مكسورة من الذراع فقُلتُ لامّها وطومة بنت محمد الصغير

كيف بكم لم تخبروني عنها في وقت كسرها فقالت لي امّها ان

الشيخ فال لنا في ذلك الوقت انها لم تكُنْ مكسورة وانها هى لحمة

زالت من موضعها فتكلمت انا مع الشيخ وفلت له كيف بك لم

تخبرني عن هذه المراة مُنذُ مدة ثلاثة اشهُر وهي مريضة في بيتك

فقال لي ان المراة نزلت من جوف المخزن الذي نجعل فيه الزرع

فسقطت على ذراعها فانكسرت وكلامه لم يكن صحيحا وانما هي

مضرو بة لذراعها بوتد وهانى اخبرتكم والنظر لكم وداست ايامكم

بالعزّ والهنا والسلام

## IV. Coups et blessures

المعظم السيد الجنرال الحاكم الكبير وبعد وبالمعروض على سماعك انه
عشية يوم الجمعة التاسع والعشرين من شهر التاريخ قدم الي يحيي
بن بختة في السوف ومعه زوجته شاكية وبجسدها اثر الضرب وذكرت
لي ان الضارب لها بالقاسم بن منصور وسبب ذلك ان المسجد لم
طاق سوال لدار اولاد بختة لكونه قريبا من المسجد جدًّا وسُدّ
الطاق في البارط بعمد اليم الحسين بن السخري وقلعه فقالت له
زوجة يحيي المذكور ما لك قلعت الطاق بعد سدّه والرجال في سوف
الجمعة دَعْهُ الى رجوعهم ولم ينصت لكلامها وضربها على ذلك
بالقاسم بن منصور المذكور فوجّهْتُ حينئذ الدائرة مع الشيخ
يحصان عن القضية فاتى الي ببالقاسم والحسين المزبور وبسألتهما
عمّا ادّعَتِ المراة الشاكية فاعترب الحسين السخري بقلع الطاق
واما بالقاسم بن منصور انكر الضرب انكارا كليّا والذي اخبرني به
الشيخ والدائرة ان التشاجر وقع بين نساء اولاد بختة ونساء اولاد
السخري بسبب طاق المسجد المقلوع فجُرِحَنَ ثلاثة من نساء اولاد
بختة جرحا خفيفا وجُرِحَتْ زوجة العرب بن السخري من راسها
وكبر جرحها فامرت الشيخ ان ياتى بها لاوجّهها اليك فقدم الي
زوجُها واخوه الطاهر بن السخري والشيخ واخبروني بان المراة المضروبة
لا تستطيع الركوب لكونها بالحمل وثقلت فاذا ركبت يسقط لها الحمل

كما قال لى اهل المعرفة والان سيدي بهانى اخبرتك بالوفـع
والذي يقتضيه نظرك السديد من ارسال المراة اليك او عدمه
فيكون به العمل والسلام

## V. Tentative de vol avec coups et blessures

الى حضرة السيد الجنرال فلان عليك السلام وبعـد المعروض على
سيادتكم العالية هو ان المسمّيَيْن حمّ بن الحاج وخديجة بنت بوغرارة
زوجة المبارك بن بالقاسم النازلَيْن مع بعضهما فى دوار البلاعة بفرية
اولاد بارة اتيا شاكيَيْن مدعيَيْن بانّه فى ليلة السبت الرابع والعشرين
من شهر التاريخ كانا نائمَيْن بداريهما فاذا بالسُّرّاف هجموا عليهما
فى نصف الليل وضربوا النقبة بدار خديجة المذكورة لغيبة زوجها فلمّا
شرعوا فى ثقب الدار فاق حمّ بن الحاج من نومه فخرج من باب
الدار فعاين خمسة لصوص محيطين بالدار ودنا منهم فضربوه بالحجارة
وحمل عليه احدهم وضربه بسيف جرحه من يده اليسرى وزعم انه
عرف ضاربه وهـو سى عامر بن منصور واثنين اخرَيْن وهما على من
سى عيسى والمبارك بن ابراهيم كلّهم من الفرقة واقّا الاثنان الاخران
لا معرفة له بهما كما شهدت خديجة المذكورة انها عرفت المبارك
بن ابراهيم احد المتهومين وسلبوا لها شانَيْن ضانًا رغّها عليها وفرّوا
هاربين هذه مقالة الشاكيين ثم احضرت المتهومين وبحثتهم واحدًا
بعد واحد فانكروا ذلك انكارا كلّيا ثم شهد الاخضرين بالقاسم وحمّ

بن بتــروة والصغير بن احمد بانهم فدموا مسرعين وقت استغاثت بهم حـــم بن الحـاج فعـاينوا اللصوص هاربين من الدار ولم يعرفوهم فـلمّا فهمت مقالة الجميع ظهر لي بان المتهومين هم المجرمون لشهرتهم بالسرايف والافعال الخبيثة فـــعلى ذلك ارسلتهم الى السيد وكيل الدولة واخبرتك بقضيتهم كما هو الواجب والسلام

## VI.  Sur une rixe

الى حضرة السيد الجنرال الحاكم الكبير بالفسم البلانى عليك السلام وبعد ما يجـب اعراضه لدى سيادتكم العالية هو انه و عشية يوم الجمعة الثاني من شهر التاريخ وقت الساعة الرابعة توجّه العمري بن المسعود لـيفقّد زرعه فوجد اربعة رجال من حكم فسنطينت المجاورين لترابنا وهم الطاهر بن الخوجة واخوه علي واثنان لم اعرف اسمائهما هملوا غنمهم بوسط زرعه فعزم على طردهم فيمسكوه وضربوه ثـــم رجع الى المبروك بن السعيد احد كبراء دوار البلاعة واخبره بما جرى له فـتوجه المبروك المـذكور نحوهم لينهيهم عن اكل زرع الشاكي فيمسكوه ونزعوا له فرسه الراكب عليها مسرّجة وانوا اخوانهم فجاءتـة فازعين منهم احمد الصغير بن عمار وابناؤه الصالح وعمار والحـاج الطيب وسمى احمد بن علي والربيع بن احمد وابنه عبد الله الجميع من فرقة فجاءتة المـذكورين ثم انوا اخوان العمري الشاكي وهم رابح بن البوعن واخوه ابــرهيم وعاشور بن سليمان وبادروا  البريفان فى ضرب بعضهم بعض

بالحجارة بتراب عرشنا وانجرح رابح ابن البوعون بحجرة من الفقآء
ثم ورّوا أناسـنا هاربين امامـهم فحمل عليهم حمّ ين الطاهروسي احمد
ين علي وضرباهم بوجهَي بارود واخذا لاناسنا فرس المبروك بن
السعيد بسرجها وهي الى الان عندهم كما ذكرنا وخلّبوا حصانا في محلّ
المُشاجرة فلمّا ثُبت عندنا ما ذكر ظهر لنا يان اولاد عبد النـور
ظالمون اوّلا اكلهم لزرع خُدّامنا تعديا وثانيا فزّعهم لتراينا واخذهم
فرس خديمنا رَغمـًا عليه وثالثا ضربهم لخدّامنا بالبارود والحجارة
كـل ما ذُكِـرَ وقع بتراب عرشنا فلمـا كان الامر كما ذكرنا ارسلت
خدّامنا الى السيد وكيل الدولة واخبرته يها ذكر وعرفتك لـيكون
في شريب سيادتك كها هو الواجب والنظر لك والسلام

<h3 style="text-align:center">VII. Rixe et blessure</h3>

المعظم السيد الجنيرال فلان الحاكم الكبير بالفسم البلاني صانه الله
ءامين السلام عليك وبعـد بالذي يُعْرَض على مسامعك ان في يوم
الاربعاء ثالث سطانبر شهر التاريخ اتاني الطاهربن بلعيد ومعه فاسى
بن عمـر واحمد بن تعشاشت وذكرلي الطاهر بن بلعيد المذكور ان
فاسى بن عمر واحمد بن تعشاشت ومعهما علي بن بوش تحاموا فيه
الثلاثة وضربوه بفوادم ودبّوس حتى اسفطوه على الارض وتركوه هناك
والحالة ان براسه وحنكه ورفبته مع آخـر ظهره اثـر الضرب كما ذكر
فسالتُ فاسي بن عمـر واحمد بن تعشاشت المذكورَين عن سبب

تعديهما بالضرب لهذا الرجل فاعترف بالضرب وبالحماية وانكر
على بن بوش بانه كان معهما وكها ادعيا على الطاهر المذكور بانه
كسّر لهما سافية الهاء ونزع لهها العنب من ملكهما وسالت الطاهر
بن بلعيد فاجاب بان الملك كان له في السابق ثم باعه من هؤلاء
فيها مضى والان حكم له القاضي برد الملك ولاجل ذلك رجع
اليه ثم سألت عن الشهود الحاضرين وقت المشاجرة فذكر لي
الطاهر بن بلعيد ان الحاضرين معهما في الوقت سي يحي بن
المبارك وبالقاسم بن مجذوب فاحضرت الشيخ باحضرهما فاتاني
بالشهدين المذكورين وسالتهما عن سبب القضية فذكرا لي انهما عاينا
هؤلاء الناس الثلاثة تحامواء الطاهر المزبور حتى اسقطوه على الارض
وضربوا فيه بالفوادم وهاني وجهت لديك فاسى بن عمر واحمد بن
تعشاشت وعلي بن بوش مع الفدومتين اللتين كانتا في ايديهم واحدة
للطاهر بن بلعيد والاخرى لاحمد بن تعشاشت والدبوس انكروه واما
الطاهر بن بلعيد فقد كنت كلقته بان ياتيني بحكم القاضي لانظره
وأوجّهَه لك مع الناس المتشاجرين معه فاذا به لم يرجع التى اصلا
ولعلّه ذهب الى يني يعلى او الى سطيوب والناس الان سيدي صاروا
لا يبالون ولا يتخافون من العقوبة لكثرة الفساد والشيطنة فيها بينهم
لا سيّما اناس هذه القرفة المذكورة وقد كثر الفساد والهرج بين الناس
المتصقبين به وبما وقع اخبرتك كما هو الواجب ونظرك اوسع

## VIII. Au sujet d'un vol et d'une rixe

المعظم السيد الجنرال فلان الحاكم الكبير بسطيف صانه الله ءامي‍ـن

السلام عليك وبعد فالذي يَرِدُ على سمعك ان في يوم الجمعة تاسع

ماي سنة التاريخ اخبرني فاسي بن فلان من فرية عباد الشريو

وبرفة عراصة بان داره سُرفت وضاع له خمسة اجزاز صوبا ونصيب من

الزيتون نحو ثلاثة اصع حسبما اخبرني به المسروف ووجّهت الشيخ

الى تلك الفرية ليبحص عن السرفة ويانيني بمن أتهمه رب الدار

المسروفة فلما بلغ الشيخ الى المحل راى الدار بابها مفلوعا ووجد

الزيتون المسروف منه وعاينه واستفصى فلم يظهر له احد الا ان رب

الدار المسروفة شكّ في محمد بن بزيد والبشير بن يدين من الفرية

المذكورة وجاء بهما الشيخ الينا فلها وصلوا في اثناء الطريف تشاجر

فاسي بن عز مع محمد بن بزيد لِمَا كان بينهما من الغشّ والعداوة

سايفا في شان النساء وعضم فاسي بن عزو ينصره كما ستراه وفد

سُرفت ايضا دار فاسي بن عزو في ١٨ اوط سنة ١٨٦٩ وشكّ في ذلك

الوفت في محمد بن بزيد ومزيان بن محمد بن احوش وكتبت رابورا

في شان ذلك ووجّهتهما السطيف بسرحهما الحاكم لعلّه لم يجد عليهما

بيّنة صحيحة وفد بالغت في البحث عن الفضية ووجّهت لـعّال

الفرية وحضروا امامي وبحشتهم وذكروا ان السرفة لم تظهر على المتهومين

غير ان محمد بن بزيد يستعمل الفساد في امر النساء دايما ويدخل

ديار الناس وفي شانهنّ نشأت العداوة بينهما والذي يظهر لي ان

محمد بن بزيد هو المستعمل للفساد ويطرف ليلًا ديار الناس دائمًا في

شان النساء والعداوة التي بينهما نشأت على ذلك اوالان سيدي

فد وجهت لك رب الدار المسروقة ومحمد بن بزيد المتهوم لما وقع

من السرقة وللمشاجرة الواقعة بينهما وامّا البشير بن يدين فقد كان

غائبا في تلك الليلة ولذلك لم أُوجّههُ لك ونظرك السديــد

اوسع والســـلام

### IX. Sur une attaque nocturne

الى المعظم السيد فلان متولّي امور العرب بوطن الصحراء السلام عليك

وبعــد اخبرك ان الحاملين اليك محمد بن الصالح ومحمد بن سعيد

وحبيظ بن سعد من بريف امدكال كانوا قادمين من الزاب الى اهلهم

مارّين مع طريف وادي سانس يوم السبت الثانى من نوانبر فلما

بلغوا الى بم وادي سانس وقت العصر الضيف اذا بهم تصادفوا مع

قافلة من اولاد عبد الرحمان بريفة الدغامنة قادمة الى مزاب وارادوا

ناس القافلة اخذهم فنهبوا منهم شيا من التمر نحو النصاقي ومنعهم

السعدي بن بعلاف والتركي من اولاد مبارك فابترفوا وباتوا اهل

امدكال بموضع بوسط الوادي يُقال له حوش وناس القافلة بزبارة كائنة

بهم الوادي المزبور فلما كان وقت نصف الليل الاخر جعلوا جيشا

ورجعوا الى اهل امدكال وهجموا عليهم وهرب حبيظ بن سعد بنبسه

وترك اثاثه واما مُحمد بن الصالح ومحمد بن سعيد فبض عليهما الجيش
ولم يزالوا يضربونها حتى اشرفوا على الهلاك وارادوا ان يذبحوهما
فـقال احد من الجيش لاصحابه لا تفعلوا ذلك لانه منع منهم رجل
ويـظـهر علينا لاامر فتركوهما عريانين مصروعين على الارض بالموضع
المذكور وسلبوا منهما ما ساذكره لك وذلك لمحمد بن الصالح
ثمانية دورو اوسبعة دورو كانت مودعة عنده وهي لـعشور بن لاوصل
وبرنوسان وشاشيتان بيضاوان وثلاثة غراير فيـها صاعان تَمرا وثلاثة
مـزاود مملوّة تهرًّا وعكّت سمنا مراخل مزود وبلغة صفراء جديدة وخمسة
سكك للـحرث وحبل ومخلة وأيضا صاع لمحمد بن سعيد ستة دورو
وبرنوس وثمانية اذرع كتان وفندورة وشكارة ومزود تمر وايضا سُلِب
من حفيظ بن سعد الذي وجد فرصة للبرار غرارة فيـها صاع تهراوسطل
ومزودان فيـهما التَّمر وعلى زعمهم انهم عربوا رجلين من الجيش حيث
كان الليل مُفبِهرا وهما دحمان وولد السعدي بن بعلاف فبهذا ما
اخبرتك به ولك النظر ودمت ﭬ ستر الله وامانه والسـلام

<h3>X. Sur un incendie.</h3>

المعظم السيد الجنرال الحاكم الكبير بقسم سطيف وبعد فالمعروض على
مسامعك انـه ﭬ يـوم السبت الهووى اخبرنى بلـفاسم بن ابـراهيم
شيخ فرفة بنى عبيب وبنى جهانى انـه وفعت حريفته ﭬ غابة
باخواز ورقة بنى جمانى فلمّا اخبرنى الشيخ بذلك امرته بالذهاب

حينا للموضع الذي انحرفت غابته لينظره ويعرف اسمه ومن الذي

حرفه ولمن هو مملوك وما قدر مساحته التى انحرفت لِئلّا يقع الغلط

فتوجّه اليه وفي الحين كما امرته فوجد الموضع المحروف يُسمّى تعرمت هو

ملك لمحمد وعلى ومحمد الشبانى الساكنين يفرية أبروخ مقسوما بينها

انصافا وكان كل واحد منها وفي السابف فطع اشجار غابة حظّه ليصرفه

زمان الحرث الاتى كما هى عادتهم فاتانى بهما فلمّا احضرهما لدىّ

وحصتها عن سبب احراف هذا الموضع ومن اوفد النار فيه لكونه

مملوكا لهما فاجابا معا بعدم احرافها لهذا الموضع وادّعى محمد

الشبانى انه كان غائبا في بلاد العرب وفت وقوع الحريفة وانحرف

لمحمد وعلى جميع الشجر الذي فطعه سابفا من الغابة في حظّه

وزادت النار في الاحراف لغابته غير المفطع كما جالت لحظّ جاره

محمد الشبانى المذكور فاضرمت في طروف من الغابة التى لم يفع

منه تفطيعها سابفا ومحمد وعلى المزبور معترف بذلك ولم ينكر ما

وقع من الحريفة في حظه وفي حظ جاره بل انكر انه صدر منه احراف

في ملكه ولا في ملك غيره مستمرًّا في انكاره وفي غالب الظنّ انه هو

الذي اوفد النار في الشجر الذي فطعه سابفا من غابة مملوكه وجالت

النار لغابته الغير مفطعة وزادت ايضا لغابة جاره محمد الشبانى وقدر

المساحة التى انحرفت في جميع الموضع تكون نصوب هكطار نحرّيا

على نحو ما اخبر به الشيخ وبما كان اخبرتك به كما هو الواجب

إلّا ان الناس في غاية التوانى في عسّة الغابة وغير ممتثلين لما امرناهم

من التحضيض وعدم الاغفال لئلّا يقع الاحراف كما هـو الاذن الصادر من سيادتكم وقد كانوا في غاية التفصير كأنّه لم تنلّهم الاحكام ومع ذلك سيدي هـا اتّى وجّهت لديك ربّ الموضع المنحرف محمد وعلى ومجاوره محمد الشبانى صحبة دايرتنا ليحضرهما لديك ونظرك واسع والسلام من المكتوب عن اذن السيد محمــــــــــــــد إلحاف خير ٭ وضعتُ خطّ اليد في موضع الطابع لانّ الخاتم توجه به أخونا السيد احمد الى هناك بسطيف ليدفع الخطية والسلام

## XI. Sur un vol

الى حضرة السيد بلان الحاكم الكبير بدايرة كذا دام بقاؤه وبعد فيها انني ارسلت لك صحبةَ البارس اربعة اشخاص من وريف اولاد كذا وهم بلقاسم بن فـويدر والاكحل بن عبد الله وعبد الله بن على واحد بن المبارك الكلّ قطّاع طريف وسبب امساكي ايّاهم هـوان الطالب سي المكي بن الشنافي من وريفة الشربا حكومة ابي سعادة اتّبف له في ٢٢ من شهر التاريخ انه توجّه الى سوف الاحد حاملا على داتته آنية مملوة سمّنا وبليج شعير ليبيعهما لسطيف ولها وصل الى المكان يسمى ثنية عروة الذي هو الرسم الفاصل بين اولاد حناش واولاد ثبان وفت العشية لاحت منه التبياتة الى غيضة كبيرة هناك فيشاهد تحريكًا بوسطها فرجع على عقبه فلم يلبُث أنْ احاطوا به اربعة اشخاص وضربوه فخرّ سافطا الّا انّه لم يُصبّه جرح من كونه

ضُرِبَ بـدبوس فـنهبوا منه البليـج والسمن وتـركوه فـلما افاق فام
وأتى الى شاكيـا فـصادفـني اذّاك عند. اولاد حناش فـشرعت في
الفحص عن قضيته واجمعت كبرآء اولاد حناش وامرتهم بأن يدبّروا
في إثبات اصحاب هذا الفعل وإلّا أرْسِلهم أيْ كُبرآءهم الى البرج فقالوا
لم يفعل هذا الفعل الا الاربعة المذكورون لانهم في كل نهار يختبون
في المحلّ المذكور آنِفا ومَنْ وجدوه منمبردا نهبوه وهذا دأبهم وجميع
كُبرآء العرش اعترفوا بفعلهم هذا وتبرّؤا منهم فـحينئذ صبرت الى الليل
وركبت اليهم فـقبضت عليهم فلما استبسرتهم افرّ منهم واحد الاكحل
بن عبد الله بقوله هـم الذين نهبوا سي المكي حسبما ذُكِرَ وبصرنا
بالمكان المخبي فيه البليـج والسمن فـجئنـا بـهـا ومكنّاهما بيد ربّهما
سي المكي ولهذا سألت الهـفّر عن الثلاثة المتهومين هل هم حاضرون
معه ام لا فـقال كلّهم حاضرون معي ولـما وصلت بهم الى المحلّة
رجع في كلامه الاوّل وقال انا وحدي نهبت البليج والسمن واعرفك
ايضا عن احد من الاربعة وهـو الرجل المسمّى بلفاسم بن فويدر فانه
من يوم دخول الناس تحت الطاعة بعد النفاق وهو فـارٌّ في الجبال
ولم يأتِ لـبيته الّا ليلًا وذلك على فـول كُبرآء العرش وبالجملة بأنّ
ما بلغني على الانفار الاربعة من جميع اناس اولاد حناش ان افعالهم
خبيثة ويستوجبون عدم الرجوع الى وطنهم وهاهم يحضرون امامك
رنظرك اعرف واوسع ودمت بخير والسـلام

## XII. Vol

وبعد فبالمعروض على سيادتك وما يجيب به الاعلام هـوان المُسمّى
بلفاسم بن فويدر من عرش اولاد زكري حكم بسكرة من زمالت الفايد
سي أحمد احد العرب الصيّابة النازلين بدوار بازر اتانا شاكيا مدّعيا
باتمرو ليلة الاثنين الخامس من شهر التاريخ كان نائمًا ببيته
اذ هجموا عليه السُرّاف في آخر الليل ونهبوا له على مقالته غرارتَين من
صوف بداخلهما غزل فليج ورحل وثلاثة عشر جزّة صوفا وثمانية
واربعين دورو ومزودا مهلوا شعيرا ولم يشعر بذلك الى الصباح فوجد
جـزّة اربعة لصوص فمشى معـها وبصحبته محمد بن محمد والزّيغي
ابن العساوي وعلي بن محمد الكل من زمالت السيد احمد المذكور
وتبعوا الجزّة الى ان خرجت من دوارهم ذهبت عليهم ومن ذلك
الوقت بقيِيَ جادًا في البحث والتقتيش على الفشّ المسروف لـه
الى اليوم الثانى والثلاثين من شـهر التاريخ اتـاه رجل يُسمّى عبد
الرحمان بن العمري من عرش اولاد خالد حكـم ابي سعادة صيّاب
بدوار سكـرة حروبته مدّاح وقال له ادفع لي خمسين فرانسكية بشارةً
واعرفك بـمن سرف فشكّ فدفع لـه الخمسين فرانك المذكورة
ومشى معـه وبصحبتهما بلفاسم بن الفليل وحمّ بن سفاط الاثنان من
كُبراء دوار بازر وذهبوا جميعا الى بيت صيب الله بن النّوى من
عرش البوازيد فرقة الجبابرة حكم بسكرة النازل الان بـدوار بازرو

فلما وصلوا الى بيت ضيف الله المسطور وجدوا بداخله احد الغرارتين وجـزّة صوف ونصف الغزال والهزود المسروف فاتونى به فلما حضر لدينا ضيف الله بن النوي السارف بحثته فاعترف بانه سرف الغزال والغرارتين وثلاثة اجزاز صوف ومزودا وانكر الدراهم زاعما انه سرف ما ذكر فقط كما اعترف بانه باع نصف الفش واحدى الغرارتين من عبد الرحمان بن الجلال من عرش البوازيد نازلين بمحل واحد ثم بحثت عبد الرحمان بن الجلال هل اشترى نصف الفش المسروف من ضيف الله السارف فانكر ذلك انكارا كليا فلما فهمت مقالة الجميع ها انى ارسلت الفش المسروف ورتبه والسارف المعترف والمشترى للفش والباشر الى السيد وكيل الدولة يحضرون امامه وعرفته بقضيتهم واخبرتك كما هو الواجب والسلام

### XIII. Sur une affaire relative à une négresse

حضرة المعظم المحترم وكيل السلطان بالجزاير امنه الله السلام عليك كثيرا وبعد فانه قدم الامس عندي السيد فلان الترجمان وقال لى على لسانك انه يطلب احضار سعادة خادم الحاج احمد بن ضيف الله نعم سيدي بها انى وجهتها لك صحبة عون الشرع ثم انى اخبرك بامرها بان سيدها الحاج احمد بن ضيف الله سافر للحج وتركها ببيته وبعد سفره فدمَتْ للجزاير لدار الفايد العربي اغتة

الخشنة لانه وكيل سيدها وطلبت منه ان يبيعها فراودها على المكت
فابت فباعها من الفايد المكّي فايد عريب ومكثت عنده نحو الشهر
ونصف ثم فدمت للجزاير وادّعت الحريث وقدّمت شاهدين لدى
الشيخ الفاضى المالكى بالجزاير فكتب لها دعواها وشهادة الشاهدين
بحريتها وعند ذلك رد الفايد العربي الثمن لمشتريها الفايد المكي
وبفي امرها هكذا والان فدم سيدها من الحج وسمع بذلك وادّعى
انه ليس حرّرها وان الشاهدين شهدا بما لا علم لهما به وجرح فيهما
وترافعا لدينا في شان ذلك فعند ذلك امرت سيدها المذكور ان
ياتي بما ينفعه ان كان له مدوع في شهادة من شهد فجرح فيهما
جرحة شرعية فسفطت الشهادة وحكمت بابطال دعواها للتحرير
وطلبت المجلس فوجهت الدعوة للمجلس الى يوم الخميس وارسلت
الخادم لداري لكى تمكث في محلّي الى يوم الخميس فبي اثناء
الطريف وجدت دارا بها دبدبة العبيد ودخلتها فاتى العون واخبرني
بذلك فارسلت الى فايد العبيد وطلبت منه احضارها فمشى ليحضرها
فاذا به وجد هنالك مُسْيو بلان فمنعه من ذلك واتى معه الى
للمحكمة الشرعية وصار يرفع صوته ويُسِئ الادب علينا بمجلس
الحكم فاخبرته بامر الخادم وقلت له ليس مفالك هذا واساءة
ادبك بحقّ فقال ان العبيد لا يُباعون ولا يُشترون فقلت له
ائتني بامر وكيل السلطان على هذا ويكون ذلك فاحضر الامة لدينا
وهاهي فادمة اليك وهذه الدعوة نعم ثم ايها الاعز المطلوب من عدلك

ان تنصفني كـما يجـب شرعا على من يُسي الادب بمجلس الفُضاة

لان حضرتك هي الناظرة في من يتعدّى الحدود ودمتم بخيروالسلام

## XIV. Homicide involontaire

لـى حضرة السيد الجنرال ولان عليك السلام وبعـد ما يجب اعراضه

لدى سيادتـكم العالية هـو انـه في يـوم الاربعاء ثالث سبطانبر شهر

التاريخ وفت الساعة العاشرة كان رجُلٌ يُسمّى الطاهر بن حمّ جالسا

في داره مع زوجته التي تُسمّى حدّة بنت فرحات ورفية بنت الاخضر

زوجة عمّـر سي مـزيان الكلّ بـدار واحدة واذا بالطاهر المذكور رفع

بـندقة صغيرة لـه وشرع في إزالـة الصدآء الذي عليها وهـو على حين

غـفلتـه فآنـدفع وجـه البارود من البندقة فاصاب زوجته حدّة المذكورة

بـرصاصة بـين ثدِيَيْها الى ان خرجت بـين كتـفيْها فـماتت من

حينها كل ذلك على وجه الغلبة والخطآء ثم فدم عمر بن المبارك احد

كُبـرآ الدوار وسى مـزيان عـمّ الجاني والصالح بن ابراهيم مسرعين

لسماعهم وجه البارود بادركوا المُصابة ميتتٌ فلما بلغني ذلك الخبر

أرسلت شيخ الدوار والدائـرة واتياني بالجاني المذكور والمفتولـتـة

والحاضرين لذلك صِفـةً واحدة وبعد حضورهم لدىّ بحثت الطاهر

بـذكر انه رفع البندقة ليُزيل الصدآء الذي عليها فاندفع وجه البارود

منـها اصاب زوجته بـرصاصة كما ذُكِـرَ فماتت من حينها على وجه

الغلبة والخطآء ثـم بحثت رفية بنت الاخضر الجالسة مع المفتولة

فشهدت بان ذلك الضرب لم يصدر من الطاهر الّا على وجه الغلبة
والخطآء ثم احضرت ابا المراة المقتولة ورحمات المذكور واخاها علي
وبحثتهما على ما يظنّان واجابا بانّه لم يصدر منه ذلك الا على وجه
الغلبة والخطاء لكونهم ابناء عمّ من غرفة واحدة ثم بحثت عمر بن
مبارك وسي مزيان والصالح بن ابراهيم عمّ الضارب وذكروا انّهم لمّا
سمعوا وجه البارود توجّهوا لدار الضارب وادركوا المصابة وارفت
الحياة كما ظهر اليهم انه لم يصدر منه فتل زوجته الا على وجه الغلبة
والخطاء من اجل الزوجة من ابناء عمّ وليس بينهما شأن يحمله
على فتلها ولها تفرّرّت لدّي حجّتهم على الوجه المذكور ظهرلي
بفرا الاحوال ان الطاهر المذكور ما فتل زوجته ولا تكلّمت البندفة
ﭖ يده اّلا على وجه الغلبة والخطاء فقط لنفي التهمة من اصلها ولمّا
كان الامر كها ذُكِرَ كتبت الى السيد وكيل الدولة أُخبره بها وفع
وارسلت له الناس المذكورين يحضرون امامه جميعًا واخبرتك كها
هو الواجب والسلام

### XV. Sur une tentative d'assassinat

الى حضرة السيد فلان الحاكم الكبير ببلد كذا السلام عليك وبعد
اخبرك ان رجلا اسمه بلقاسم بن احمد من غرفة كذا ومن عرش كذا
قد ازاد ان يفتل بالامس وفت المغرب زوجته يمينة بنت محمد ولمّا
اخبرني الشيخ بذلك امرته بان يفبض ﭖ الوفت والساعة على

المُحَرّم واليوم سَحَرًا توجهت انا الى المكان المذكور لاستخبر عن القضية والان اعلمك تفصيلا بما اتصل في علمي وبكان بلقاسم المذكور له نحو ستة اشهر وهو خمّاس عند صهره فلمّا كان في يوم من الايام الماضية طلّق زوجته ولم اعرف ما سبب ذلك وبعد ما ابطل شروط الخماسة التى بينه وبين محمد بن فويدر ذهب من الدار وفي الامس كانت يهينة وحدها مع نسيبتها عايشة بنت علي لانه كان رب البيت سارحا بغنمه فلما تحقّق ذلك دخل عليهما بلقاسم واخرج خنجرًا كان تحت برنوسه وقصد يهينة ليضربها به فبهمت عايشة مراده وقامت مسرعة لتحول بينهما فضربها بلقاسم ضربتين بخنجره اصابتها احداهما في ذراعها اليمنى والاخرى في راسها على الجانب الايسر فارتعبت من ذلك ومن شدّة فزعها والمها هربت في المراح وجعلت تستغيث وتصيح واما بلقاسم فانه هجم على مطلّقته وضربها خمسة ضربات بالخنجر ولم يهرب الا بعد ما رآها وقعت على الارض مغشيا عليها فعند ذلك فرّ وقصد الغابة ليختبي فيها ولم يرجع في بيته الا بعد ما مضى من الليل نصفه وفبض عليه ناس العسّة الذين جعلهم الشيخ عند بيته وقد ظهر لي ان الجروح التى أصيبت بها يهينة ليست مثخنة وقد انجرحت في ذراعها وفي راسها وجنبها الايمن والظن انها لا تعجز عن الخدمة الا عشرين يوما واما الجاني لها استفسرته عمّا فعل ادّعى انه ليس طلّق زوجته وافرّ بانه ضربها بالخنجر قائلا ان قصده في ذلك ان يفتلها لانها عاهر وتجتمع مع

شعبان بن طاهر على سبيل الزنا وقال ايضا انى رايت شعبان لمّا
دخل في بيت محمد بن فويدر واخذت من بيتى الخنجر ورجعت
الى البيت وقصدي ان افتل شعبان واعترف لدىّ بانه ما لفيه في
البيت وزعم انه راه يهرب وظهر لى ان ذلك كذب منه لانه بين
بيتيهما نحوَ الثلاثين خطوة وبيـما مضى بين ذهاب بلفاسم الى بيته
لياخذ خنجره ورجوعه لـم يجد شعبان فرصة للهرب وثانيا افرّ شهود
كثيرون في شهادتـهم بان شعبان كان يسرح بغنمه وانه لم يرجع الى
الدوار الا بعد غروب الشمس يعنى نحو نصف الساعة بعد ما صارت
الفضية المذكورة وهذا ما علمته في تلك الفضية وقد ارسلتُ اليك
القاتل صحبة دايرتين ومعهما الخنجر الذي ضرب به القاتل وامرت
ايضا المراتين المضروبتين والشهود بان يتوجّهوا الى البيروا والسلام

## XVI. Sur un assassinat

الى حضرة المعظم الاربع سعادة السيد وكيل الدولة بكذا السلام عليك
والمعروض على سيادتك العالية هو ان الرجل المسمى المولود بن محمد
من عرش اولاد زيدان من حكم بسكرة احد العزب الصيّافة النازل الان
بدوار بازر كان نائما ببيته في ليلة الخميس التاسع من شهر التاريخ
وبوي وقت الساعة الثانية عشر اتوه السرّاف ورموه بوجه بارود واصابته
رصاصة على الكلوة اليمنى ودخلت جوفه وخرجت من ظهره ومن
ذلك تبكّم ولم يصدر منه كلام الى طلوع الشمس وتوقّي ولما بلغنى

خبر وفاته توجّهت نحوه حينًا وبحثت في فضيته فاحضرت اولياءه
وهم فلان عمّ الهالك وفلان ابن عمه ومباركة امه فقلت لهم هل لكم
ظنّ او شكّ بمن فتل وليتكم المولود فاجابوني على كلمة واحدة فايلين
ان محمد بن الحشاني الورفلي من ابناء عمهم هو الذي فتل المولود
وسبب ذلك ان الحاجّ محمد الورفلي له بنت تُسمّى مريم بلغت حدّ
التزويج فخطبها المولود بن محمد الهالك ومحمد الحشاني المتهم كل
واحد يريد التزويج بها فكان ابوها اعطاها الى المولود حالةً كونه في
الصحراء ومن اجل ذلك نغيّر محمد المتهوم وفتل المولود المسطور وهذه
شكاية اولياء الميّت ثُمّ بحثت واحضرت محمدا الفاتل واستنسبرتة
وانكر الفتل بعد تلدّده في الكلام ثم وجدت جوابا تحته فلما عزمت
على فراءته خطبه من يدي ومزقه فاخذت الفطع والصفتها بعضها الى
بعض فوجدت الجواب من عند اخيه الذي يُسمّى الورفلي الساكن
الان بدشرة كذا في حكم بسكرة فلما تاملته فهمت البعض من معانيه
وكان يفول فيه لاخيه محمد عليك بفتل المولود بن محمد لانه تزوج
بـمريم بنت الحاج ورايته بعينيّ جالسا معها في فراش واحد فلا بدّ
لك ان تفتله وانا اعطى ديته من عندي فظهرلي بـفريان لاحوال
ان كلام اخيه الورفلي هو الذي حمله على فتل المولود المسطور ثم
اتاني الحشاني بن دحة جار الهالك وفال لي لـما سمعت وجم
البارود فهت فـعاينت رجلا فريبا من بيت الهالك فهشيت في
اثـره فهرب ولها طلع النهار وجدت جرة السارف وعروت فدم محمد

المتهوم بالتراب وعروته من غير شك وشهد لدي سعد بن محمد ومحمد
بن ابزي وعلي بن المسعود الثلاثة نازلون مع المتهوم في محل واحد
فايلين في شهادتهم اننا في الايام السالفة كنا جالسين فلها بلغنا ان
المولود تزوج بهريم بنت الحاج راينا محمدا اربع بشطولة له وفرانصاوية
وعزم على القدوم الى الصحراء ليفتل المولود حين اخبره اخوه الورفلي
بالجواب والذي ظهر لي ان محمد بن الحشاني المزبور هو الذي فتل
المولود المسطور من وجوه اولا بشهادة الشهود عليه وثانيا بوجود
الجواب المرسل له من اخيه الذي اوصاه بالقتل وثالثا لوجود اثر
البارود ببشطولته ورابعا لتلجلجه في الكلام وخامسا لانه مشهور
بالسرايق والافعال النافصة وقد دخل السجن ببسكرة مرارا فلها
تفررت لدي جتهم على الوجه المذكور ارسلت لك الميت واولياءه
والمتهوم بفتله وبشطولته والجواب الذي وجدته عنده والشهود ليحضروا
جميعًا امامك والنظر لك والسلام من السيد الفايد سليمان حرر في
٢٢ غشط سنة ١٨٧٣

## XVII. Sur un incendie

الى السيد الجنرال وبعد اخبرك انه في يوم الاثنين التاسع من
شهر اوط وفت الساعة العاشرة نهارا شعلت نارا ما بين قرابة البيلود
بن الحطاب وعبد القادر بن معمر ومقدار الموضع الذي حرقته النار
سبعون خطوة طولا وسبعة وعشرون عرضا وما انحرف سوى خصب

الحصيدة وسبب ايفاد تلك النار ان حليمة بنت الحطاب كانت

تطحن في الرحا في بيتها اذ جات اليها فاطمة بنت عبد الفادر

صبية في سنّها نحو ثلاث عشر سنة وفالت لها اعطيني جمرا فقالت

حليمة اني مشغولة ولا اريد ان افوم من مكاني فدخلت الصبية

واخذت النار وجعلتها في ماعون وخرجت وبعد ساعة فليلة سمعت

حليمة صراخا فخرجت ووجدت فاطمة بنت عبد الفادر وامها وجميعة

بنت بالفاسم يطبان في النار واما الصبية فانها تفول ما اتيت فط الى

بيت حليمة فلها سالت امها فالت كنت في بيتي لما سمعت حسّ

النار في الخصب فسعيت لاطبائها وليس لي خبر بشي لانها لم ترد

ان تشهد على بنتها وفال محمد بن جلول كنت في الحصيدة انفل

في زرعي فرب الخيام لما رايت النار فتفدمت مسرعا وجروا جميع

الناس لاطبائها واطبوُها حينا وما فسدت شيئا وفد ظهر لي ايها

السيد ان الصبية هي التي اوفدت النار ولعلها اوفعت الجمر على

الارض وانشعل الخصب في الوفت والساعة وهاني اخبرتك بما

جرى وعليك الف سلام

# CINQUIÈME PARTIE

## LETTRES PARTICULIÈRES

### I. X... s'excuse de ne pouvoir assister à la distribution des prix

حضرة المحترم السيد فلان مدبّر المدرسة السلام عليك وبعد اعلم انه

اتاني كتابك الاعظم لِأَحْضر يوم الجمعة القابل على الساعة الخامسة

عشية مُشاهدة مكافات التلاميذ جوزيتَ خيرا لاكنّي أَعْتَذِرُ عن القدوم

هناك لاني في هذه الايام يعالج الطبيب عيني ويستعمل فيّ الادوية

وبالمطلوب من حضرتك قبول عذري والسلام من محبّكم العلّامة السيد

بـــــلان

### II. Envoi de cadeaux

المعظم السيد فلان السلام عليك وبعد آعْلَم ايّها السيد اني وجّهْتُ

اليك نصيبا من الشينة ومرجونَين دقلة ويبلغ ذلك الى حضرتك

ان شآء الله بالهناء والعافية صُحْبَة الحامل حميدي سى محمد الطاهر

وكـما بعثت لك معه شيئا من شهـد العسل مـودّةً مني اليك وعن

قريب ارسل لك جلدَي غـزال فتـلتهما امـس تاريخـه واعطيتـهما

لاحد ليدبغهما وكنـتَ سابقا طلبت مني شيا من التـوت الذي

ينبت في الارض المُسمّى باللغة البرانصوية بريز(١) اعـلـم سيدي

انه لـم يطبْ الى الان وحين يكون طايبا ابعث لك شيئا منه

ان شاء الله والسلام

### III. Lettre de condoléances

المكـــــرم الاجل محبـنا السيد احمد بن زيدان فايد القرؤور السلام

عليك والرحمة والبركة وكثير سؤالـنا عنك هاذا وانه بلغـنا خبر وفاة

نجلك ورحات فـقد اغاظني ذلك وألـهني كثيرًا وبالجملة عظّم

الله اجرك واحسن عزاك كُلُّ نَفْسٍ ذَائِقَةُ ٱلْمَوْتِ وَإِنَّا لِلَّهِ وَإِنَّا إِلَيْهِ

رَاجِعُونَ وَعَلَيْكَ بِٱلصَّبْرِ ٱلْجَزِيل (2) فـلك به درجات عند الله لـمَا

في كتـايه العزيز إِنَّ ٱللَّهَ مَعَ ٱلصَّابِرِينَ (2) وما جاوَبتـك عليه الا في

هذا اليوم لكون حالى تالّم من جانب هذا الولد فـوالله هو محسوب

كانه ولدي وعليكم السلام من المكتوب عن اذنه المعظم السيد فلان

### IV. X... recommande son ami

الى الاربع المحـب الانفع السيد فـلان ترجمان بيرو عرب دام هناه

امين الـى مليون سلام ورحمة الله والسوال الكثير منا عن جهلة احوالك

(1) Fraise.   (2) Paroles tirées du Coran.

وبعد نعم المحبّ ان سالت عني بخاني في غاية التأسّب على يرافكم
والخدمة بجواركم هذا وانّ الحامل السيد الطيب بن المكي فاضى
برج الغدير هو محبّ لي كواحد من اخواني لاتّني فرأت معه بالمدرسة
في اوان واحد مرادي منك ان تكون منه ببال لانه رجل عالم فاهم
لبيب وايضا تـراني كتبت جوابـا على شان طلب قسم برج ابي
عريريج لاكون معكم في الخدمة وسيكنه بيدك الحامل المذكور فان
ظهر لك انه يصلح فاعـزم بـها فيه وإلّا فـلا والسلام كتبه محبّك
فلان فاضى كذا

## V. X... demande un service

الى السيد فلان الترجمان ببيرو عرب دام الله عـزّه وهـناه امين بعـد
السلام أعلمك ان المحبّ السيد فلان في يوم غد يتوجّه الى المعاضيد
والزمني بمرافقة السيد الكماندة المقيم هنا ببقيت الجيش انا ومحبنا
السيد رمضان ونحن راغبان لزورتك في راس العام الذى قرب دخوله
على الجميع بالهنآء والعافية فاني ألتمس منك مكتوبا ياذننا بالقدوم
يـوم الاحد ودمت مـعـزا سالما في امان الله وعافيته والسلام ويُهْدَى
الى حضرتك السعيدة الوى سـلام من ابنك رمضان والمرغوب من
جنابك العالي ان تـهـكّن الجواب الوارد صحبت هذا بيد السيـد
القبطان وتـقبّمه بمضمونه واعذرنا بيما كلّمناك به لانّك عوض الاب

## VI. Lettre de bonne année

ايّد الله مقامكم * وأَكْمَلَ بالهناء والسرور ايّامكم * وأَلْبَسَكم رداء الفخر
والسيادة * ودامت لكم المعالي والسعادة * نعني بذلك المعظم الارفع
السيد فلان المتولّى امور العرب ببرج ابى عريريج سدّده الله واعانه
على ما قلّده وولّاه بعد اهداء سلام كريم طيب مبارك عميم منا اليكم
والسؤال عن كلية احوالكم اجراها الله على وفق مرادكم بهنه المعروض
على مسامعكم الكريمة هو اننا نبارك لكم فى إقبال العام الجديد
والله يجعله عليكم مباركًا سعيدًا بالعزّ والمجد والإرتفاء والسعد هـــذا
ودُمتم فى امان الله وحفظه. والسلام

## VII. Souhaits de bonne année

اسعد الله احوال الفاضل الاجل الفارس المحترم سعادة السيد اليوطنا
فلان المتولّي امور العرب بسور الغزلان صانه الله ءامين السلام التامّ
والرضوان الشامل العامّ يعمّك ويعمّ حضرتك الوافرة وبعد ويهنيك
ويهنى جميع من هو متعلّق بك بدخول العام الفابل الوارد الجديد
عـام ١٨٦٧ مبروك عليك وروده بالعزّ والهناء والعافية ودوامها والله
يـرزقـك خيره وخير ما بعده ويزيدك الحرمة والاحترام على جميع
الانام ما دامت الليالي والايّام والشهور والاعوام حتّى تبلغ مرتبتُك
مرتبةَ اكبر الكبراء والسلام

## VIII. Souhaits de bonne année

اسعـد الله تعلى احوال المعظم الاربع الهمام الانفع الكهو الحصين
الامنع الاسعد المحترم سيدنا السيد الفبطان المتولّي شـؤن المدرسة
السلطانية بفسطينت دام عـزه وهنآءه امين السلام على طلعتكم المرضيّة
واحوالكم الرائفة السنية ورحمة الله وبركاته تـعـمّ حضرتك العليت
وسيادتك البهية ويـليه سوالـنا عنك وعن المرضية احوالك اداسها
الله عليك بالهـنآء والعافية. نعـم سيدي ومبروك عليك هذا العام
الفابل بالهناء والعافية وطول العمر وابفاء الستر العميم والمرجو من الله
ان يـديم لنا حياتك ويـزيدك مجدا وارتفآء حتّى نشهدك ٻ
اعلى المراتب ونصر الله الدولة السعيدة الفرانصوية التي عـمّ وضلها على
جميع العباد نصرًا عـزيزًا ودمت ودامت ايامك بالهـنآء والسرور
والسـلام

## IX. X... prévient un de ses amis qu'on veut attenter à ses jours

لـ الفاضل الكامل السيد ٻلان السلام عليك القّا ورحمة الله وبركاته
ضعبا وبعد اخبرك خيرا ان شاء الله على الامر الذي امر به الشيخ
ارزفي ٻ بـلاد زواوة أَخْبَرَ الشيخ بن الحداد وفال لـه ابن علـي
الشريوب دخل العرش بالمراف ويفوى ٻ الكقار بالدراهم وحين وصل
الجواب للشيخ المذكور امر الناس بالتبريه ٻ سوف الظلام ويفدمون

الى هناك لهدم البرج وحوص المال وامر بقتلك انت وابنك ان
وجدوكما لا جَعَلَ الله لهم فدرًا شتّت الله شملهم وبرّق جمعهم
والان يا سيدي لا طاقة لي في هذه الساعة الا بالخبر ولا تامن احدًا
ولوكان اباك وتجعل هذا الامر في قلبك ولا تامن على نفسك وعلى
مالك واولادك وان احتجْتَ شيئًا من جانبي تخبرني وهـــذا ما
مني اليك والسلام من محبّك على الدوام السيد فلان

**X. N... s'étonne de ne pas recevoir son journal**

حضرة الفاضل الامجد الزكي الارشد ابي المحامد السيد فلان حفظك
الله واسعدك في الدارين وسلام الله عليك مع الرحمة والبركة يليه
السؤال التامّ عن احوالك المرضية ادامها مولانا الكريم على خير وعافية
وبعد فموجبه اوّلًا المراسلة التي هي نصب المواصلة وثانيًا انني في
اشتياق للجوائب (1) واهتمام من فطعها عني دون الغير وما دريت
ما السبب الداعي لذلك مع ان هذا اوانها المعتبر ولقد سمعت انها
لـم تنقطع عن قسطنطينة ولا عن باش اغة المفراني بواسطة صاحبه
الحاجّ علي بن نليس وكنت كاتبتك سابفا ولم تجاوبني الّا انها
وردتْ عليّ مرّة او مرتين من غير ترتيب عددها السابق ثـم انفطعت
بالكلية فان كان التفريط منك فالعتاب بين الاحباب مقبول وان
كنت تبعثها وتقفيها عني الغير بالخصوص فـتجعل عنوانها بالعربية

(1) *Le Djaouâib*, nom d'un journal arabe.

ياسمي وبالفرانصاوية باسم ترجمان الشرع يسطيوِ ولا تفصّر بارك
الله فيك ودمت ﭘ امن وامان والسلام

### XI. A propos d'un remède

حضـرة الفاضل الاسعد المحترم السيد ولان امنه الله امين وسلام الله
عليك تامًّا ورضوانه شاملا عامًّا وكثير السؤال منا عن كلية احوالك
هـذا والمعروض على شريف ذِهْنك هـو أنّه فد كنت تفضّلت علـى
باعطاء الدواء وحين وصلتُ هنا استعملته كما امرتني فضرّني كـثـيرا
الى ان اشربني على الهـلاك وبلغت حدّ السياﻕ بسبب ذلـك
وتنفيأت خمس عشر مرة كل واحدة منها لم تشابه الاخرى ومن المخرج
سبع مرات ولم يبفَ ﭘ بطني غشّ اصلا وحيث كنت ﭘ تلك الحالة
اتوا الى الفرانساويون الفاطنون هنا وعالجوني بالماء والكافور وعافاباني
الله من تلك الغمة والان انني لـم أزلْ ملازما الفراش من ذلك
التعب الذي تعبتـه وفت الدواء وان شاء الله سأعود الى حالي كاوّل
مـرة حيث خرج من بطني جميع الاغشاش وانت كثّر الله خيرك
ﭘ ذلك وزادك الهنا والعافية والسلام من السيد ولان

### XII. N... recommande la Dame une telle

الحمــــد لله        من عبد الله سبحانه ولان الفاضى الى السيد ولان
اكرمه الله السلام عليك ورحمة الله وبركاته وبعد وإنّ امت الله فمارة

ارادت ان تدخل الى السيد السوبريبي لتدعُوَ له بخير على ما فعله من الاحسان معها وتطلُبَ من فضله ان يكتبها في الصدفت من جُمْلة الفقراء لانّ لها عيلة كبيرة وكما تطلب من فضله ان يجعلها رائسة على الفقيرات لانها مُعلّمة عظيمة والناس كلها يُحبّونها فكُنْ منها يبال وكُنْ في عونها وبها تطلبه من السيد السوبريبي وانت هو الذي تُفْضَى على يديّك حوائج الناس لانك انت المتوجّه لهذا الباب وان فضيت الفضية حسبما طلبتُ هي بالله يُجازيك خيرًا وفي يدها وزفت للسيد السوبريبي في نظيرهائه الورفة حرفًا ونصًّا سوآءً وسلِّمْ على كاقّة الكُتّاب وعلى زوجتك فلانة وعلى كاقّة اولادكها كتبها السيد فلان فاضي



الى حضرة الفاضل الاجلّ المرعى المبجّل الاكمل الامثل محبنا وغاية فصدنا وودّنا السيد فلان امنك الله ورعاك وجعل الجنّة منفلبك ومثواك بهنه امين السلام عليك الاتمّ والرضوان الشامل الاعمّ يُنْهَى الى مفامك الرفيع والسؤال الكثير منا عنك ومن كلية احوالك المرضية ادامها الله بخير وعافية هذا نعم المحبّ ان الحزوم والشواشي والمحارم اتّصلَتْ بيدنا في اوّل شهر التاريخ فكثّر الله خيرك وجازاك باحسن الجزاء وانها في غاية الاتفان والصنعة غير انك جعلتها عريضة جدًّا يعني الحزوم جاوز عرضها على حسب العادة شيئًا كثيرًا

وانما كنّا اخبرناك لتجعل خمسة وعشرين سانطيها (1) في العرض وفي
مرادنا يكون ذلك على حسب السدا ثم يُطَبَّق على ثلاث طبقات
يرجع ثمانية سانطيها فَقَطْ والان حَرْنا في تطبيقها على هذا المنوال
تبسد ان طبقناها فبالمراد منك ايها المحبّ ان تخبرنا ما ذا يلزم
في تاويلها هل نُرْسلها لك تطبقها هناك او تبيعها لمن يُناسب
لباسها بنواحيك لكون هذا المثل لا يُناسب لباس اهلنا فبالحاصل
تشير علينا بما يظهر لك في امرها ثم تخبرنا على البغلة هل وصلت
لسيادتك ام لا فان ما وصلت هناك نستخبر عنها السيد محمدا لانها
مُرْسَلة اليه بواسطة الفايد سي احمد ودمت في عزّ وسرور والسلام معاد
عليك من المكتوب عن اذنه فلان

**XIV. X... s'excuse de ne pouvoir aller lui-même rendre visite
au Lieutenant un tel**

اسعد الله وارشد احوال المكرم الفاضل الاروع الانبع سلسلة الذهب
ومعدن الجود والشجاعة والادب سعادة السيد اليوطنا فلان المتولّي
امور العرب بابي عزيزيريج السلام عليك وعلى من شملته حضرتك
السنية مع رحمة الله و بركاته والسؤال الكثير مني عنك وعن المرضية
احوالك وبعد كيف انت وكيف هي احوالك الزكية المرضية
اجراها الله على وفق مرادك واما صالح الدعاء لا أنساك به في
كل وقت ولا يخصني سوى مُلاقاتك في ساعة الخير والعافية وبعد

(1) L'auteur de la lettre a voulu dire *centimètre*.

ايها السيد الحمد لله على قدومك من غيبتك بالخير والعافية فيه
والحُرمة والاحترام وذلك ما انتهى لكل محبّ وعلى الله القبول وانا
ولدك وريشة من جناحك وآعتمادي على الله ثم عليك ولا لى
ماجأ ولا مسند الّا الله وانت نعم سيدي تُسامحني عدم القدوم اليك
وذلك من فلّت الزوائل للركوب وانا مشغول بحوائج البائلك كما لا
يخفاك والعذر مقبول عند اهل الجود والكرم الذي يكون مثلك
ولكن هاني بعثت لك ولدي سى ابا القاسم بدلّا مني عندك
ونحن جميعنا اولادك نخدم فى دولتك السعيدة المباركة التى اعمّت
كل قوي وضعيب وعليك الو الو الو سلام فى البدآء والختام
والسلام باذن ابنك السيد ولان امنه الله امين

## XV. N... demande des nouvelles de son frère

حضـــرة المعظم الاربع الهمـام الانبع الفارس الاشجع الفقيه النبيه
النحوى الوجيه سيد افرانه ومصباح اهل زمانه الفارس المحترم صاحب
الجود والادب والكرم السيد فلان مؤدّب الصبيان بالمدرسة حرسه
الله امين السلام عليك وعلى مَن تعلّف بك من اهل واخوان واحباب
امـا بعد ايها السيد كيو انتم وكيو احوالكم وكيو حضرتكم العلية
اذا كنتم بخير من الله وعافية ونحن كذلك ولا يخصّـنا شىّ لا
الاجتماع معكم فى ساعة سعيدة ان شاء الله وبعد ايها الشيخ المبارك
فاننا سمعـنا انك ذو عفـل وفهـم وسياست وفقه ونحـو ورياست

وفرحنا بذلك غاية الفرح والان ايها المحبّ اردنا من الله ثم منك
ان تخبرنا بخدمة اخينا سى الصالح هل يقبل التعليم ام لا لانه من
يوم دخوله الى المدرسة لم ياتنا منه خبر وبقيت مغموما من جانبه
واريد منك ان تامره بالمعروف وتنهيه عن المنكر لانى وضعته
تحت اجنحتك واجنحة الدولة المنصورة واطلب منك ان تستحفظ به
وتجعله كاحد من اولادك والسلام من خديمك فلان

XVI. Lettre de condoléances

الى حضرة المعظم الاوفع المحترم سعادة السيد فلان السلام عليك
وبعد انى اجتمعت بالسيد فلان وسالته عنك واخبرنى بوفاة
ابنك الصغير ولقد تحيّرت من ذلك ولاكن لا يخفاك سيدي ان
الاولاد وان كانوا اعزّ الاشياء على الناس فى كل مكان وزمان انها هم
هبات تُسْتَرَدّ وتسترجع * وعطايا تسلب وتنزع * وحيث كان
كذلك فسبيل العاقل المتصوّر * واللبيب المتدبّر * ان يبادر عند
نزول القضاء * الى التسليم والرضا * ومع ذلك ان الموت حتم على
كل كبير وصغير * ومآل كل جليل وحقير * اذا سلم الاصل والفرع
فائت مستدرك والشجرة الكريمة ما دامت ثامرة الاصول فهي
تخرج كل حين جديدا * وتحمل كل وقت تمرا نضيدا * وبقاء مولانا
اجلّ وفى سلامته عوض عن كل ذاهب واذا فاس الناس بَيّن ما
سلب الدهر وما وهب * وميّزوا بين ما بقى وما ذهب * علموا ان

اللہ تعالى فد ابقى لهم الجانب الانفع والملاذ الذي يلجأ اليہ
جميع الخدّام * ويعيش في ظلّہ الانام * باللہ يُوهِبُ للمولى صبــرا
جميلا * ويعوّضہ عنہ عوضا جزيلا * ويريہ بعد الحادثة كل يوم
سرورا جديدا * ودمت في عزّواحترام والسلام

## XVII. Commande d'objets

ايّـد اللہ مفامكم * واكمل بالهناء والسرور ايامكم * واسبل عليكم رداء
الفخر والسيادة * ودامت لكم المعالى والسعادة * نعني بذلك الهمام
الاكمل محبنا السيد فلان امنكم اللہ ورعاكم * ومن كلّ سوء وعوائف
وفاكم ونجاكم * السلام عليكم الابا * ورحمتہ وبركاتہ اضعافا * يليہ
كثير السؤال منـا عنكم وعن كلية احوالكم المرضية * ادامها اللہ على
وفق السّنّة المحمديّة * بمنّہ امين بللہ الحمد ان كان جمعكم
السعيد بخير حميد وان تفضّل فدركم الربيع عنا بالسؤال فنحن على
اكمل حال وانتم منوال هذا نعم المحبّ فد بلغنا الاعزّ جوابكم المورخ
٣٠ في شهر ينار وفام عندنا مفام ذاتكم العالية وبهمنا ما عرّفتنا بہ
اعلم امـا طول الثلاثة حزوم فيكون طول واحد منها ميطرتيْن وخمسة
وعشرين سانطيما دون الفتول والعرض خمسة وعشرين سانطيما واللون
فضّي او كموني او سماوي والاطراف ذهبا والوسط زيفة ذهبا وزيفة
حريرا على حسب العادة وحزمان صغيران نجعلهما على ما يظهر لكم
حسنهما عرّفناكم بسنّ اهلہهما سابفـا واما صنيدفة الحلوة وست

عرّافيات فد اتّصلت بـيدنا فـكقر الله خيركم وشكر سعيكم وانالكم
مطلوبكم وجزاكم باحسن الجزاء ودمتم ڢي عزّ وهناء والسلام معاد عليكم
من المكتوب عن اذنه سي ڢلان

## XVIII. Compliments

الى حضرة المعظم الارڢع الهمام الانڢع الاعزّ المحترم سعادة السيد ڢلان
المتولّي حكومة المدرسة السلطانية بـڢسطينة صانه الله أمين السلام
على طلعتكم المرضية واحوالكم الراىڢة السنّيّة نعم سيدي فد بلغني
الاعز جوابـك ڢـڢراتم وما ڢيه عرڢته من حسن خطابك الاعظم
وعبارتك الجليلة وما دَعَوْتَ لـنا ڢيه بالخير ڢازْدَدتّ بذلك ڢـرحًا
وسرورًا ڢـكثّر الله خيرك سيدي وشكر سَعْيَك وانالَك مقصودك
والمطلوب من الله ان يديم ايّامك السعيدة بالهناء والعاڢية مع زيادة
الحرم وفبول الدولة السلطانية عليك ما تَـڢربه اعيوننا ڢي مدة حياتنا
هذا نـعم الحضرة العلية والطلعة البهية وان الخير والاحسان اللّذَيْنِ
شاهدتهما منك لم أَنْسَهما ولا ينڢصلان عن قلبي طولَ الدهر والزمان
ولْـتَـعْـلَمْ سيدي بان ابني مجهودًا كان قدم ڢي الايام الماضية الى ابيه
باولاد عبد النور وعيّد عنده وقدم لـڢسطينة ونظر جدّه ورجع الينا
لـبريكة بخير وسالته عنك وعن اولادك ڢـعرّڢني بانكم بخير وعلى
خير ڢعظم ڢرحنا بذلك والحمد لله حيث كانت حضرتكم العلية
وسيادتكم البهية بخير ڢله منّا مزيد الشكر والمطلوب منك ان تسلم

لنا على الحُرّة الجليلة زوجتك وعلى جميع اولادكها ابقاكم الله في خير

دايم ويسلم عليك ابنك محمود كثير السلام وكتب لك جوابًا من

عنده بالقلم الفرانسوي يبلغ لحضرتك السعيدة مع جوابنا هذا وعليك

البو مليون سلام

<h3>XIX. N... recommande son fils au Commandant un tel</h3>

حضــــــرة المعظم الاروع الهمام الانوع ٭ حبيبنا سعادة السيد فلان

بمحروسة الجزاير دام عـزّه ٭ وابقى لنا وجوده ٭ ءامين السلام عليكم

التام ٭ ولطائف التحيّة والاكرام ٭ يُهْدَى لهفامكم العالي ٭ وجانبكم

الغالي ٭ ثم السوال عنكم ٭ جعل الله الامر مطابفا ومساعدا لمرامكم ٭

بمنّه أمين ٭ وبعــد فاني فائم بالثناء على فضلكم ما دُمْتُ ابدًا ٭

ومستشكر لِمَا اسديتموه لي من نعمة احسانكم سَرْمَدًا ٭ ومحبتى السابقة

لا زالت فيكم مُؤبّدًا ٭ كما كانت خدمتى لديكم مهدوحة ممجّدًا ٭

وفد شاهدَتْ ذلك منّي سيادتُكم ٭ وعرفت ما لي من الجدّ والحزم

فيـها أكلّف بمِ من أُموركُم ٭ مع حسن الثبات واخلاص النّيـة ٭

وفد بلغت بـها مأربى وكل امنيّة ٭ واليوم ها انا اتّجّهْتُ الى جنابكم

الرفيع ملتمِسا الإعانة منكم على نيْل مطلوبى ٭ وتسهيل مرغوبى ٭

ولي في ذلك حفّ عليك لامحالة وليكن في علم السّيادة انى وجهت

كتابـا بخط يدي لحضرة السيد فلان طالبا منه ان يمنّ على ولدي

مصطفى باعطايه منصب اساسور(1) بمحكمة طريبونال سبيل بفسنطينة

(1) Assesseur.

لان صاحبه قد توفّى ولا زال معطلا بعد ان ذكرته في حال خدمتي معه

سابقا حين كان دريكتور (1) ببيرو عرب قسطنطينة وبيما شاهدته من

برّه واحسانه وقتئذ معي مثل ما شاهدته من سيادتكم وعرّفته بسيرة

ولدي المسطور وما هو عليه من فراءة وبهم وادب الخ واستشهدت له

بالمحترم حبيبنا السيد بلان ترجمان لديه لكونه يعرب ابني معروبة

تامّة انه يصلح بذلك الوظيف وبيه اهلية لذلك وحيث كان الامر

كذلك ها انا اطلب اليوم من جانبكم الربيع ان تبذل جهدك في

إعانتنا لدى حضرة بلان بالسعي في بلوغ المأمول عسى ان شاء الله

تعلى بهمتك العالية ان يحصل المرغوب * وعلى كل حال فاني

بمرتب ذلك المنصب استعان على مؤونة العيال وكبايتهم اضيف

حالي في هذا الوقت العسير جدًا وبه تزداد لولدي ايضا رغبة في طلب

العلم وذلك هو افصى مُرامى ولما علمت العلم اليقين ان نفسي لا

زالت جبّلتها على العهد القديم معكم * مراعية لما عليها من جزيل

وفضلكم * ساغ لى ما طلبته الان منكم * ورغبت بيه بذل مجهودكم *

وبلا شك انكم تمدّونني والى المراد توصّلونني * وقد وفقت بباب

اعتابكم * وحاشى ان يخيب من احتمى بتكم * دامت معاليـكم

محبوظة مرضية * في ظل الدولة العلية * ءامين وعليكم ازكى سلام من

حبيبكم على الدوام زابره بيده بلان

(1) Directeur.

## XX. Compliments

اخصّ حضرة بريد الزمان ٭ وبهجة الاوان ٭ حسنة الايام والليالي ٭ ابتخار ذوي المعالي ٭ صاحب القدر السامي ٭ والكرم السامي ٭ من تخشى صولته الاساد ٭ ويحتمى بحماه كل حاضر وباد ٭ احسن الله ايّامه ونضّرها ٭ وابهجها بوجوده وازهـرها ٭ ولا زالت عيون السعادة اليه رامقة ٭ وضروب السيادة اليه آمقة ٭ بتحيات يتنسم عبيرها عن نوافح مسك الوداد ٭ وتسليمات يعبف نشرطيّها بكل واد ٭ ويتعطر به كل ناد ٭ ويتخلف بعبيره كل حاضر وباد ٭ وربع دعاء مرجو القبول ٭ لانه بانفاس المحبّة موصول ٭ وبعد فقد وصل عزيز كتابكم ٭ ولذيذ خطابكم ٭ بملأ القلب سرورا ٭ والعين نـورا ٭ شـعـــر

بمؤي كل سطر منه شطر من الهنى وبمي كل لبظ منه عقد من الـدرّ ولمــا بككت ختامه ٭ وطالعت ارقامه ٭ اسبر لي عن صبح المودة ٭ وابان عن مكنون المحبّة ٭ وذكرتم كذا وكذا

## XXI. Compliments

الـى من ولّاه الله في ارضه ٭ وملّككم امور عباده ٭ الذى اسمه سليـم ٭ وقلبه حليم ٭ وعلمه كريم ٭ ورايه مستقيم ٭ وشانه عند الله عظيم ٭ وكلامه نظيم ٭ السلطان المبجم حاكم بلد الجزاير ٭ اعانه الله على بعل

الخير ٭ وحماه واخلد دولته واناله بطول الاعمار ٭ وانفذ حكمه بجاه
سادات الابرار ٭ وابعد عنه جميع الاشرار ٭ وبعد يا سيدى اعزك
الله تعالى وايدك ٭ واسعدك فى الدارين ووفاك ٭ ونجاك من
كيد الحاسدين وابقى لنا وجودك ٭ واطال بقاءك ٭ وانتم نعمته
عليك ٭ واحسانه اليك ٭ وانالك فيما ترومه وبلغك مرادك
ونصرك وحفظك بمنه وكرمه من كل الافات والعقوبات والبليات ٭
واعطاك من كل خير وعافيات ٭ وعمّ بجميل ستره حضرتك العلية
٭ سلام الله ورحمته وبركته ورضوانه الشاملة وتحيته عليك وعلى من
تعلق ولاذ بك وانتهى اليك ولا مزيد بعد حمد الله جل ثناوه
وعم فضله ونواله لا الخير والعافية التى اطلب من المولى الكريم
ذي العرش العظيم دوامها واستمرارها على سيادتك العلية بُكْرة
وعشية بجاه خير البرية واشرف الخلاف سيدنا محمد عليه افضل الصلاة
وازكى التحية وانك ايها الامير الافخم ٭ والسلطان الاكرم ٭ تفضّلت
وتكرّمت عليّ ووليتني فاضيًا بوطن بني موسى فبكثر الله خيرك
وجزاك بالخير والاحسان واستركك من بلاء الدنيا وعذاب الآخرة
وامدّك بمدد الهدايا والتكريم ٭ ودرّعك بدروع الحماية والتعظيم ٭
وافاض عليك سجال الغفرة فانا ابنك وعبدك وخديمك والامر
الذي ترضاه فهو الذي ارضاه واسرّ به غاية السرور والله ينفي لنا
اجمعين حياتك ويجعلنا فداك والسـلام من الفقير عُبَيْد ربّه
القادر على ما يشاء محمد بن عبد الكريم البجاوي اميـن

## XXII. Compliments

حضــــــرة الامير الكبير ٭ الجليل الخطير ٭ الاسعد الاصعد ٭ الامجد الاوحد ٭ الاسمَى الاسنى ٭ سامي الذُرَى ٭ حامي الورَى ٭ مُؤمِن البلاد بوامي سطوتِه ٭ مُغيث العباد بصامي معدلتِه ٭ مُسوّد وجــوه الاعـداء ببيض الصوارم ٭ مُنوّر وجوه الاحسان بهواطِل المَحامِد والمكارم ٭ الغنيّ لِشهرتِه في الآمـاف ٭ عن رفـم اسمه في الطُروس والاوراف ٭ ادام الله ايّامَه الزاهرة ٭ وامّاض على الفاصدين غيوت مكارمِه الهاطِرة ٭ ولا بـرِح الزمان بوجودِه دايـمَ المسرّاتِ ٭ والبلاد آمنة مطمئنّة تُهمي عليها بمُحَسَّن انظاره سُحُب الخيرات ٭ امين ٭ وبعد اهداء تحيّاتٍ يتأرّجُ في سطور الطُروس عبيرُها ٭ ويشرف في مَطالِع سمآء الصحف مُنيرها ٭ تُهْدَى الى مقامكم الاعلى ٭ وفدركـم المُعَلّى ٭ بالذي ابدىه لحضرتِكم السعيدة صانها عن الزوال ٭ وجعلها محلًّا لِمَناط الامانيّ والآمال ٭ أنّه كذا وكذا

# SIXIÈME PARTIE

---

# PIÈCES POLITIQUES

---

**I. X... engage un cheik à ne pas se décourager par la mort de son chef**

الفاضــــل الكامل محبنا السيد الفائد على افاسي امير المجاهدين

السلام عليك وعلى كافة إخوتك وسائر المجاهدين ورحمة الله وبركاته

وتحياته ورضوانه امــــا بعد بلغني جوابك مضمنه نصرتك ونصرة

المجاهدين في تلك الناحية وفرحنا كثيرًا الله ينصرك وينصر

جيوشك وتُبَلِّغ سلامَنا لسائر المجاهدين ونطلب من الله تعلى ان

ينصركم على اعدائكم ان شـــاء الله وذكرت لنى وفــاة باش اغت والله

يرحمه ومن مات مجاهدًا حاز حيوة الدنيا والاخرة بخر الدنيا ورحمة

الاخرة وقد ورد على جواب من عند اخيه السيد بو مزراق اعجبتنى

شجاعته وكتبنا له جوابا وصبّرناه وجعلناه في موضع اخيه نراه وجّه

اخاه السيد ابن عبد الله الى تلك الناحية وعن فريب ان شـــاء الله

يقدم الى ناحيتكم هو بنفسه فلا تدهشوا لموته ولا تحزنوا ان الله ناصر
الدين وناصر من اعان الدين في عامنا هذا ان شاء الله بمنه وكرمه
بجـاه سيد الاولين والاخرين صلى الله عليه وسلّم بامر شيخـنا

## II. X... prévient que les gens de tel endroit ont refusé de payer le droit du marché

وبعـــــد فانى قد اتيت من الجزاير بخير وعلى خير وجميع الاحوال
كلـها بخير غيـر اني لما بلغت الى هنا وجدت عرش بنى عيدل كثُر
فيـهم الفيل والفال والنهز الباطني حتى ان الدائرة الذي يفوب في
سوف خميس تامساوت (١) اخبرني بانهم امتنعوا من اعطآء الهكس
وتعصّبوا في كل الامور ولا شكّ ان لـهم من يامرهم بعدم دبع المكس
وبايفاع النبرة في السوف وغير ذلك من المفاسد وبسبب ذلك
يلزمني في يوم الخميس الفابل ان أرسل عشرة فرسان يفيون في السوف
لئـلّا يفع فيه شى من المفاسد واما اولاد سيدي ايدير(١) الذين كنت
اخبرتكم بسرفتهم من سوف الخميس في جوابنا المورّخ ٢٥ نوانبـر
تحـمت علامتر ٦٩٣ فاني قد كتبت بعد ذلك الى فائدهم واخبرته بها
وفع منهم وانه اتى بنبسه ووفب في السوف الماضى ونهاهم عن ايفاع
الفساد وكتب لي جوابًا اخبرني بانه يفوب وفوبًا تامًّا ببذل المجهود
ولا يفع فساد من أناسه في المستفبل والسلام

(1) Nom propre.

### III. X... rend compte de certains symptômes d'insurrection

وبعد فانه اتاني في هذه الساعة سي فلان من عند دشرة اهل صدوف
الاعلى واخبرني بانهم اجتمعوا كلهم واتفقوا ومنعوه من لفط الزيتون
الذي اكتراه على الدومين ولفطوه هم وكروا البلاد وقالوا له ان الحكم
قد انفرض وما بقي حكم ابدا وهاني اخبرتكم وكما انه وجب عليّ ان
اعرّبكم ببعض الامور التي كنت اظن اني اخبركم بها مُشابهةً بعد
القدوم اليكم والان ألجأني الضرر الى اعلامكم بـها في هذا الوقت
خشية ان يفع الفساد قبل اعلامكم به وذلك ان عرش بني عيدل
يجتمعون في كلّ يوم ويصفقون وهم مشتغلون بربط الفرطاس ولا يحتاج
ان اعرفكم بين اوفع فيهم هذا التشويش ولكم ان تبحثوا عنه وعندي
التحقيف بانه سيصدر فساد كبير عن قريب وقد سرى هذا الدآء ونار
الفساد قد تأجّجتْ وهاني اخبرتكم ولا ملامة تلاحقني بعد هذا ولكم
النظر والسلام كتب بامر السيد فلان

### IV. La réunion ordonnée par le Colonel a eu lieu

وبعـد فان الذي وجب الفاؤه لدى سيادتكم العالية هوان مضمون
الجوائبَيْن الذين كتبهما السيد الكلونيل فلان قد استفرّ بعلمكم من غير
شك وان جميع القياد الذين امـر باجتماعـهم عندنا في شان الشيخ
فلان فد اجتمعوا عندنا على حسب امره وهم السيد فلان وفلان وفلان

وفد حضر حين اجتماعهم الشيخ المذكور وعهد بانه لا يعود الى ما كان

منه في البارط وانه لا يصدر من جانبه في المستقبل الا الصّلاح هذا وأنا

نعم السيد لا تخفاكم سيرتي واني قد كنت سعيت ببذل الجهد فيما

نستفيم به عافية الوطن في الماضي ولا زلت متعاطيا لذلك ما دمت

في فيد الحيوة وما فعلت في الماضى مع الشيخ فلان لا ما يصلح

للجميع ويستدعي عافية الوطن وهناء العامّة ولا يرى منّي في المستقبل

ان شاء الله كلّا ما هو اصلح واسدّ واني بعد صحو المطران شاء الله ارسل

ولدي الى الشيخ فلان ليزوره وتراني استجلب عافية البلاد وهناء

العباد بأيّ وجه تمكّن لي استجلابُها كما هو المطلوب في حقّي

والواجب علىّ لخدمة الدولة ولا أتَقَاصَرُ عن ذلك لا عند تعذّره بكُلّ

الوجوه وهذا ما وجب إلِفَآوَّةٌ لدى حضرتكم الرفيعة والسلام



وبَعْدُ وانه بلغنى جوابكم الذي ذكرتم وبيم انكم عند بلوغكم الى

بجاية وقبل توجّهكم الى سطيف الذي هو محلّ حكومتكم طرف بسمعكم

ما صدر من الشيخ فلان من ادّخال نفسه في ورطة ايقاع الفساد في الوطن

وانكم نعم السيد تلافيتم معه وعَرَّفتُمُهُ بمصالح نفسه بان يمتثل الامر

ويحرض على اخوانه على الانقياد في طاعة الحكم كما هو الواجب عليه

لحفظ الدولة التى عم نفعها كل الناس فآعلَمْ ايها السيد انه ان امتثل

امركم والزم نفسه بقبول نصيحتكم لا شكك يظهر بالخير الكثير الذي

هو نتيجة ذلك ولتعلم علم اليقين المحقق وانه لا يقع من جانبي
تقصير في التعاطي للامور التي يُنتَجُ منها الهناء والعافية في الوطن مع
استقامة الحكم كما كنت سعيت في ذلك مرة من اول توظيفي الى
يومنا هذا حسبما هو مذكور في جوابكم وتراني لا زلت متعاطيا لذاك
حقًا منسحبا على تلك السيرة بدون انحياد عنها مستجلبا للامور
الرعية لبسط العافية في الوطن باي وجه تمكنت على ما دمت في فيد
الحيوة ومع ذلك لم يحصل لي شك في ان سيادتكم تكون لنا عهدة
ننتصر بكم على الحق والسلام

## VI. Excitation à la révolte

وبعـــــد نخبركم إنْ كنتم مؤمنين بـقوموا للجهاد اننا قائمون اليه
وامرنا كاقة الناس للقيام ومن كان مؤمنًا يموت على دين الاسلام
بليعزم بالقيام ولا تغرّكم الدولة بقولها لكم نربحكم ولم يبقَ فيها
الامان وما بقي منها سوى الكبر بغير حرمة وان قلتم فيها الامان
فجربوها وشاهدوها وبينا فد كنتم عالمين بخدمتنا مع الدولة دائمًا
نوصي على العافية في الاعراش خصوصًا في هذه السنة بعلمكم وبعلم
كاقة الاعراش في شدة اشتغالنا في هناء الاعراش والمعارضة على عدم
اتباع باش اغث مجّانة الى هذه الايام كتب حاكم بجاية الى فياد حكم
بجاية وشيوخه ولا تقدموا الى دار الشيخ ابن الحداد منافق وفدم
القبطان الى عـزيب احمد خاطري جمع الناس واخبرهم بعدم القدوم

الينا شهد علينا بالنفاق بحيث ما ظهرت منا علامة النفاق ولا خرج

وجه من عندنا اليهم ولا برحنا بالنفاق حتى ظنّت الناس بينا حبّ

الكبير من الاسلام وجعلوا جزاء تعبنا و عافيتهم نفاقًا وشرًّا ولم يقبلوا

تعبنا فكيف يجازونكم بالخير والله اعلم ان شاء الله ذهب رايه وكما

قيل من قرب هلاكه ذهب رايه وهو عدوكم لا يعرف الحبيب من

العدو والحاصل من كان منكم يريد الجهاد فليَقُمْ اننا مجاهدون

وعلى الله وسيد الاولين والاخرين الاتكال والنصر ان شاء الله والسلام

بامر شيخنا السيد فلان

### VII. Lettre d'Abd el-Kader à Louis-Napoléon

ادام الله تعلى سيدنا وسيد الملوك لويز نابليون واعانه وسدد رايه

ان الواقف بين ايديكم عبد القادر بن محي الدين جاء الى حضرتكم

العليّة بالله يستكثر بخيركم ويتمتع بالنظر اليكم وانكم والله احب

اليه من كلّ محبوب وبعلتم معه البعل الذي هو بوف قدره وما يستاهله

ولاكن بعلكم على قدر هيبتكم وعلى مقامكم وكمال شرفكم ولستم

اعزكم الله ممن يُمْدَحُ بالباطل او يُخْدَعُ بالكذب وانكم امنتم بيه

وما صدقتم من شكّ ٍ في امانته وسرحتموه وبعلتم من غير وعْد وغيركم

وعد وما بعل وهو اعطاكم عهد الله وميثاقه وعهود جميع الانبياء

والمرسلين انه لا يخالف امانتكم بيه ولا يخرج عن عهدكم ولا ينسى

بصلكم ولا يرجع الى فطر الجزاير ابدا لانه حين اوفبه الله تعلى وفى

وضرب البارود على قدر ما قدر وحين اراد الله جلوسه جلس ورضى
بقضاء الله وسلمت في الملك وجيتكم وديني وشرفي يامرانني بالوفاء
بالعهد وعدم الغدر وانا شريف لا ارضى ان ينسبني الناس الى الغدر
وكيف يكون ذلك وقد رايت من احسانكم وفضلكم ما اعجز عن
شكره والاحسان الى الاحرار سلسلة في رقابهم تقودهم الى محبة
المحسن وقد شاهدت من ضخامة ملككم وقوة عساكركم وكثرة اموالكم
ورجالكم وعدالة احكامكم ونصيحة عمالكم واستقامة اموركم كلها ما
اقطع ولا اشك فيه انه لا يغلبكم ويردكم عن مرادكم الا الله تعالى
وانه يرجى من كرمكم وشروف اخلاقكم ان تعدوه قريبا في قلوبكم
وان كان بعيدا وتنظروه في سلك خاصتكم ولو كان لا يساويهم في
القيام بخدمتكم فهو يساويهم في محبتكم زادكم الله في قلوب المحسنين
محبة وفي قلوب الاعداءكم هيبة ولا زايد على هذا الا الافامة على
محبتكم والمحافظة على عهدكم منتصب محرم فاتح سنة ١٢٦٩ والسلام

**VIII, X... s'étonne qu'on ait ordonné une réunion pour mettre
l'accord entre lui et tel cheik**

وبعد فانه بلغني جوابك المورخ باليوم الثاني من هذا الشهر
الذي قلت لي فيه أؤكد عليك في شان العافية قبل انتقالك من
بجاية وحفت لي فيه بانك تكون لى ناصرًا على تمهيدها في الوطن
فاعلم نعم السيد ان ذلك لا يخالطني فيه شك ابدا وكذا ذكرت
فيه وانك ارسلت لي هولاء القياد ليصلحوا بيني وبين الشيخ فلان

وهـم ولان وولان وولان واعلم نعم السيد انهم بلغوا التّي مع جوابك
الربيع غير انني جال بكري وصرت انوشوش مع نبسي في اي شي
وعلتُه مع الشيخ او وعلم معي حتى آل الامر الى ما انا فيه من اجتماع
الناس للصلح بيننا مع الشكّ الكثير الذى داخلنى والوهم الذي حلّ
بخاطري من قولك في جوابك لبعض هولآء السـاداة المذكورين انه
كان شيءٌ غير لائق بين الشيخ وبيني ولم اجد اثـرًا لذلك ولم أطلع
على ما وقع بيني وبينه بـل ولم يقع بيننا شيٌ فطعًا من غير ريب
لانّ الامور التي صدرت منه في البارط ضررُها يعود على الدولة لا عليّ
ودليل ذلك انه لم يفعل فعله ذلك في ايالته خاصّة بل فعله في كل
اعراش الفبائـل كايالته فايد الاعراش وايالته فايد فايده رابح ومع ذلك
لا باس بها وقع وانفطع وكل الذي وات روضناه واعرضناه عنه كانه
لم يكن وانه لما ان فدم التّي مع هولآء الاسياد ووعد بعدم العود الى
ما كان منه في الماضي وانه يكون في الطاعة المرضية كما امرته تلفّيته
باحسن الفبول ووعدته بانه لا يرى منّي الّا ما يرضى على حسب
سيرتي السالفة معه ومع جميع الناس وان جميع اخوانه لا يبصرون
منّي الّا الانصاف والوفوب التامّ مع الحقّ ان شاء الله مثل ما كنت
في السابق والله يوقفه للوفاء بالوعد والتمسّك بنصحك الصائب
ولا شـك ان الشـرّ يتفلّد به من يتسبّب فيه كما ذكرت في جوابك
وحاصل هذه الامور ان اصلاح الوطن من عندك لانك حاكم الفسمة
والســــلام

## IX. N... prétend que ses frères n'ont pas pris part à l'insurrection

حضرة المعظم الاجم ولي الخيرات والانعام سعادة السيد الجنرال فلان

حاكم المحلّة عليك السلام وسوابغ الانعام وبـعـد السؤال الكثير عن

جملة احوالكم فان كنت مع ديوانك بخير من الله وعافية فلله الحمد

وله مزيد الشكر هذا نعم السيد ليَكُنْ في علمك الشريف وذِهْنك

المنيب انّهُ يَوْمَ عـزم المنافقون على النفاق وكان راسهم سي عزيز بن

الحـدّاد اتّفَقْتُ انا مع اخوانى بالـبرار اليكم وفي يوم اتّفَاق المنافقين

على النفاق فررت انا اليكم الى سطيف وفـرّ اخواني الى بجاية بغتة

وتخطب بعض من اخواني بالابراج فمسكـهم سي عـزيز بن الحـداد

وجعلهم في السجن عنده مدّة ثم بعضهم الى فلعة بنى عبّاس سجنهم بها

تعذيبًا لـهم واخذ منهم الخطية كما اخذ اموالـنا حيث وجدها عند

اخواننا وغيرهم وخرب ابراجنا وذلك كلّه لم يَكَبِهِ الى ان اراد فتل

اخواننا المسجونيـن عنده وطاوعوه للمشي معه مخافة على اتلاف انفسهم

ولما طاوعوه صاروا يتحيّلون لـه كيف يصنعون بـه الى ان مسكوا اخاه

سي محمد بن الحـداد اتوا به الى بجاية مرادهم كمال الخدمة مع الحكام

والدولة ولما وصل سي محمد بن الحـداد المزبور الى بجاية تكلّم للحكام

زعـمًا منه انه اتى للحكام بغرضه ليخدم الدولة ومسكوه اخواننا وصار

الحُكّام ببجاية يبحثون عن هذا الامر فمسك الحكّام اخواننا الذين

مسكوا سي محمد بن الحـداد وجعلوهم في السجن وجعلوا يفصّون الاخبار

من الشهود الذين يكرهوننا وهكذا من الناس الذين هم من جانب
ابن الحداد واولاده وفد كان في علمك الشريف ان اولاد ابن الحداد
مع ابيهم واخوانهم وخدامهم ومن هو بجانبهم لا يتكلّمون فينا الخير
ابدا ولا يجوزون علينا لانهم ليس لهم عدو سوانا اولاد رابح والسيد
الصيد بن عبيد فايد الساحل القبلي وكل الناس طاوعوا ابن الحداد
واولاده سوانا خالفناهم لمرادهم الفساد ولما تحقّقتْ عداوتنا له
ومخالفتنا لمراده ومسك اخواننا لابنه سى محمد صار يتكلّم فينا ما
ارادا وشهوده اعداؤنا اجبتُه ومن جانبه وعند ظنّنا ان حكّام بجاية
لا يقبلون فينا شهادة اعدائنا كابن الحداد واولاده ومن بجانبه وفد
شاهد اخواننا فتنونا واهوالًا كثيرة تنيب علَى سبعة وعشرين فتنا
وفتنل اخواننا ومن معهم من فوم الحداد نحو الاربعة مايت وسبعين
رجلا بغير الجرحى بها يفوله من مات هذه الامانته في القاتل له كما
ان الاخوان فيهم مصالحة للدولة برأيهم السديد وباساحتهم وما
مرادهم بذلك الاكمال النية مع الحكّام والدولة الهرام من سيادتك
العالية نعم السيد اننا خدمنا معك خدمة الابناء مع الاباء واطلعت
على ما في فلوبنا من الخير وشاهدت خدمتنا معك بالخير ونحن
اولادك ان تفك اخواني من حكام بجاية لا يسجنونهم اذ تسجينهم
مع الاعداء معرّة وارغام ونكاية منهم لنا ويفولون لاخواننا خطاناكم
وسجناكم واخذنا اموالكم واحرفنا ابراجكم وانتم الان معنا في السجن
فلِمَا تنفعكم خدمتكم بالنية مع الدولة ها اني بلغت شكايتي الى

الله ثم اليك نعم السيد وبعثت الى سيادتك العالية اخانا السيد
محمد الشريف يشتكي لك بما جرى له مع سي عزيز بن الحداد واخيه
وابيهما وقومهم وخدامهم نعم سيدنا اذ ليس في قلوبنا غيظ من السجن
والحكام وانما اغاظتنا من اعدائنا الذين كانوا يقابلوننا في البتن
حتى نجعل السوية بيننا وبينهم عندكم ها انى اخبرتك بالواقع
ونظرك اوسع من نظرنا ومرادى ان افدم اليك بنفسي وما عطلنى
سوى حرصي على خلاص خطية البائلك ومهما اخلّصها عن قريب
فاني افدم اليك ودمتم ودامت لكم الايام والليالى بالسعود والسلام
من اذن السيد احـــــمـــــد .

<h2 style="text-align:center">X. Récit d'un combat fait par un chef des insurgés</h2>

الفاصل الكامل محبّي السيد فلان امير المجاهدين نصرك الله اميـــن
السلام عليك وعلى كافة اخوانك والرحمة والبركة ان كنت بخير وبالله
الحمدُ وبعد وصلني جوابك وكنت رجعت في ذلك اليوم ووجدني
في داري فادمًا من ناحية سطيف لاجعل محلّة وافدم بها الى اخي
سي محمد في بجاية وانه عنده ثلاثة امحال هناك وحصرت مدينة
بجاية وانا فدمت في الايام الماضية الى حكم سطيف وابتدات
بالاعراش الفريبة مني ومن هناك من عرش الى عرش وكل يوم تنخدم
لي اربعة اعراش او خمسة وكل يوم في الزيادة حتى وصلت الى جبل
يابور(1) واعراش الزويشية (1) في حكم جيجل (1) وتعرض لى الفائد فلان

(1) Noms propres.

واراد فتنتي ولم يدخل تحت طاعتي وقدمت باحمالي اليه وقصدت

محاربته فلما وصلت الى قرب برجه بعث اخاه وشيوخ اعراشه وضمنوا

انه لا يصدر منه شرّ واعطيته الامان وقدمت مع محلتي جميع بزوعه

القاصدة محاربتني سابقا واتيت معى شيوخه واخاه مراهنين عندي في

المحلة وخدمَتْ لي تلك الناحية كلها ولم يبق منها شئ وجعلت

اربعة احمال ثم اردتُ الفدوم الى مُلافاة اخي في بجاية ثم سمعت

بالفايد الدوادي والفايد الرزّوف بن يلس وبو عكّاز فدموا ببزوعهم

الى اولاد عدوان وارادوا فتنتي وقدمت اليهم وبَتّ مقابلهم وكتبت

لهم جوابًا مرتّين ولم يجاوبوني المرة الاولى والجواب الثاني ردّوا لي

بجواب واطلقوا ألسِنَتهم في الكلام القبيح وشرعتهم ثلاث مـرات

فتاخذوا طريفتي وتنصروا الدين فقالوا ان دخلتم ترابنا فقوموا على

انفسكم وزادكم فنحاربكم وجمعوا فـزعهم في اولاد عدوان وصبيحة يـوم

الجيعة الماضي فدمت لفتنتهم وشرعتهم بالله تعالى ان يرجعوا الى دين

الاسلام وامتنعوا ونتكلم البارود بيننا وبينهم واخذت احمالى وبرسانى

عفبـهم حتى وصلوا الى قرب سطيف وانكسروا كسـرة كبيـرة واخذَتْ

جيوشي اموالهم الغنم ما يزيد على العيّن والبقر البو والخيل والبغال

ما يزيـد على خمسماية ويـوم الاحد رجعوا الي الفتنة في الشعيبة منهم

الدوادي والفايد الصيد وابن زيدان وبـو عكّاز ومسعود بن الكواشي

والسبايس وقبطان السبايس وقدمت اليهم باربعة احمال واخذت

اثرهم وهربوا حتى وصلوا الى عين مسعود واخذت جميع امتعتهم البقر

ما يـزيد على العين والغنم كذلك والخيل والبغال اكثر من سبعمايـة

والرجال وبيوت الشعر ستين واحرقت ديار السبايس والابراج ما بقي

لا الكزرنة (1) فقط ومحلة خرجت الى ابي عزيريج ورجعت الى سطيف

ولحقني خبر الامس انها محصورة في داخل المدينة في سطيف واغلقوا

الباب واما تفيطونت في عموشة (2) محصورة من يـوم فدومي اليهم

وتركت اربعة امحال هناك قرب سطيف وافدم الى بجاية يوم الجمعة

وامكث هناك يومين او ثلاثة وارجع الى امحالي وايضا وجدت جوابًا

عند الشيخ من احمد باي انه يقوم للجهاد في هاذين اليومين وتلافيت

مع ابن سيدي سعدون وكلفته بالفيام الى الجهاد وقام اليه وقامت

اليه جميع الاعراش كـبنى مروان وتلك الناحية من الاعراش والكروسة

والدبيش من سطيف الى قسنطينة فد انفطع بعد ما كانت الكروستة

تقدم في النهار والدبيش فطعوه وساعة وصولي اليهم انفطعت الكروسة

فلله الحمد والشكر له و بشر المجاهدين بذلك والسلام بامـر ناصر

الدين الشيخ عزيـز امير المومنين نصره الله امين وكتب بصدوف عشية

يـوم الثلاثاء في ١٩ صفر سنة ١٢٨٨ ملحـــــف خير وبشارة عن خرب

ابراج ابن زيدان واخذ ماله وزرعه وبرج الصيد بن عبيد وفايد بني

شبانة وبرج بـوعكاز كلها محزنت ومطمرة ومهتوكة فلله الحمد واما

ابراج المركانتية الكاينة في وسطها كلها مخروبة واوصيك تجمع الخاطر

من كل نصيب وتـزود بها محلة مفابلة محلة الكفار فاتـرك للابراج

المحصورة عسكرة قوية تحرسها والباقي يتوجه الى محلة الكبار ليقع
الحصر لاجزاير ان شاء الله واما البتنة في الابراج المحصورة في مضرة
المسلمين دون الكبار ومضرتهم تكون في الحصر عن الخروج فحفظ
حتى يرزقنا الله بالمدافع من بجاية بغير سور من جهة واحدة
وندخلها ان شاء الله نعم سيدي ولولا وجهكم يا اولاد افاسي لجهدنا
بفربنا في عروف الكبار بافية عندنا فاخبروه ان فدم اليكم ونزل
عندكم وبش معكم بذاك ولا آخذ ماله واحرف ابراجه كالمعاندين
المحروفين هاني امهله ثمانية ايام لخاطركم ان فدم ونزل في محلتكم
بذاك ولا بلا تلوموا عليّ مرة اخرى وانا خرجت لجهاد الكبار ومن
معهم وهوان رجع التي بذاك ولا هو الكابر بجاوبني عزمًا في مدة
يومين او ثلاثة ايام والسلام

# TABLE DES MATIÈRES

Troisième partie. — PIÈCES JUDICIAIRES

## Quatrième partie. — RAPPORTS DIVERS



## Cinquième partie. — LETTRES PARTICULIÈRES

## Sixième partie. — PIÈCES POLITIQUES

# FAUTES A CORRIGER
## DANS LE TEXTE ARABE

| Pages. | Lignes. | Au lieu de : | Lisez : |
|---|---|---|---|
| 7 | 8 | جازك | جازاك |
| 18 | 4 | لغريمة | لغريمه |
| 20 | 2 | وذكر | وذكرا |
| 22 | 5 | احدهما | احداهما |
| » | dernière, | وحمة | ورحمة |
| 26 | 3 | أجنة | أجنته |
| » | 12 | هذا ها | هذا ما |
| 36 | 15 | اربعة | اربع |
| 38 | 11 | اصتر | واصتر |
| 41 | 8 | لامتحان | للإمتحان |
| 56 | 10 | محاذية | محاذية |
| 74 | 17 | ببركته بان | وبركته بان |
| 77 | 10 | تراجعها | تراجعها |
| » | » | طلب | طلبا |
| 78 | 9 | فصول | فصولا |

| Pages. | Lignes. | Au lieu de : | Lisez : |
|---|---|---|---|
| 80 | 12 | لتشددون | لتشتدوا |
| 84 | dernière, | تسطيع | تستطيع |
| 88 | 8 | باحضرهما | باحضارهما |
| 93 | 16 | يسمى | الذى يُسمى |
| 95 | 2 | يجيب | يَجِبُ |
| 103 | 4 | اربع | ربع |
| 129 | 12 | الاعدائكم | الاعداء |
| 132 | 8 | اراد | أراد |